FISCHER

TUTTY TRAN

MIT LISA BITZER

Wenn nicht jetzt, wan tan?

Eine Toleranz-Fibel für jedermann*innen

FISCHER

Aus Verantwortung für die Umwelt hat sich der S. Fischer Verlag zu einer nachhaltigen Buchproduktion verpflichtet. Der bewusste Umgang mit unseren Ressourcen, der Schutz unseres Klimas und der Natur gehören zu unseren obersten Unternehmenszielen.

Gemeinsam mit unseren Partnern und Lieferanten setzen wir uns für eine klimaneutrale Buchproduktion ein, die den Erwerb von Klimazertifikaten zur Kompensation des CO_2-Ausstoßes einschließt.

Weitere Informationen finden Sie unter:
www.klimaneutralerverlag.de

Erschienen bei FISCHER Taschenbuch
Frankfurt am Main, Oktober 2023

Satz und Gestaltung: Denise Sterr, Dornbirn
Druck und Bindung: CPI books GmbH, Leck
Printed in Germany
ISBN 978-3-596-70868-0

Inhalt

Gebrauchsanweisung für dieses Buch

Hä? Wie? Eine Gebrauchsanweisung für ein Buch?

Ja, klar! Man sagt doch, dass Deutsche Regeln LIEBEN. Deshalb kann man ihnen auch nicht einfach so ein Buch in die Hand drücken und sagen: »Lies!« Außerdem leben wir in einer Zeit, in der es unglaublich viele Regeln gibt. Und zig Fragen: Was darf man? Was darf man nicht? Wie weit darf Humor gehen? Ist das wirklich witzig? Und wem trete ich mit meinem Gag gerade auf die Füße? Da kann man schon mal ins Schleudern kommen.

Aus diesem Grund empfehle ich dir, bei der Lektüre meines Buches folgende Grundhaltung einzunehmen:

1. Zuallererst solltest du zum Lachen aus dem Keller kommen.
2. Setz dich locker hin. Keine verschränkten Arme und kein Brett vor dem Kopf.
3. Schau dir im Duden oder auf Wikipedia noch mal kurz die Definition der humoristischen Stilmittel Ironie und Sarkasmus an.
4. Mach dir einen Knick in die Seite oder setz dir ein Lesezeichen im Browser. Oder lern die Definitionen am besten gleich auswendig und verankere sie tief in deinem Hippocampus.
5. Für Erstleser oder Schulhasser (wie mich): Finde heraus, was der Hippocampus ist.
6. Sollten eine Aussage, eine Information oder ein Gag in diesem Buch beim Lesen körperliche Schmerzen oder

sonstigen inneren Widerstand bei dir verursachen: Bitte zehnmal Augenzwinkern. Beste Erste-Hilfe-Maßnahme gegen die Volkskrankheit »Humorbefreiung«!
7. Und bei sonstigen Risiken und Nebenwirkungen gilt: Immer schön auf die Wok-Life-Balance achten!

Zu den Storys in diesem Buch: Ich schreibe die Wahrheit und nichts als die Wahrheit, bis auf die Stellen, die erfunden sind. Denn nicht alles, was ich erzähle, hat sich genau so abgespielt. Ich habe Namen und Personen verfremdet, Geschichten manchmal ein lustigeres Ende verpasst und meine Biographie schamlos geschönt. Ich hab gehört, das macht man jetzt so, und natürlich will ich keinen Trend verpassen.

Ich möchte dich mit meinem Buch unterhalten und vielleicht ein ganz kleines bisschen zum Nachdenken anregen. Aber ich verspreche, es wird nicht weh tun. Höchstens an den Lachmuskeln – aber die trainieren wir doch sowieso viel zu wenig.

Viel Spaß beim Lesen!
Tutty

1 Chào, chào: Neustadt oder das Ende meiner Karriere

Ich stehe hinter der Bühne und lausche dem Klopfen meines eigenen Herzschlags. Nur noch wenige Minuten, dann darf ich raus auf die Bühne. Völlig normal, dass ich mir vor Aufregung gleich in die Hose scheiße.

Über New York habe ich mal gelesen: *If I can make it here, I will make it anywhere.* Ich bin mir sicher, als Frank Sinatra das sang, dachte er eigentlich an Neustadt.

Neustadt ist eine kleine Stadt irgendwo in Deutschland mit etwa 25 000 Einwohnern und einem recht überschaubaren Kultur- und Freizeitangebot. Comedians lieben meist die kleineren und mittelgroßen Städte, weil die Shows dort in der Regel gut besucht sind, anders als in Großstädten, wo man mit seinem Programm gegen alles Mögliche anlaufen muss. Musicals. Kabarett. Querdenker-Aufmärsche. In einer Stadt wie Neustadt ist das anders. Da gibt's nix, was man sich anschauen kann. Die Leute müssen also heute Abend zu mir in die Show kommen.

Eigentlich. Denn offenbar wird ausgerechnet heute auf dem Marktplatz Freibier ausgeschenkt. Oder es läuft »Bauer sucht Frau – das große Finale in Mettmann« in der Glotze. Vielleicht mag man in Neustadt auch keinen Humor. Denn im Publikum sitzen elf Leute. Elf. Eigentlich sogar nur neun, denn zwei Zuschauer sind die vom Veranstalter bestellten Sanitäter, die zählen nicht wirklich. Neun zahlende Gäste im

Publikum sind zu viel, um die Sache abzublasen, aber immer noch nicht genug für 'ne geile Swingerparty.

Ohnehin wäre das mit dem Swingen heute schwierig. Zwei der Damen im Publikum sind nämlich über 70 und haben garantiert schon künstliche Hüftgelenke. Das habe ich gesehen, als ich vor zwei Minuten durch den Vorhang gespickert habe. Hätte ich mal besser bleiben lassen. Neben den Omas in der ersten Reihe ist ein Pärchen, das sich streitet, seitdem es sich hingesetzt hat, und am Rand ein Typ mit verkniffenem Gesichtsausdruck und vor der Brust verschränkten Armen.

Haben die sich verlaufen? Was wollen die hier? Kommen da noch mehr ... oder ist das alles, was Neustadt zu bieten hat?

Mein Herz schlägt schneller. Und plötzlich hab ich gar keine Spucke mehr im Mund. Ich schlucke trocken, schmatze, räuspere mich lautlos.

Alter, denke ich. Das wird ein Gemetzel.

»Alles klar?«, flüstert eine Stimme in mein Ohr, und ich drehe den Kopf nach hinten. Es ist Nici, meine Agentin.

»Ne, nix ist klar!«, zische ich mit weit aufgerissenen Augen, was man als Asiate erst mal schaffen muss. »Es sitzen elf Leute im Publikum.«

Nici lächelt. Vermutlich soll es aufmunternd wirken. In diesem Moment fühle ich mich aber, als hätte sie mich aus der Herde ihrer Schäfchen herausgepickt und würde mir nun freundlich den Weg zur Schlachtbank weisen.

»Du schaffst das«, murmelte sie und klopft mir noch einmal auf die Schulter. »Tu einfach so, als würdest du vor ausverkauftem Haus spielen. Du weißt doch, fake it, until you make it!«

Mein Mund klappt auf, ich will etwas erwidern, doch Nici ist schon wieder weg. Mir geht der Stift, ich überlege, einfach abzuhauen, aber einen Augenblick später tritt der Veranstalter auf die Bühne. Ein sympathischer Typ um die 50 mit kleinem Bauchansatz und runder Nickelbrille. Er kündigt den heutigen Act an. Und zwar mit so viel Engagement und Begeisterung, als wären wir in der ausverkauften Mercedes-Benz-Arena. Ehrlich gesagt habe ich heute Abend wirklich mit vollem Haus gerechnet. Neustadt ist nämlich plakatiert mit meiner Visage. Überall hängen Plakate, die meine Show ankündigen. Ich habe eine richtige Künstlergarderobe – so mit Spiegeln und flauschigen Sesseln, richtig gemütlich. Auch bei der Unterkunft hat sich der Veranstalter nicht lumpen lassen: Hotel Marianne, beste Adresse am Platz. Laut Google.

Jedenfalls: An der mangelnden Begeisterung des Veranstalters kann es nicht liegen, dass nur elf minus zwei Leute im Publikum sitzen, der Typ hat alles gegeben.

Also liegt es an mir. Es kann nur an mir liegen.

FUCK.

Mit jedem Wort, das über die Lippen des Veranstalters wandert, fühle ich mich schlimmer. Was gäbe ich in diesem Moment für ein mobiles Erdloch, in dem ich sang- und klanglos verschwinden könnte! Ich höre, dass er einen »aufstrebenden jungen Humoristen« ankündigt, einen »Brückenbauer zwischen den Kulturen«, und für einen Augenblick gebe ich mich der Vorstellung hin, ich wäre wirklich schon jemand, der die Stadien füllen könnte. Der in der Neustadter Stadthalle selbst den letzten Melkschemel verkauft bekäme, während die Fans aufgeregt meinen Namen skandierten: »*Tutty Tran! Tutty Tran! Tutty Tra–*«

Dann höre ich wirklich meinen Namen. Allerdings nicht aus 500 jubelnden Kehlen, sondern von Nici, die sich offenbar in den Zuschauerraum begeben hat, um für Stimmung zu sorgen. Ihr Johlen und Pfeifen ist so laut, man könnte meinen, sie glaubt wirklich an mich. Kurz darauf ertönt das matte Klatschen von einem nicht ganz vollen Dutzend weiterer Handpaare. Meine Einstiegsmusik knallt über die Anlage, feinster Hip-Hop, politisch inkorrekt und ganz viele N-Wörter. Und ehe ich es mir anders überlegen kann, trete ich auf die Bretter, die die Welt bedeuten.

»Neustaaaaaadt!«, rufe ich laut in das Mikro, das ich eigentlich gar nicht bräuchte – aber an irgendwas muss ich mich ja festhalten. »Was geht ab?!«

Die beiden älteren Damen schauen mich aus großen Augen an.

»Seid ihr gut drauf?«, frage ich noch einmal, ernte aber wieder keine Reaktion.

Aber aufgeben ist keine Option. Wenn einer das kann, dann du. Du wurdest für diesen Scheiß geboren. Augen zu und durch! Oder warum hat dir der liebe Gott ansonsten Schlitzaugen geschenkt?

Bereits einen Gag später weiß ich, dass ich in Neustadt definitiv bomben werde. Also nicht so, wie ihr jetzt denkt – ich bin ja schließlich Asiate, kein Araber. Bomben – so nennen wir Comedians das, wenn unser Auftritt beim Publikum so *gar nicht* ankommt. Eine der älteren Damen kramt in ihrer Tasche nach dem Strickzeug. Der Typ mit den verschränkten Armen vor der Brust schnauft und schnaubt bei jeder Nummer, die ich auf das Publikum abfeuere, aber in Neustadt zündet rein gar nichts. Keine Pointe zieht. Kein Witz ringt den Anwesenden ein Lächeln ab. Immerhin, das streitende Pärchen scheint sich ausnahmsweise einig zu sein: Sie finden mich massiv unlustig.

Ein kleiner Trost ist, dass wenigstens die Sanitäter sich zu amüsieren scheinen. Und auch Nici jubelt, als wäre sie bei einem ihrer heißgeliebten Bon-Jovi-Konzerte. Leider sind die drei keine zahlenden Gäste, sondern quasi beruflich zur Anwesenheit verpflichtet.

Trotzdem mache ich weiter. The show must go on! Und wenn die Leute in Neustadt mich oder meinen Humor noch nicht mögen, muss ich sie vielleicht nur überzeugen. Es muss ja keine leidenschaftliche Affäre mit uns werden. Ich bin sowieso eher Typ Fernbeziehung: Meine Freundin im Wohnzimmer und ich am Ende des Flurs in meinem Büro Schrägstrich Zockerzimmer.

Als Nächstes kommt der Gag von der telefonischen Bestellung im vietnamesischen Restaurant. Der geht IMMER. Wirklich IMMER. Spätestens, wenn ich die Tiergeräusche mache, flippen die Leute aus. Wäre doch gelacht, wenn ich Neustadt nicht knacken könnte. Bevor ich mit der Nummer loslege, mache ich aber erst mal Crowdworking. Das hat nichts mit Kraut zu tun, so nennen wir Stand-up-Comedians es, wenn wir mit dem Publikum interagieren, um eventuell daraus eine spontane Nummer zu bauen. Oder wenn wir die Leute kennenlernen und warmmachen wollen.

Ich frage die beiden Omis in der ersten Reihe: »Wie haben Sie denn den Weg zu mir gefunden?«

Die ohne Strickzeug sagt ernsthaft: »Unser Lieblingsvietnamese hat heute zu.«

Das dachte ich mir, das macht Sinn. Allerdings gibt es in meiner Show auch keine knusprige Frühlingsrolle.

»Wer von den anderen geht denn auch gern Vietnamesisch essen?«, frage ich in den leeren Raum zwischen mir und dem Zuschauerraum, in dem das Publikum hockt und mich aus ausdruckslosen Gesichtern ansieht. Bis auf Nici, die aufmunternd beide Daumen in die Höhe hebt, rührt sich keiner. Gut, das habe ich auch nicht mehr erwartet – ich freue mich vielmehr darüber, dass noch niemand aufgestanden und gegangen ist. Ich meine, klar, es macht schon mehr Spaß auf der Bühne zu stehen und die Leute zu unterhalten, wenn ich mich nicht wie bei einem Vorsingen bei »Deutschland sucht den Superstar« fühle – und zwar als Kandidat in der letzten Show, in der sie die hoffnungslosesten Talente präsentieren. Aber hey, man kann nicht alles haben. Und wenn sich Neustadt nicht amüsieren will: nicht mein Problem. Mal davon abgesehen, dass alle großen Komiker klein angefangen haben. Sehr klein. Mikroskopisch. Bestimmt auch in Neustadt. Ich hab mal gehört, dass Hassloch in der Pfalz (der Ort heißt wirklich so) ein »Test-Dorf« ist, in dem Unternehmen ihre Produkte in den Supermarkt stellen und gucken, wie die Durchschnittskäufer darauf reagieren, bevor sie die Sachen dann in ganz Deutschland in die Regale bringen – oder eben nicht. Vielleicht ist Neustadt ja dasselbe für Unterhaltung. So 'ne Art Teststrecke für Comedians.

Bäm. Schon fühle ich mich besser und stürze mich wieder ins Programm.

»Habt ihr schon mal versucht, beim Vietnamesen telefonisch Essen zu bestellen? Und hattet ihr das Gefühl, dass die euch verstehen? Tatsache – die verstehen euch nicht!«

Letzte Woche, in Witzenhausen, wurde an dieser Stelle gelacht. Aber wie der Name schon sagt, Witzenhausen war easy. Schabernack auch. Denk ich mir nicht aus, beide Orte gibt es wirklich. Genau wie Sargleben, das liegt in Meck-Pomm, und da war die Stimmung ähnlich wie in Neustadt, das weiß ich aus erster, genau genommen meiner Hand. Man kommt halt viel rum als Newcomer in der Comedy-Branche. In Itzehoe hab ich meine Ex kennengelernt. Ob es Zufall ist, dass sich der Ort auf Englisch anhört wie »It's a hoe«? Sei mal dahingestellt. Die Stimmung dort war auf jeden Fall ausgelassener, aber davon lasse ich mich in Neustadt nicht beirren. Ich quatsche einfach gegen die Wand aus Schweigen an.

»Für mich ist das an sich kein Problem, ich verstehe ja weitestgehend Vietnamesisch. Aber ich bestelle lieber auf Deutsch, da ich immer Angst habe, dass sich der Restaurantbesitzer am anderen Ende der Leitung als irgendein Onkel dritten Grades entpuppt.«

Da! Ich hab's gesehen. Bei der strickenden Oma hat der Mundwinkel gezuckt. Ich schwöre, gleich reißt es sie vom Stuhl. Das Mundwinkelzucken gibt mir Aufwind.

»Und Leute, ich sag's euch – wenn die Mitarbeiter dann mit ihrem deutsch-vietnamesischen Kauderwelsch daherkommen, versteh selbst ich kein Wort! Manchmal glaub ich, egal wo man anruft – es geht immer mein Vater ran!«

Die Oma strickt jetzt wieder konzentrierter. Alles klar, ich lasse den Rest des Gags weg. Improvisation ist die wichtigste Währung, wenn du Leute zum Lachen kriegen willst.

»Das geht dann immer so: Das Telefon klingelt. Einmal, nicht mehr, dann geht sofort jemand dran und fragt: ›*Ja? Wat essen?*‹«, imitiere ich einen vietnamesischen Restaurantbesitzer am anderen Ende der fiktiven Leitung.

»Was gibt's denn?«

»*Wat gib? Wat gib?*«, sage ich wieder mit verstellter Stimme. »*Gib alle!*«

»Äh, okay, dann nehm ich die 55.«

»*Fumpumfumpsig, ja. Schap oder nik schap?*«

»Wie bitte?«

»*Schap oder nik schap?*«, frage ich, ganz der verärgerte, von der deutschen Langsamkeit gefolterte Gastronom.

Ich ziehe die Augenbrauen zusammen, mime Unverständnis. »Ich glaube, ich verstehe Sie nicht. Was sagen Sie?«

»*Du schap oder nik schap?*«, schnauze ich. Dann hechle ich wie ein Hund. »*Schap oder nik schap?*«

»Ach so! Scharf, bitte.«

»*Du will mit Flei ode ohne Flei?*«

»Was will ich?!«

Die Oma sieht vom Stricken auf und stupst ihre Freundin an. Sie schmunzeln sich zu. Jede Wette, da gründet sich gerade der erste Neustädter Tutty-Tran-Fanclub. Und in Anbetracht des Durchschnittsalters der Gründungsmitglieder vielleicht auch gleich der letzte.

»*Mit Flei oder ohne Flei?!*«, mache ich weiter und denke an die unendlich vielen Telefonate, die mein Vater im Laufe seines Lebens mit hungrigen, bemitleidenswerten Deutschen geführt hat, die bei uns im Restaurant anriefen.

»Keine Ahnung, ich kann nicht fliegen.«

Die junge Frau, ein Teil des dauerstreitenden Pärchens, kichert. Ich fasse das als Aufforderung auf, weiterzumachen, und lege mich richtig ins Zeug.

»*Ey, du! Du nik doi?*«

»WAS?!«

»*Will du Flei oder kei Flei?*« Jetzt kommt die Pointe. Meine sichere Bank. Das rettende Ufer. Bis dahin muss ich kommen. Danach habe ich Neustadt im Sack. »*Du chrchr*«, ich mache ein Schwein nach, »*muuuuuh oder gockgockgockgoooock?*«

Ich gebe wirklich alles bei meiner Tiergeräusch-Performance. Und verstumme. Starre ins Publikum. Vielleicht muss der Gag erst mal ankommen? Neustadt ist ja etwas ab vom Schuss. Lange Leitung und so, wer weiß, ob hier Glasfaser liegt. Ich warte. Scheint mir doch eher 'ne alte Verbindung mit Modem zum Einwählen. *Düüüü-döööö-chm.* Im Kopf zähle ich. Eins, zwei, drei. Um sicherzugehen, lege ich auf Vietnamesisch nach. Mot, hai, ba. Aber selbst als ich auf Englisch und Türkisch die drei ersten Ziffern aufgezählt habe, lacht niemand.

Neustadt, du willst es echt wissen! Vielleicht funktioniert Humor hier nicht. Möglicherweise gelten hier gar keine physikalischen Gesetze. Wasser fließt nach oben, Licht ist nicht schneller als Schall, und mit etwas Glück gibt es hier nicht mal Finanzämter. Wenn Letzteres stimmt, wäre ich gern schon früher hierhergekommen.

Ich mache jetzt einfach das Beste draus. Das Pärchen streitet nicht, solange ich auf der Bühne stehe, und die beiden alten Damen sehen zumindest nicht gelangweilt aus. Nur der Kerl daneben geht mir so langsam, aber sicher auf den Glückskeks. Der schnauft die ganze Zeit wie ein Gaul, aber das ist so ein genervtes Schnaufen, bei dem er sogar die Augen verdreht, als wollte er jedes Mal sagen: Och Mann, ey! Sei doch mal LUSTIG! LUUUUUSSSSTIG! Ich bin doch nicht zum Spaß hier!

Jo. Hab ich gemerkt.

Okay, einen hab ich noch. So leicht lässt sich ein Tutty von der Berliner Reisplantage nicht unterkriegen! Also hole ich tief Luft und sage: »Ich muss ja sagen, ich bin wirklich froh, dass ich so aussehe, wie ich aussehe. Wenn ich Fremden begegne, sehe ich denen schon an, welche Frage sie sich zuerst stellen: ›Kann der Deutsch?‹ Und ganz ehrlich, ich nutze das verdammt gerne aus. Wisst ihr eigentlich, wie geil das ist, wenn man keinen Bock auf jemanden hat und sich einfach hinter dem Aussehen verstecken kann, damit man nicht mit dem reden muss? Gerade, wenn man in Berlin lebt.«

»Fffffnnnnnhhh«, schnaubt der Typ und schüttelt den Kopf.

Was ist eigentlich dein Problem, Mann?, möchte ich ihn am liebsten fragen. Wieso gehst du zur Comedy, wenn du keinen Humor verstehst? Wurde dir das vom Arzt verschrieben? Gibt's das auf Rezept? Lachen ist die beste Medizin und so? Dann frage ich dich im Ernst: Hast du deine Pillen nicht genommen, oder was stimmt nicht mit dir?!

Natürlich frage ich das alles nur in Gedanken und konzentriere mich stattdessen auf die Nummer.

»Hallo, entschuldigen Sie bitte«, mime ich eine Person, die mich anspricht, »können Sie mir sagen, wie spät es ist?«

Ich zucke mit den Schultern. *»Ik nik doi.«*

Die Omas lachen. Alles klar, denen geb ich nachher noch Autogramme.

»Oder bei der nächsten Polizeikontrolle.« Ich setze ein ernstes Gesicht auf und sage mit verstellter Stimme: »Allgemeine Verkehrskontrolle, einmal den Führerschein und die Fahrzeugpapiere, bitte.« Dann antworte ich: *»Ik nik doi.«*

Die Omas kichern weiter, auch das Pärchen wirft sich einen amüsierten Blick zu. Na also, Neustadt, ich wusste doch, das wird noch was mit uns.

»Wie heißen Sie?«

»Huan-Son«, behaupte ich.

»Das ist Beamtenbeleidigung!«, werfe ich mich als Ordnungswächter in die Brust und höre zum ersten Mal an diesem Abend Gelächter. Am liebsten würde ich mich den alten Damen und dem Pärchen in die Arme schmeißen und mich vor Erleichterung an ihren Schultern ausheulen. Stattdessen nehme ich noch mal Anlauf.

»*Nei*«, komme ich zum krönenden Abschluss der Szene, »*we ik sa: Hai dai mau!, is Beleidigun, nik Huan-Son!*«

Der Knoten platzt. Neustadt liegt mir zu Füßen. Zumindest eine Handvoll der lokalen Stellvertreter plus Nici und die Sanitäter. Nur am schnaufenden Mann perlen meine Jokes ab wie Wassertropfen an einer Lotusblüte. Langsam werde ich unsicher: Bin ich wirklich so unlustig? Ich hoffe inständig, dass der Typ einfach ein Humorverweigerer ist.

Eine halbe Stunde später haben Neustadt und ich es geschafft. Die Show ist vorbei, ich verbeuge mich und nehme mit Genugtuung zur Kenntnis, dass das Pärchen sogar zu Standing Ovations ansetzt ... ah ne, die holen schon ihre Jacken. Egal. Jetzt bin ich so weit gekommen, da lasse ich mir doch jetzt nicht mehr die Laune verderben.

»Junger Mann, Sie sind mir ja einer!«, sagt die Oma, die gerade ihr Strickzeug in der altmodischen Tasche verschwinden lässt.

Ihre betagte Freundin wackelt mit dem erhobenen Zeigefinger. »Ein richtiger Schlingel!« Sie kichert noch einmal. »Huan-Son. Das muss ich nachher meinem Werner erzählen.«

»Machen Sie das«, erwidere ich und wische mir den Schweiß von der Stirn. »Vielleicht kommt Werner beim nächsten Mal ja mit.«

»Ach, ne«, sagt die Dame. »Der mag keine Ausländer.« Sie gluckst. »Ist nicht persönlich gemeint.«

»Verstehe ich gut. Ich mag Ausländer auch nicht«, sage ich mit bierernstem Gesichtsausdruck.

Die Omas glucksen noch einmal, machen wegwerfende Handbewegungen und eiern gemächlich schwatzend davon.

Ich atme einmal tief durch. Was für ein Abend. Und meine Fresse, was freu ich mich jetzt auf einen Döner. Ich habe nach meinen Shows, in denen ich nicht gerade energiesparend mit mir umgehe, immer so einen krassen Heißhunger, ich könnte ALLES in mich reinschaufeln.

Jemand räuspert sich. Ich blicke auf. Die fleischgewordene Humorvernichtungsmaschine steht vor mir. Der Typ, der während der Show kein einziges Mal gelacht, dafür aber ohne Ende geschnauft hat.

Ich verziehe den Mund zu einem derart breiten Lächeln, dass sich meine Mundwinkel eigentlich am Hinterkopf begegnen müssten. »Und? Hat's Ihnen auch gefallen?«

Rhetorische Frage. Ist uns beiden klar.

Er räuspert sich. Dann antwortet er mit schnarrender Stimme: »Es war ... interessant.«

A-ha. Interessant. Wenn die Antwort kommt, weiß man doch, wie der Hase läuft.

»Schatz, wie findest du meine neue Frisur?«

»Interessant.«

»Wie hat Ihnen das Essen geschmeckt?«

»Interessant.«

»Was sagen Sie zum Parteiprogramm der CDU?«

»Interessant.«

Interessant ist ein anderes Wort für: scheiße. Und weil man scheiße nicht sagt, sagt man eben was anderes. Noch schlimmer ist eigentlich nur »erfrischend«. Das ist die ultimative Demütigung.

Ich ringe mir ein »Danke, dass Sie da waren« in seine Richtung ab und will mich gerade abwenden, da tippt mir der Schnaufer auf die Schulter.

»Ich hätte noch eine Frage zu Ihrem Programm.«

Ich atme seeehr tief ein, kleistere mir erneut ein Lächeln ins Gesicht und wende mich wieder zu ihm um. »Aber gerne doch«, sage ich und fühle mich in diesem Moment wie der Mitarbeiter im 1&1-Kundenservice, der dem Anrufer erklären muss, warum beim WLAN kein Kabel mehr gebraucht wird.

»Sie haben ja«, beginnt der Schnaufer und räuspert sich mehrmals, »heute Abend in Ihrem Programm das ein oder andere Mal ›Ausländer raus!‹ gesagt.«

Ich nicke schweigend.

»Und nun frage ich mich«, der Typ blinzelt etwas neurotisch, »wie war das gemeint?«

Ich HASSE diese Frage! Aktuell wird jeder Witz in diesem Land mehr als je zuvor auf die Goldwaage gelegt. Am liebsten würde ich mit dem Lieblingssatz meines Vaters antworten: *Hai dai mau.* Außerdem will ich mit Neustadt endlich abschließen, in mein Hotelzimmer fahren und ein bisschen weinen. Auch vor Erleichterung, dass ich es durchgezogen habe.

Deswegen sage ich völlig cool zu dem Schnaufer: »Das war genau so gemeint, wie ich es gesagt habe.«

Der Mann tut das, was ich erwartet habe: Er schnauft. »Aber das ist rassistisch.«

Ich ziehe die Augenbrauen zusammen, mache ein nachdenkliches Gesicht und nicke erneut. »Da haben Sie vollkommen recht.«

Sein Mund klappt auf und zu wie ein Fisch auf dem Trockenen. »Aber, aber ... Sie können nicht rassistisch sein! Sie sind doch Ausländer!«

»Ach so?«, tue ich überrascht. »Ist Rassismus ein Privileg von Deutschen? Finden Sie das nicht ein bisschen ... rassistisch?«

Ich zwinkere ihm zu. Vielleicht versteht er den Humor ja jetzt? Möglicherweise würden auch die Einblendung »Unterhaltungssendung« oder »Achtung! SARKASMUS« in der linken oberen Ecke seines Bildausschnitts helfen. Oder eine Pointen-Warnung?

Er schnauft, das kann er gut. Ein richtiger Profi-Schnaufer ist das. »Sie haben auf der Bühne selbst gesagt, dass Ihre Eltern Flüchtlinge waren«, regt er sich auf. »Und Deutschland hat die Arme aufgemacht und sie aufgenommen. Das können wir gut, die Arme aufmachen und Flüchtlinge aufnehmen, jahaaa!«

Seine Augen sind so weit aufgerissen, dass sie beinahe aus den Höhlen fallen. Er tut gerade so, als hätte er persönlich 2015 am Bahnhof von München gestanden und jeden syrischen Flüchtling mit Handschlag, Gummibärchen und einem Kuscheltier begrüßt. Im Anschluss hat er dann der Kanzlerin in der Bundespressekonferenz über einen Knopf im Ohr den legendären Satz zugeflüstert: »Wir schaffen das!« Keine Frage, ich spreche hier mit *dem* Integrationsbeauftragten Deutschlands.

»Wissen Sie«, echauffiert er sich weiter, verschränkt die Arme wieder vor der Brust und guckt besserwisserisch, »wenn Sie dauernd ›Ausländer raus!‹ rufen, sollten Sie mit Ihren Eltern vielleicht als Erstes abgeschoben werden.«

Für den Bruchteil einer Sekunde denke ich darüber nach, dem Kerl auf die Schulter zu klopfen, ihm zu versichern, dass alles nur Spaß gewesen sei, und mich vielleicht sogar zu entschuldigen, dass er mich offensichtlich so grundfalsch verstanden hat. Aber ehrlich gesagt habe ich darauf heute keinen Bock. Der Typ strapaziert meine Nerven nämlich beachtlich. Und mein Magen knurrt.

Also richte ich mich auf, blicke dem Spaßvogel fest in die Augen und sage ernst: »Es ist so, meine Eltern und ich haben deutsche Pässe. Wir können gar nicht abgeschoben werden, die deutsche Botschaft würde uns einfach wieder nach Hause holen. Wir sind wie ein Bumerang. Egal, wie oft du uns wirfst, wir kommen immer wieder zurück. Ich weiß, Deutsche wie Sie hassen das. Sogar etwas mehr als den Enkeltrick.«

Dem Mann klappt wieder der Mund auf. Er will etwas erwidern, auf seinem Gesicht spiegelt sich Entrüstung wider. Doch bevor er auch nur einen Ton sagen kann, schiebt sich meine Managerin von links ins Bild, schüttelt dem Kerl mit Begeisterung die Hand und ruft: »Toll, dass Sie hier waren, ganz wunderbar, kommen Sie gut nach Hause, und beehren Sie uns bald wieder!« Dann packt sie mich an der Schulter und schubst mich hinter die Bühne. »Mitkommen! Sofort.«

»Ach, Tutty«, sagt Nici mit ernstem Blick. Sie ist meine strengste Kritikerin. Nicht mal mein Vater kann so gucken. »Das geht so nicht.«

»Du hast recht, das geht so nicht«, antworte ich und nicke. »Ich hätte dem Typen richtig die Meinung geigen sollen.«

»Tsss«, macht Nici und schnalzt mit der Zunge. Es ist ihr Signature Move, ein Geräusch, was ein bisschen wie das türkische »Çüş!« klingt, aber viel, viel eindringlicher und warnender. Ohne Scheiß, wenn Nici den Laut in Istanbul bringt, springt Erdogan in den Bosporus, schwimmt übers Mittelmeer bis nach Köln am Rhein und bittet bei Jan Böhmermann persönlich um Asyl.

Ich grinse. »Spaß. War doch ein netter Abend.«

Sie schnauft. Genau wie der Typ vorhin. Dann nagt sie an ihrer Lippe. Das ist immer ein ganz schlechtes Zeichen.

Es ist ja nicht das erste Mal, dass mir jemand Rassismus vorwirft. Dabei kommt meine Familie aus Vietnam! Wenn einer Witze über Ausländer machen darf, dann ja wohl ich. Immerhin habe ich mir mein Leben lang Unmengen an Gags über mich anhören dürfen: »Du kannst doch bestimmt mit offenen Augen durch einen Sandsturm laufen!«

Oder: »Tutty, wenn wir jetzt Blinde Kuh spielen, müssen wir dir dann die Augen überhaupt verbinden?«

Und dann kam meistens noch einer obendrauf: »Falls ja, reicht da Zahnseide?«

Als ich einmal unverkleidet zum Karneval erschien, fragte ein Freund, ob ich als Briefkasten gehe: breit wie hoch, gelb und zwei Schlitze im Gesicht.

Ich habe mich als Kind nicht nur einmal gefragt, was mit meinen Mitschülern eigentlich nicht stimmt. Entschuldigung: Mitschüler*innen. Das muss ich jetzt ja gendern, wenn ich vermeiden will, nicht nur für einen Rassisten, sondern auch noch einen Chauvinisten gehalten zu werden.

Ob die Kinder in meiner Klasse auch so mit mir geredet hätten, wenn ich ein riesiger Schwarzer aus dem Kongo gewesen wäre? »He, Blackjack! Vermietest du eines deiner Nasenlöcher? Meine Cousine sucht noch ein Zimmer!« Hätten Sie mich gefragt, warum mein Kopf wie ein Backstein aussieht, wenn meine Eltern aus Kasachstan kämen? Und wie hätten sie mich wohl aufgezogen, wenn ich Araber wäre? »Ich will deine Schwester kaufen. Fünf Kamele!« Superdreist. Jeder weiß, dass man bei Arabern unter sechs Kamelen keine Schwestern bekommt.

Ich glaube, als Schwarzer, als Kasache oder als Araber hätte ich in meiner Kindheit und Jugend weniger Witze über mich ergehen lassen müssen. Nur mit *uns* kann man es ja machen.

Wir Asiaten sind ja so süß! Mit den klitzekleinen Augen, der gelben Haut und den kleinen Pimmeln. Haha. Selten so gelacht. Und selbst wenn wir ausrasten, sind wir maximal süßsauer.

Ganz im Ernst, Kinder sind so brutal. Was die so alles von sich geben! Und denen verbietet doch auch keiner was – zumindest war das so, als ich klein war. Ich durfte zu Schaumküssen und Schnitzeln nach Budapester Art noch anders sagen. Früher durfte ich singen: »Alle Kinder lernen lesen, Indianer und Chinesen. Selbst am Nordpol lesen alle Eskimos, hallo Kinder, jetzt geht's los!« Und beim »Chinesen« haben alle immer auf mich gezeigt. Sogar der Eskimo, und der kam im Winter immer mit seinem Scheißschlitten in die Schule. Das war übrigens mein Lehrer.

Mein Vater hat mir mal den unbezahlbaren Rat gegeben, jeden Abend auf der Bühne mit einem Witz zu beginnen. *»Mak ludtik! Dat wiktik. Die Doische lieb ludtik«*, sagte er ernst.

»Ich weiß, Papa, die Deutschen lieben Witze«, erwiderte ich. »Ansonsten hätten wir nicht den Lauterbach.«

Bei meinen ersten Shows startete ich deshalb oft so: »Treffen sich ein Afrikaner, ein Zigeuner und ein Schwuler im Schwarzwald ...« Tja. Schön war es damals. Denn so begann früher ein großartiger Witz. Heute beginnt so nur noch das Ende deiner Karriere. Erzähl so was jetzt gerade mal auf der Bühne! Du kommst direkt an den digitalen Pranger. Das war's für dich, Freundchen. Das ist kein Shit-Storm, das wird ein Shit-Tornado. Und was bleibt dir dann noch? Da kannst du nur noch geteert und gefedert das Land verlassen.

Aber gefedert geht auch nicht mehr. Weil sich dann Transen, sorry: Dragqueens auf den Schlips oder die Schlipsin getreten fühlen. Außerdem tragen Dragqueens ja keinen Schlips. Sie tragen Boa. Sofern sie keine Veganer*innen sind. Irgendwas is' ja immer.

Apropos Dragqueens. Als ich in jüngeren Jahren mal bei einer Hotline anrief und nicht wusste, dass man meinen Namen mit dem deutschen Inland-Alphabet T wie Theodor, R wie Richard, A wie Anton und N wie Nordpol buchstabiert, wusste ich mir anders zu helfen. Ich sagte zu der Uschi an der Strippe: »Tran. Wie Transe. Nur ohne se.«

Hat sie verstanden. Auch wenn sie danach ein bisschen reserviert auf mich wirkte. Wahrscheinlich war sie Gleichstellungsbeauftragte oder hieß bis vor drei Jahren noch Heiner. Soll ja alles vorkommen.

Zurück zum Witz. Wie soll ich den heute erzählen? »Treffen sich ein People of Colour, ein Sinti und Roma und ein Homosexueller aus der LGBTQIA+-Community im Forest of Colour ...« Genau. Schwarzwald.

Wenn ich dann auch noch gendere, wird der Witz länger als der »Herr-der-Ringe«-Director's-Cut. Sorry, Herr*in der Ring*innen. Ja, sagt man jetzt so. »Indiana Jones« heißt auch nicht mehr »Indiana Jones«, sondern »Der indigene Johannes«.

Dabei liebe ich provokante Witze. Nach jedem dieser Jokes dringt nämlich immer so ein tiefes »Hohoho« aus dem Zuschauerraum zu mir auf die Bühne. Nicht wie der Weihnachtsmann, sondern dieses Lachen, das ganz tief aus der Seele kommt, wenn das Zwerchfell sich kringelt, die Bauchmuskeln sich anspannen, aber das Gesicht sagt: »Darüber lacht man nicht!« Und trotzdem muss der ganze Mensch sich kugeln. Dieses Hohoho finde ich mega. Davon kann ich nicht genug kriegen. Ich erzähle einen derben Witz auf der Bühne, und das ganze Publikum so: »Hohoho!« Ich schwöre, über den Köpfen der Zuschauer ploppen in dem Moment Gedankenblasen auf, und darin steht: *Über so was darf man nicht lachen! Ich finde das NICHT witzig! Aber hohoho, ich kann nicht anders, hohoho, der Asiate hat einen rassistischen Witz gemacht, und der darf das, und deswegen darf ich lachen, hohoho.* Dieses Hohoho-Lachen ist ein Reflex. Du musst lachen, auch wenn du nicht willst.

Früher bin ich auf die Bühne gegangen und habe gerufen: »Na, ihr Assis aus Braunschweig?« Darfst du nicht mehr sagen ... Braun. Hast du sofort 'nen beleidigten Nazi bei dir nach der Show sitzen, der eine Entschuldigung verlangt oder dir vorwirft, ihn ausgeschlossen zu haben.

Im Ernst. Wir können doch nicht alles wegpiepen. Irgendwann steht ein Komiker auf der Bühne, und alles Verwerfliche wird weggepiept: Pieeep. Pieep. Pieep. Piiiiiiiiiiiiiieeeeeeeeeep. Oder geschwärzt. Einfach weggecancelt. Dann ist der Humor tot. Zum Beispiel der Witz von gerade eben: »Treffen sich ein Afrikaner, ein Zigeuner und ein Schwuler im Schwarzwald ...«

Was soll man sich denn dann noch erzählen? Und worüber soll ich Witze machen? Ich bin ja nicht von gestern und mache mich einfach über jeden lustig, der nicht bei drei auf dem Baum ist. Auch wenn es so wirkt. Ich mache mir schon Gedanken, wen ich auf die Schippe nehmen darf. Und wenn ihr meinen Vater kennen würdet, wüsstet ihr, warum der ganz oben auf meiner Liste steht. Mann, der Typ bietet mehr Material, als ein Comedian in einem Leben auf der Bühne verarbeiten kann! So was lasse ich mir doch nicht entgehen. Das wäre Verschwendung. Und wir Deutschen sind doch Weltmeister im Recycling.

Und es gibt jetzt ja die »Diversity-Quote«. Die Gesellschaft will ja weltoffener werden, deshalb gibt's seit neuestem in jeder Fernsehshow einen Asiaten, einen Schwarzen und eine Frau … obwohl so schon wieder ein Witz anfangen könnte, den man nicht erzählen darf. Aber ganz ehrlich, ich hab keine Lust, nur so ein Beistell-Japaner zu sein. Oder so ein Klapp-Chinese oder Muss-Philippino! Ich will doch nicht nur wegen meines Aussehens oder der Herkunft meiner Eltern irgendwohin eingeladen werden, DAS wäre doch total rassistisch. Oder?

In meinem Kopf rotieren die Gedanken, alles verschwurbelt und verknotet sich, ich finde den Anfang nicht mehr. An welchem Faden muss ich ziehen, um zum Ausgang zurückzufinden? Der Typ vorhin meinte, ich wäre ein Rassist. Aber kann ich das überhaupt sein? Wie soll das bitte funktionieren, als Deutscher mit Migrationshintergrund, der selbst jeden Tag mit den Vorurteilen seiner Mitmenschen konfrontiert wird? Und auch Mitmenschinnen? Frauen sind da nämlich kein Stück besser als Männer, auch wenn ich weiß, dass der nächste Aufschrei der Empörung entrüsteter Feministinnen auf mich wartet.

Wie oft habe ich das schon erlebt? Frau, Mitte 50, phänotypisch deutsch, verblüfft: »Sie sprechen aber gut Deutsch!«

Es gibt nur eine Antwort auf so eine Bemerkung: »Sie aber auch.«

Oder ganz trocken: *»Ik wei au nik warum.«*

Der Blick ist unbezahlbar.

Wie kann ICH bitte schön Rassist sein? Ist das biologisch überhaupt möglich? Ein Fehler in der Matrix? Ich bin total verwirrt. Mit dem Thema muss ich mich wohl mal genauer beschäftigen.

Ein Schnipsen vor meiner Stirn reißt mich aus den Gedanken. »Hallo, Tutty!« Nici schaut mich verärgert an. »Ich rede seit fünf Minuten mit dir, wo ist dein Hirn wieder unterwegs?«

»Äh, das zu erklären könnte länger dauern. Was hast du gesagt?«

»Ich habe gesagt: Das geht so nicht.«

Oh-oh. Jetzt wird auch sie mir sagen, dass ich in meiner Show zu weit gegangen bin. Oder nach dem Auftritt im Gespräch mit dem Schnaufer. Sie wird mir sagen, dass so wenig Leute heute Abend da waren, weil keiner außer mir die Art von Witzen mag. Dass meine Laufbahn als Comedian kurz, aber erfolglos war. Dass ich mir abschminken soll, jemals große Hallen zu füllen. Eine eigene Show zu haben. Preise entgegenzunehmen. Dass wir in Neustadt meine sogenannte Karriere zu Grabe tragen. Das war es dann wahrscheinlich. Leb wohl, großer Traum. Siktir lan, böse Witze. Ick mach 'n Abjang, Bühne. Ab morgen werde ich als Personal Trainer meine Kundinnen wieder triezen und dafür sogar Geld bekommen. Der Unterschied zwischen einer Domina und einem Personal Trainer ist nämlich nur, dass die eine abwaschbare Kleidung trägt ...

»Das geht so nicht«, sagt Nici noch einmal und schüttelt entschieden den Kopf. »Ich bin zum dritten Mal mit einem Künstler in Neustadt, und zum dritten Mal spielen wir nur vor einer Handvoll Zuschauer. Das mache ich nicht noch mal! Das *kann* ja wirklich nicht an dir liegen. So nett der Veranstalter auch ist, Neustadt und ich, wir sind geschiedene Leute. Schluss, aus, Ende. Dieses Kaff sieht mich nie wieder.«

Ich bin mir sicher, der Stein, der mir gerade vom Herzen rollt, lässt noch die Erde in Hanoi erbeben.

Hohoho – Übung für den alltäglichen Gebrauch

Anleitung

1. Such dir einen schönen Ort, an dem du dich wohlfühlst, am besten auf einem Stuhl in einer meiner Bühnenshows.
2. Lass die Schultern locker und lege die Arme auf deinen Oberschenkeln ab. Bitte nicht vor der Brust verschränken.
3. Lausche einem ehrenlosen Witz oder einer Pointe, über die du eigentlich nicht lachen solltest.
4. Spüre, wie das Lachen tief in deinem Bauch heranrollt und sich über dein Zwerchfell den Weg nach oben bahnt.
5. Überwinde dein schlechtes Gewissen und die politische Korrektheit. Spring einfach ambitioniert darüber hinweg oder mach einen eleganten Hüpfer.
6. Öffne den Mund, forme die Lippen zu einem O und erlaube dem Hohoho, deinen Mundraum zu verlassen.
7. Genieße das angenehme Gefühl, über etwas Unanständiges, Respektloses oder Ehrenloses gelacht zu haben.

Anwendung

Drei- bis fünfmal täglich jeweils kurz nach dem Essen anwenden. Zwischen den Übungen ausreichend Pausen einlegen. Und ganz wichtig: Atmen nicht vergessen!

2 Hai dai mau: Familie sucht man sich nicht aus

»Guten Tag, ich habe einen Termin«, sage ich und lächle die Sprechstundenhilfe an. »Bei Dr. Körpülü.«

Die Frau, nennen wir sie Sandy, blinzelt ein paarmal, als wäre ihr was ins Auge geflogen. Ich kann ihre Gedanken wie auf einem riesigen Werbebanner auf dem Time Square über ihre Stirn laufen sehen: *Hätt ich nich jedacht, dass der so jut Deutsch spricht. Aber so is ditt mit die Chinesen.*

Sie muss wissen, was der Unterschied zwischen geglückter und missglückter Integration ist. Immerhin arbeitet sie in einer Augenarztpraxis in Berlin-Kreuzberg. Vermutlich ist sie in einem Umfeld von drei Kilometern die einzige genetische Deutsche. Moment, ich ertappe mich bei der Frage: Was bedeutet das eigentlich, genetisch deutsch? Dass ihr Opa den Hitlergruß konnte? Oder dass ihre Familie halt nicht aus Polen, der Tschechien oder der Slowakei kommt, sondern aus Pommern, Schlesien oder dem Sudetenland? Ich sag es mal so: Umlabeln ist nicht nur in der Fleischproduktion problematisch.

Sandy klimpert auf jeden Fall mit den Augenlidern wie die orangefarbene Maus aus der gleichnamigen WDR-Kindersendung, dann nickt sie kurz und sagt in einer Freundlichkeit, für die Berlin über seine Stadt- und Landesgrenzen hinaus bekannt ist: »Name?«

»Tran«, erwidere ich und zücke schon mal die Versichertenkarte. »Thomas.«

Sandy hält inne, hebt den Kopf, ihr Unterkiefer klappt auf und zu. Sie sieht aus wie ein Fisch. Ein dämlicher. »Wollen S'e mich verarsch'n?«, fragt sie.

Ich verkneife den Mund zu einer dünnen Linie und tippe mit dem Finger auf die Versichertenkarte. »Nein. Ich heiße Thomas. Thomas Tran. Ich hab noch einen zweiten vietnamesischen Vornamen, aber den können Sie nicht aussprechen. Schauen Sie, da steht's.«

Sie nimmt die Karte. Kneift die Augen zusammen. Ich weiß aus eigener Erfahrung, dass man so nicht besser sieht, und sie ist ja eigentlich vom Fach – aber ich sage nichts. Dann studiert sie die Buchstaben auf dem Plastikkärtchen, als ginge es darum, ägyptische Hieroglyphen zu entziffern. »Tatsache«, murmelt sie schließlich, schüttelt den Kopf und schiebt die Karte in das Lesegerät. »Worum geht's?«

Seit zwei Tagen ist mein linkes Auge geschwollen und juckt wie Hölle. Ich glaube, eigentlich hätte ich einäugig gar kein Auto mehr fahren dürfen. Mein Sichtfeld ist ja eh schon kleiner als das von Bio-Deutschen. Aber breiter. Ich habe damals aufgrund meines 16:9-Breitbildblicks die Führerscheinprüfung fast nicht bestanden. Der Prüfer saß wie immer hinten rechts und sagte vor der letzten Kurve: »Die nächste links, bitte!«

Ich setzte den Blinker und bog links ab.

»Sie haben den Schulterblick vergessen«, kam es eine Sekunde später von der Rückbank.

»Nein, hab ich nicht«, erwiderte ich. Was er nicht wusste, ich kann mit meinen Augen um die Ecke gucken, ohne meinen Kopf in die Richtung zu manövrieren.

Aber wenn die Augen geschwollen sind, geht halt nix mehr. So wie seit zwei Tagen. Heute Morgen sagte meine Freundin dann: »Geh zum Arzt.« Und sie sagte das in einem Tonfall, in dem sie ansonsten nur noch »Geh zu dm« zu mir sagt. Heißt also, keine Widerrede.

»Ich hab was am Auge«, erkläre ich der Sprechstundenhilfe. »Ein Gerstenkorn, glaub ich.«

Sandy schaut mich ausdruckslos an. Dann erwidert sie furztrocken: »Eher ein Reiskorn, wenn S'e mich fragen.«

Ach, die Berliner. Ick liebe sie.

Auch wenn man es mir nicht ansieht, ich bin in Deutschland geboren. Ich spreche besser Deutsch als Vietnamesisch, genauer gesagt spreche ich sogar besser Türkisch als Vietnamesisch, weil ich in meiner Jugend eigentlich nur mit Kanaken abhing. Meine Eltern kamen in den 1970er Jahren als Boatpeople hierher, und wie der Name schon sagt, nahmen sie das Flugzeug. Sie flohen nach dem Ende des Vietnamkrieges und der Wiedervereinigung vor dem kommunistischen Regime ... und zwar nach Berlin. Kann man machen. Immerhin in die westliche Zone, genau genommen ging mein Vater nach Neukölln, wo ich ein paar Jahre später geboren wurde. Meine Mutter kam mit meinen Großeltern nach Moabit. Sie lernte meinen Vater im Flüchtlingsheim kennen – wie in einer richtig schönen romantischen Komödie.

Sie ließen sich einbürgern. Damals gab es noch keinen Test dafür und noch keine AfD, man musste nur sagen, dass man politisch verfolgt wurde, einen Bogen ausfüllen und auf das deutsche Grundgesetz schwören, dass man immer seine Steuern bezahlen werde – und schon wurde einem der deutsche Pass ausgehändigt. Weil es meine Eltern mit der Einbürgerung sehr ernst meinten (man könnte auch sagen, dass sie es etwas übertrieben mit dem Integrationswillen), gaben sie sich beim Ausfüllen des Bogens neue Vornamen: Philipp und Bettina. Ernsthaft. Ich weiß bis heute nicht, warum sie sich ausgerechnet für diese Namen entschieden. Oder warum sie mich Thomas nannten. Vielleicht weil sie dachten, dass es damit einfacher würde, sich in Deutschland einzuleben. Offenbar haben sie das nicht so richtig durchdacht, denn a) reagieren Deutsche durchaus irritiert, wenn jemand einfach ihre Namen klaut, und b) führten die Vornamen, die sie für uns wählten, auch bei mir zu gewissen Identitätsproblemen. Vor allem in meiner Kindheit.

Einmal habe ich sie gefragt, warum ich ausgerechnet Thomas heißen musste. Da sagte meine Mutter: »Na, weil dein vietnamesischer Name so schlecht ausgesprochen werden kann von den Deutschen.«

Recht hat sie: Mein voller Name lautet Thomas To Truong Tran. To Truong wird nicht etwa so gesprochen, wie man es schreibt, sondern klingt in Wahrheit ganz anders. In etwa so: *Do-Djüng*. Also wie ein asiatischer Jürgen. Aber ich kapiere nicht, warum sie mich dann nicht einfach Binh nennen konnten, wenn sie schon unbedingt was aus der Heimat haben wollten. Oder Bu. Das bedeutet »der Anführer« und hätte mir sehr gefallen. Chung heißt »intelligent« – ich glaube, das muss ich nicht weiter kommentieren, der Name hätte perfekt gepasst. Dabei ist völlig egal, dass das chinesische oder koreanische Namen sind, wäre eh keinem aufgefallen. Und wenn sie unbedingt ihren Fetisch, alle meine Namen mit T anfangen zu lassen, hätten befriedigen wollen, wären Tuan (ritterlicher Herr), Tho (Langlebigkeit) oder Tan (Geheimnummer) möglich gewesen. Aber nein! Sie entschieden sich für das deutsche Thomas und das unaussprechliche Truong und wunderten sich, dass ich von allen erst »Tu-Trong« und schließlich Tutty genannt wurde. Oder Tuttifrutti, Titty oder Trottel, aber das ist eine andere Geschichte.

Im Nachhinein bin ich ihnen natürlich dankbar. Denn wenn ich ehrlich bin, war und ist der Witz über meinen Namen die erste Lachnummer, die ich als Comedian gebracht habe. Egal wie unsicher ich vor den Auftritten war, wenn ich auf die Bühne rauskomme und sage »Hallo, mein Name ist Tutty, aber eigentlich heiße ich Thomas«, dann lachen die Leute. Immer. Ich habe mich jahrelang für meinen beknackten Namen geschämt, und heute ist er so was wie der Türöffner zum Zwerchfell. Das zeigt, was Humor alles kann.

Neukölln ist ein hartes Pflaster und bestand in den 1990er Jahren im Grunde nur aus Ausländern. Menschen mit Migrationshintergrund, wie man heute sagt, weil die waren ja alle eingebürgert. Es gab in unserem Viertel alles, was der Globus so zu bieten hat: Türken, Kurden, Araber, Albaner, Polen, Jugos. Ein bunter Blumenstrauß an Nationalitäten.

Und sehr wenige Vietnamesen.

Die gingen, kulturell bedingt, nämlich eher in die Ostberliner Bezirke, obwohl sich die Stimmung da eher in Grenzen hielt. Die DDR und das kommunistische Nordvietnam waren Bruderstaaten, genau wie Russland, Ungarn und Kuba. Das war ein ziemlich eingeschworener Haufen, meist mit geschlossenen Grenzen. Man schickte Abgesandte, Studenten und Arbeiter in die verbrüderten kommunistischen Regime und blieb den Rest der Zeit unter sich.

In Neukölln, einem Westberliner Bezirk, kannte man deshalb kaum Vietnamesen. Weshalb auch alle dachten, wir wären Chinesen. Und Junge, was musste ich mir in meiner Kindheit Witze über mein Äußeres anhören. Eigentlich geht das bis heute so, dass mein Aussehen kommentiert wird. Neulich fiel mir auf, dass alle Komplimente, die ich bekomme, immer mit »für einen Vietnamesen« beginnen.

»Für einen Vietnamesen bist du aber groß.«

Ich verstehe das nicht. Wieso kann man nicht einfach sagen: Du bist groß?

»Für einen Vietnamesen hast du große Augen.«

»Für einen Vietnamesen bist du echt muskulös.«

»Für einen Vietnamesen hast du einen richtig großen Pimmel.«

Okay, nein. Das sagt keiner. Ehrlicherweise sagen die Frauen eher, nachdem sie mich nackt sahen: »Lass uns Freunde bleiben.«

Richtig nervig wird es, wenn ich höre: »Für einen Vietnamesen hast du echt 'ne hübsche Freundin.« Da frag ich mich: Was soll das? Was willst du damit sagen? Dass wir Vietnamesen nur Tamagotchis vögeln? Das machen doch die Japaner. Stell dir mal vor, man würde das zu anderen Menschen sagen:

»Für einen Deutschen bist du gar nicht so spaßbefreit.«

»Für einen Libanesen hat deine Frau ziemlich viele Rechte.«

»Für einen Äthiopier siehst du gar nicht so abgemagert aus.«

Hallo, hackt's?

Wobei ich sagen muss: Wenn man mir mit Humor begegnet, darf man bei mir fast alles. Vor allem dann, wenn mein Gegenüber selbst Teil einer Randgruppe ist.

Neulich war ich mit meinen Kumpels feiern. Es war schon weit nach Mitternacht, wir standen vor dem Club und quatschten. Die Stimmung war gut, wir machten Späße und hatten eine tolle Zeit. Plötzlich ging die Tür auf, und ein

Schwuler kam raus auf den Bordstein. Er wirkte ziemlich betrunken, aber das Teekännchen ging immer noch. Ist das bei den Schwulen genetisch verankert? Also eine Hand in die Hüfte stemmen, die andere leicht angewinkelt wie den Auslauf einer Teekanne zur Seite strecken. Das ist international verständlich, sogar in der Gebärdensprache. Machste die Teekanne, weiß dein Gegenüber, wie der Hase läuft.

Jedenfalls kam der Typ raus, zündete sich eine Kippe an und hörte uns eine Weile zu, wie wir uns gegenseitig dissten. Und sagte dann doch allen Ernstes mit nasaler Stimme: »Ganz schön großes Maul für so einen kleinen Asiaten.«

Ching, chang, chong, Ruhe im Karton. Meine Kumpels sogen die Luft ein, alle glotzten mich an. Ich drehte mich ganz langsam in die Richtung des Kerls, weil ich es einfach nicht glauben konnte. Er meinte mich, das lag auf der Hand, ich war nämlich der einzige Asiate, der vor dem Club rumstand. Mit einiger Fassungslosigkeit fragte ich den Typ: »Womit hab ich das denn verdient?«

Er zog an seiner Zigarette, pustete den Rauch aus und sagte: »Ich mach doch nur Spaß, mein kleines Reiskörnchen.«

Und meine Jungs wie aus einer Kehle: »Cüüüüüüsssss!!!«

»Çüş« ist ein ziemlich praktisches Wort aus dem Türkischen, das man in so ziemlich allen Lebensbereichen anwenden kann, es heißt nämlich immer etwas anderes. Es kann heißen: »Oha«, aber auch »Heftig!«, »Schau dir das an« oder »Komm mal her!«. Ausgesprochen wird es »tschüsch«. Wenn es von mehreren Leuten gleichzeitig gesagt wird, hat es eine einerseits feuchte und andererseits beeindruckende Wirkung.

Davon ließ sich der Typ aber nicht abschrecken. Er kicherte nur und zog noch mal an seiner Kippe.

Da stand ich nun, umringt von meinen Jungs, die eine Reaktion von mir erwarteten. Ich musste dem Teekännchen ja nicht aufs Maul hauen – dafür war ich viel zu gut gelaunt. Außerdem bin ich mit Worten viel besser als mit Fäusten, denn ich habe zwar dicke Oberarme, gehe aber jeder körperlichen Auseinandersetzung aus dem Weg. (Obwohl ich das nicht müsste, weil ich asiatisch aussehe, denken nämlich viele, dass ich mindestens den schwarzen Gürtel habe oder Holzbretter mit der Handkante zertrümmern kann. Kann ich nicht. Muss aber keiner wissen.) Also sagte ich zu dem Teekännchen mit einem ziemlich breiten Grinsen: »Was geht denn mit dir? Hast du den Arsch offen?«

Die Jungs johlten, der Typ kicherte.

»Und wie ich den Arsch offen habe, aber bei mir ist noch nie so eine knusprige Frühlingsrolle reingekommen.«

Jetzt lachten meine Jungs noch lauter, selbst ich musste mitlachen. Der Kerl war wirklich mutig. Und er legte direkt nach: »Wie nennt man es eigentlich, wenn Asiaten Verstopfung haben? Reisverschluss?«

Wieder johlten alle. Ich sowieso. Ich kann nämlich nicht nur über andere, sondern auch über mich lachen. Das ist wichtig, weil man dann nicht so viele Dinge im Leben ernst nimmt und außerdem die Erlaubnis hat, Witze über andere zu reißen. Aber ist das wirklich so? Jetzt bin ich erst recht wieder verunsichert.

Dabei sind die Vietnamesen ein lustiges Volk, und mein Vater ist der lustigste. Nicht, dass er das beabsichtigen würde. Aber der haut am laufenden Band Sprüche raus. Vermutlich sind die gar nicht als Witze gemeint, lachen muss ich aber trotzdem meistens. Nur so war seine harte Erziehung zu ertragen. Die Vietnamesen erziehen nämlich unglaublich streng, frei nach dem Motto: Ohne Fleiß kein Reis. Den Eltern ist es sehr wichtig, dass ihre Kinder nur Einsen nach Hause bringen und eines Tages Doktor oder Anwalt werden. In meinem Falle hofften meine Eltern wenigstens auf einen erfolgreichen Abschluss der zehnten Klasse. Sie haben selbst die krasseste Arbeitsmoral und halten alle anderen für faul, vor allem die Deutschen. Das muss man sich mal reinziehen.

Als die Vietnamesen in den 1970er Jahren nach Deutschland kamen, fingen die meisten an, am Band zu arbeiten. Es gab drei Betriebe, und die waren vollständig in vietnamesischer Hand: Philipp Morris, Gilette und Siemens. Hier gab es auch noch mal Unterschiede zwischen den Boatpeople (also den Flüchtlingen) und den »richtigen« Vertragsarbeitern aus Nordvietnam, die ab den 1980er Jahren nach Deutschland gekommen waren. Also ein klassisches Kastensystem wie in Indien. Das Gute an der Bandarbeit ist, dass man fast kein Deutsch sprechen muss und flinke Hände von Vorteil sind. Beste Voraussetzungen also für meinen Vater. Der knüppelte jahrelang in der Fabrik, arbeitete bis zum Umfallen und machte alle Überstunden, die man auf legalem Weg in der Bundesrepublik mitnehmen kann, um sich eines Tages den Traum vom eigenen Restaurant zu erfüllen.

Zuerst gab es aber einen dicken BMW. Der gehörte dazu, wenn man als Vietnamese nach Deutschland kam und es zu etwas gebracht hatte, der war ein Prestigeobjekt. Eine Demonstration des eigenen Wohlstands und der Arbeitsmoral – im Gegensatz zu den Deutschen haben Vietnamesen nämlich gar kein Problem damit zu zeigen, dass sie etwas erreicht haben. Understatement und Vietnam sind eine völlig unvorstellbare Kombi. So ähnlich wie ein Oktoberfest in Bangkok. Oder freie Wahlen und Nordkorea.

Auch meine Mutter war sehr fleißig. Direkt nach ihrer Ankunft in Berlin wurde sie in die achte Klasse gesteckt, ohne ein Wort Deutsch zu sprechen. Ich will nichts sagen, aber in der Achten bin ich im Prinzip schon wieder von der Schule abgegangen. Meine Mutter lernte aber gut Deutsch, machte eine Ausbildung und buckelte wie mein Vater.

Nun ja, und genau hier findet sich der größte Konflikt von Einwandererfamilien. Die erste Generation, die aus dem eigenen Land geflüchtet ist, oft nur mit dem Nötigsten im Gepäck, die Tag und Nacht geschuftet hat, um es zu bescheidenem Wohlstand zu bringen, um sich ein Auto und einen Premiere-Zugang zu kaufen und ein Restaurant aufzumachen, kapiert einfach nicht, wie ihre Nachkommen so unermesslich faul sein können: »Du hast ein eigenes Zimmer, einen eigenen Fernseher, sprichst besser Deutsch als Vietnamesisch und schaffst es nicht mal, gute Noten nach Hause zu bringen?«

Story. Of. My. Life.

Denn ich war als Kind faul. Na gut, ich bin es immer noch. Für die Schule habe ich nicht gelernt. Darüber hinaus auch nicht gerade viel, denn Zocken, Fußballspielen und Schlafen vermitteln nur am Rande, worauf es da draußen ankommt. Leider waren Zocken, Fußballspielen und Schlafen meine Kernkompetenzen während des zehnten bis achtzehnten Lebensjahres. Danach kamen eigentlich nur Pumpen und Witzereißen dazu. Hand aufs Herz: Beim Test im Berufsinformationszentrum des deutschen Arbeitsamtes kommen da nicht sooooo viele Traumberufe raus.

Dabei war ich nicht dumm (auch wenn mein Vater gern Gegenteiliges behauptete). Wenn ich mich mal hinsetzte und lernte, schrieb ich gute Noten, was meinen Alten aber erst recht zur Weißglut brachte. Vermutlich hätte er mich aber auch fertiggemacht, wenn ich ständig der Klassenstreber gewesen wäre. Vietnamesen lieben nämlich Vorwürfe. Sobald man zu Hause die Tür aufmacht, geht das Gemaule los. Wie eine Jukebox, die unentwegt ein schlechtes Gewissen macht. Und klar, immer ist man selbst schuld, nie der andere. Versteht sich von selbst. Mein Vater hat zu Teilen seiner Familie in der Heimat beispielsweise keinen Kontakt mehr. Warum? Weil die doof sind. Und schuld. Außerdem sind die Vietnamesen das nachtragendste und sturste Volk der Welt. Ich habe bis heute nicht kapiert, wie sich Nord- und Südvietnam wiedervereinen konnten, eigentlich ist der Konflikt mit der Mentalität auf tausend Jahre angelegt. Mindestens. Niemals würde ein Vietnamese zugeben: »Ich habe mich geirrt.« Oder sich entschuldigen. Das gibt es schlicht und ergreifend nicht in der Kultur.

Ich habe auch versucht, die Worte »Empathie« und »Verständnis« im vietnamesischen Wörterbuch nachzuschlagen. Beide waren nicht zu finden. Vietnamesische Eltern würden niemals zu ihrem Kind sagen: »Wir stehen hinter dir. Wir lieben dich. Du kannst alles schaffen, was du willst.«

Vietnamesische Eltern sagen: *»Hai dai mau.«*

Oder wie mein Vater: *»Ey! Du.«*

Ich: »Ja?«

»Bit du dumm?«

»Was?«

»Bit du dumm?«

»Wieso?«

»Du bit immer nok hier. Warum du nik arbeit?«

»Papa, ich bin 15! Ich komme gerade aus der Schule.«

»Dann bit du dumm. Un faul.«

Ihr denkt, ich spreche von Klischees? Jap, tu ich. Aber sie stimmen halt auch.

Fairerweise muss ich zugeben, dass ich ein paar deutsche Freunde habe, die sich sicher sind, dass ihre Eltern genetisch aus Vietnam kommen. Das ist aber die Minderheit. Meistens klingen deutsche Eltern so: »Ach, mein Schatz, mach dir keinen Kopf wegen der Fünf in Mathe. Ich war auch schlecht in der Schule, und schau, aus mir ist auch etwas geworden. Beim nächsten Mal können wir ja zusammen für die Arbeit lernen.«

Zusammen lernen? Für eine Schularbeit? Ganz ohne Vorwürfe oder Anschuldigungen? Mein Vater hätte sich lieber die linke Hand abgehackt, als mit mir gemeinsam für eine Arbeit zu büffeln. Allein schon deshalb, weil er dann hätte zugeben müssen, dass er selbst keinen Plan vom Stoff hat. Dann hätte er mich auch nicht mehr dissen können, weil wir auf Schlitzaugenhöhe gewesen wären.

Außerdem ist er ja in Vietnam aufgewachsen. Und, Alter, die vietnamesische Kultur ist in einigen Punkten schon sehr anders als die deutsche. Das fängt bereits bei der Ansprache an. Wenn man in einen Raum kommt, in dem sich ein Vietnamese aufhält, muss man abwägen, ob der Mann älter oder jünger ist als der eigene Vater. Und je nachdem, ob man ihn für älter oder jünger hält, gibt es zwei unterschiedliche Begrüßungen. Ich sag mal so, das Potenzial, sich damit zu blamieren, ist gewaltig.

Noch schlimmer ist es bei Frauen. Wenn ich eine Vietnamesin treffe, schätze ich ab, ob sie älter ist als ich – und wie viel älter sie sein könnte. Ist sie nur ein bisschen älter, spreche ich sie als »große Schwester« an, ist sie deutlich älter, spreche ich sie an, wie andere meine Mutter ansprechen würden. Ist sie sehr viel älter als meine Mutter, muss ich sie ansprechen wie meine Onkel und Tanten. Und wenn sie uralt ist, spreche ich sie wie meine Großmutter an.

Die Wahrscheinlichkeit, bereits beim Eintreten in den Raum die Anwesenden vor den Kopf zu stoßen, wächst durch diese verwirrende Methode ins Unendliche. In Vietnam nennt man das einen Pho Pas. Und natürlich funktioniert das auch in die andere Richtung, also bei jüngeren Menschen, und spätestens da kann man eigentlich nur verkacken, weil sich Sechzehnjährige mittlerweile ja so heftig schminken, dass sie doppelt so alt aussehen. Ich muss deshalb oft lachen, wenn sich jemand über das deutsche »Sie« und »Du« beschwert. Im Vergleich zu den Begrüßungsritualen aus Vietnam ist es geradezu lächerlich, zwischen der formellen und der informellen Anrede zu unterscheiden. Und im Notfall kann man sich immer noch damit retten, das Sie oder Du zu umschiffen: »Guten Tag. Wie ist das werte Wohlbefinden? War der Weg gut zu finden? Den Kaffee mit oder ohne Milch? Ist Zucker erwünscht?«

Pillepalle. Vermutlich war ich deshalb so schlecht in der Schule, weil mein Hirn allein mit den vietnamesischen Konventionen schon völlig überlastet war.

Davon einmal abgesehen war meine Kindheit eigentlich ziemlich gechillt. Ich wuchs ja in den 1990ern auf, einem Jahrzehnt, in dem es auf der Welt so gut wie keine Probleme gab. Die Pandemie war noch nicht erfunden, keine Sau ahnte was von 9/11, das Klima war allerhöchstens ein Thema für den Parteitag von Bündnis 90/Die Grünen, und das Leben war im Großen und Ganzen eine ziemlich geile Sause.

Mir ist schon klar, dass alle Menschen behaupten, im besten Jahrzehnt überhaupt aufgewachsen zu sein. Aber ernsthaft: Schulterpolster und Miami Vice? Hippie-Blumen und Woodstock? Können niemals mit den 1990ern mithalten.

Denn wir hatten alles! CD-Player statt iPods. Die Mini-Playback-Show statt DSDS. Cini Minis statt Chiapudding. In den 1990ern konnten wir sogar noch mit der Hand schreiben, mit Lamys oder Pelikan-Füllern. Es gab kein Whatsapp, kein TikTok, kein Netflix, wir mussten unsere freie Zeit noch mit echten Hobbys füllen. Hobbys, wer hat das heute noch? Wer kann sich so was noch leisten? In einer Welt, in der bereits Grundschulkinder eine Fremdsprache erlernen? Uni-Absolventinnen schon mit 22 in den Job einsteigen? Und es als chic gilt, noch vor dem dreißigsten Geburtstag den ersten Burnout zu haben?

Bei uns war das anders. Wir hatten Zeit. Wir trafen Freunde, in echt, nicht im Chat. Nach der Schule hing ich deswegen auch meistens mit meiner Clique ab. Wir gingen ins Schwimmbad, auf die Eisbahn, zum Spielplatz. Aber nicht, um dort heimlich zu rauchen oder Gras an Viertklässler zu verticken, sondern um dort eine gute Zeit zu haben und das Gras selber zu rauchen. So war meine Kindheit.

Zugegeben, meine Eltern sah ich nicht so häufig. Die waren nämlich meistens arbeiten, weshalb ich auch sehr viel Zeit meines jungen Lebens bei besagten Freunden oder bei irgendwelchen Cousins von mir verbrachte. Das Schöne ist, wir durften als Kinder der 1990er noch richtig Scheiße bauen. Zum Beispiel Kaugummiautomaten knacken, in denen steinharte Kaugummis oder diese uralten kandierten Nüsse von Gott-wer-weiß-Wann steckten. An diesen Kaugummiautomaten begann meine bescheidene kriminelle Karriere. Weil wir nämlich selten eine Mark hatten, wickelten wir einfach Alufolie um ein Zehnpfennigstück, das dann fast genauso groß war wie die Mark. Dabei sagte der Hausmeister unseres Wohnblocks immer: »Ihr Vietnamesen seid meine Lieblingsflüchtlinge. Ihr habt noch nie was verbrochen.«

Trifft nun nicht gerade auf mich zu, denn genau wie jeder andere Junge in diesem Alter hatte ich eine Menge Unsinn im Kopf. Zum Beispiel bei Schlecker klauen. Aber mal unter uns, die Läden wurden doch extra so konstruiert und eingerichtet, dass sie geradezu zum Klauen eingeladen haben. Enge Gänge, keine Kameras, nur eine Mitarbeiterin ... Was sollte das? Kein Wunder, dass die vor ein paar Jahren pleitegingen. Ich kann mir vorstellen, dass ein beachtlicher Anteil der Insolvenz auch auf die Kappe meiner Kumpels und mir ging. Zum Glück sind die Diebstähle mittlerweile verjährt. Außerdem habe ich im Restaurant meines Vaters Buße für all meine vergangenen Fehltritte und die der kommenden 40 Jahren getan. Falls demnächst also dm oder Rossmann in die Knie gehen: An mir kann es nicht liegen. Ich habe meine Schuld beglichen.

Mein Vater ist nämlich ein gnadenloser Chef. Kaum war ich 15 Jahre alt, musste ich bei ihm im Restaurant mitanpacken. Da war meine Kindheit dann sehr schnell vorbei. Während die anderen also im Freibad waren, sich auf Weihnachtsmärkten rumdrückten oder Laternen austraten, stand ich im Laden meines Vaters und arbeitete. Es gab immer etwas zu tun. Immer. Entweder durfte ich Teller waschen oder Gläser polieren oder Speisekarten neu ordnen oder Reiskörner zählen. Mein Vater wollte sichergehen, dass ich alle Aufgaben, die so ein Restaurant mit sich bringt, kennenlerne, immerhin würde ich den Laden mal übernehmen. Das war zumindest der Plan meines Vaters. Deswegen ließ er mich wortwörtlich durch die Scheiße waten und mich jeden noch so widerlichen, langweiligen oder nervigen Job übernehmen. Aus heutiger Sicht wundert es mich kein bisschen, dass es in dieser Zeit zwischen meinem Vater und mir so oft krachte.

Meine Schicht ging meistens um 11 Uhr los und dauerte bis 23 Uhr. Kinderarbeit ist in Deutschland verboten, aber das kümmerte meine Eltern herzlich wenig. Ein vietnamesisches Restaurant in Berlin-Schöneberg kann man sich wie eine ausländische Botschaft vorstellen. Dort gelten nicht die Gesetze Deutschlands, sondern die des eigenen Landes. Arbeitnehmerrechte? Im Restaurant meines Vaters? Gab es nicht. Auch keinen freien Willen. Wenn deinen vietnamesischen Eltern ein Geschäft gehört, unterschreibst du mit deiner Geburt einen unkündbaren Arbeitsvertrag. Es wundert mich bis heute, dass sie mich für meinen Einsatz überhaupt bezahlten. Zwar war der Mindestlohn in den 1990er Jahren noch ein feuchter Traum der SPD, aber wenigstens ging ich nicht ganz leer aus bei der Sache. Obwohl meine Eltern gesagt hätten, dass ich ja Erfahrungen sammle. Erfahrungen sind eine beschissene Währung, wenn man Teenager ist, sag ich mal so. Die einzigen Erfahrungen, die man in dem Alter sammeln möchte, haben was mit Mädchen oder Computerspielen zu tun. Aber doch nicht mit der Arbeit im Restaurant deiner Eltern!

Immerhin, in meiner Mutter fand ich eine verständnisvolle Ansprechpartnerin. Wenn ich ihr mein Leid klagte, dass ich keine Lust darauf hatte, Anwalt oder Arzt zu werden (vor allem keine Lust aufs Lernen dafür), und dass ich niemals das Restaurant meines Vaters übernehmen wolle, sagte sie: »Kein Problem. Wirst du halt Friseur.«

Ich weiß nicht genau, warum vietnamesische Mütter so scharf darauf sind, dass ihre Söhne Friseure werden oder ein Nagelstudio eröffnen. Ich glaube aber, es ist ein egoistischer Wunsch, weil sie dann einmal die Woche bei ihren Söhnen hocken können und kostenlos das Rundum-sorglos-Paket bekommen. Waschen, Schneiden, Legen, einmal im Monat neue Extensions, Dauerwelle, Ansatzfärben, Maniküre, Pediküre und was man am Körper, ohne einen Schönheitschirurgen aufzusuchen, noch so alles tunen kann. Außerdem sind Nagelstudios Wallfahrtsorte für alle, die gern lästern. Einzige Voraussetzung: Man muss Vietnamesisch verstehen, ansonsten ist die Sache witzlos. Es lästern nämlich nur die Angestellten. Und zwar über ihre Kundinnen, genau wie sich das die meisten Leute denken, die in solche Studios gehen. Eben das hätte meiner Mutter sehr gefallen. Im Grunde ging es ihr aber vor allem darum, dass ich eines Tages etwas Eigenes habe. Einen Laden, in dem ich der Boss bin und 24/7 arbeite, der die Raten für einen dicken BMW abwirft und in dem meine Mutter vorbeischauen und sich wie die Königin fühlen kann.

Noch lieber hätte es meine Mutter aber gesehen, wenn ich Abitur gemacht hätte. Nicht nur einmal warf sie mir vor: »Die Kinder meiner Freundinnen machen alle Abitur! Und dann fragen sie mich immer, was macht dein Sohn? Was soll ich denen denn antworten? Thomas hat zum dritten Mal den Termin beim Arbeitsamt verschlafen?«

»Mama«, versuchte ich sie stets zu beruhigen, »ein Abitur ist doch nicht der einzige Grund, um stolz auf mich zu sein.«

Sie sah mich einen Augenblick lang an und dachte nach. Schließlich sagte sie: »Doch.«

Tja, so einfach war das damals. Sie hatte keinen Grund, mit mir anzugeben oder auf mich stolz zu sein, also sollte ich das

Problem für sie lösen – und weitere Jahre die Schulbank drücken.

Ein paarmal tat ich ihr sogar den Gefallen und meldete mich bei einem OSZ an, einem Oberstufenzentrum, so eine Art Abkürzung zur Fachhochschulreife. Aber selbst dort war ich nur, um das günstige Schülerticket für sechs Monate abzugreifen und mir ansonsten ein schönes Leben zu machen, natürlich ohne am Unterricht teilzunehmen.

Denn leider war Schule wie gesagt nicht mein Ding. Ich hatte einfach sehr viele andere, und zu dieser Zeit sehr wichtige andere Sachen im Kopf. Wie würde es mir gelingen, Aileen aus der 8b auf mich aufmerksam zu machen? Würde ich mit meinem gefälschten Schülerausweis als 18 durchgehen, um für die Party von Musta Alkohol kaufen zu können? Und wie kam ich an die Nike Tns, die momentan jeder, der etwas auf sich hielt, zur Schnellficker-Hose trug?

Immerhin eines lernte ich in der Schule: quatschen. Denn ich wechselte so oft die Bildungseinrichtungen, dass ich immer wieder neu in einer Schulgemeinschaft anfangen musste. Und wie macht man sich schnell und unkompliziert beliebt? Richtig, man wird zum Klassenclown. Die Jungs feiern dich für deine Sprüche, die Mädels lachen über dich, aber halt auf die gute Art, so bewundernd und anerkennend, nicht weil du ein Trottel bist oder dich auf den nassen Schwamm gesetzt hast. Man lernt nicht für die Schule, sondern fürs Leben, heißt es, und ich kann sagen: Das stimmt. Vor allem in meinen Teenagerjahren erfuhr ich, dass ein schlagfertiges Argument besser als jede Schelle ist. Dass man am lautesten über sich selbst lachen sollte. Und dass ein guter Gag im richtigen Moment jede noch so angespannte Stimmung auflockern kann.

Besonders Letzteres sollte ich häufig am eigenen Leib erfahren, denn leider bauten wir relativ viel Scheiß in unserer Jugend, meine Kumpels und ich. Im Grunde ist das bis heute so. Heute muss nur keiner von uns mehr beim Rektor antanzen und sich erklären. Oder eher: selbst erklären. Denn natürlich sprach in den 1990er Jahren kein Berliner Rektor Türkisch, und die meisten Eltern meiner Kumpels kein Deutsch. Deswegen brauchten sie einen Übersetzer – und wer wäre da besser geeignet als der Schüler, der etwas verkackt hat und wegen dem man sich ohnehin gerade trifft?

Rektor: »Musta, sag deinen Eltern, dass du von der Schule fliegst, wenn du noch einmal deine Lehrerin aus dem Klassenzimmer aussperrst.«

Musta (auf Türkisch, an seine Eltern gewandt): »Herr Lüttke bedankt sich dafür, dass ihr mich auf seine Schule schickt. Er sagt, ich wäre ein Gewinn für jede Klasse.«

Mustas Eltern ziehen die Augenbrauen hoch, schauen sich an und schütteln ungläubig den Kopf.

Mustas Vater (auf Türkisch): »Es freut uns, dass unser Sohn in der Schule offenbar zu mehr zu gebrauchen ist als zu Hause.«

Musta (auf Deutsch, zum Rektor): »Sie können mein Verhalten nicht nachvollziehen und entschuldigen sich in meinem Namen noch einmal.«

Rektor (zufrieden): »Und jetzt sagst du ihnen, dass du für die Aktion eine Woche in den Sommerferien kommen musst, um Unkraut im Schulgarten zu jäten.«

Musta (auf Türkisch, wieder an seine Eltern): »Herr Lüttke sagt, dass ich für meine besonderen Leistungen für die Schulgemeinschaft eine Woche mehr Ferien bekomme.«

Mustas Mutter (schüttelt abschätzig den Kopf, auf Türkisch): »Diese Deutschen! Viel zu weich.«

Musta (zum Rektor, auf Deutsch): »Meine Mutter bedankt sich für Ihre Konsequenz, Herr Lüttke. Sie hätte mich noch viel härter dafür bestraft.«

Wie oft habe ich Musta um seine Vorladungen beim Rektor beneidet! Er konnte die beiden Parteien immer gegeneinander ausspielen – denn zum Glück gab es in unserer Jugend keine Apps und KI, die simultan übersetzen, was die Personen sagen. Heute weiß ich, mein Neid auf Musta war völlig umsonst, denn auch ohne Handy hätte ich das vom Rektor Gesagte nicht so frei auslegen können wie mein Kumpel. Zum einen sprach meine Mutter nämlich viel zu gut Deutsch, und zum anderen wären meine Eltern eh nie zu so etwas wie einem Gespräch mit dem Rektor gegangen. Sie hätten ihm auf einen Zettel geschrieben: *KEI ZEI*, mir den Zettel in die Hand gedrückt und wären arbeiten gegangen. Denn obwohl sie sich für meine Zeugnisse interessierten, juckte sie der Rest des Schuljahres am Arsch. Elternabende? O mein Gott, allein die Vorstellung, mein Vater wäre auf einem Elternabend aufgetaucht. Nach drei Minuten hätte er die anderen Eltern angeschrien: »*Sei ihr dumm?! Ja?*« Dann hätte er mit dem Zeigefinger auf seine Rolex getippt (ein Fake, natürlich, vom Schwager aus Hoi An) und wäre abgerauscht. Elternabende waren in den Augen meines Vaters etwas für Leute, die offenbar keine Lust hatten, Geld zu verdienen. Faule Hunde also, oder auch: Deutsche.

Deshalb war ich in der Schule im Großen und Ganzen mir selbst überlassen, während sich meine Eltern um die geplante Familiendynastie kümmerten – damit es den Kindern eines Tages mal noch besser geht als ihnen selbst. Mit Kindern meine ich übrigens mich und meine Schwester. Genau, ich habe eine vier Jahre jüngere Schwester, und sie ist das absolute Gegenteil von mir: zurückhaltend, organisiert, happy in ihrer Festanstellung und im Herzen sehr deutsch. Meine Eltern haben ihr ebenfalls einen deutschen Namen gegeben. Falsch, sie haben ihr einen italienischen Namen gegeben, offenbar um uns und unsere Umwelt vollends zu verwirren: Antonella. Und natürlich hatte sie auch einen Spitznamen, Toni. Manchmal nannten wir sie aber auch Ernst. Ich habe keine Ahnung, warum das so war.

Ernst und mir sollte es also einmal besser gehen als meinen Eltern, das war der erklärte Wunsch. Aber das ist ja faktisch gar nicht möglich. Denn uns geht es ja schon so unfassbar gut, der zweiten, dritten Generation von Migranten in Deutschland. Wir leben in einer Demokratie, in der Kinderarbeit genauso verboten ist wie ein Satz heißer Ohren, wenn man wieder mal Scheiße gebaut hat. Wir können Profi-Fußballerin, Influencer oder Versicherungskauffrau werden, wenn wir das wollen, oder wir bleiben einfach für immer bei Mama und Papa im Unternehmen, das sie uns eines Tages überschreiben werden. Wir haben alles, was ein Kind sich wünschen kann, wachsen zweisprachig auf und fliegen einmal im Jahr in die Heimat unserer Familie, wo wir wie die Könige empfangen werden.

Im Ernst, wem in Deutschland geht es besser?

Halt so ziemlich jedem. Denn die Heimatbesuche sind alles andere als witzig, weil die ganze Sippe in Vietnam, der Türkei oder Marokko denkt, dass du vorbeikommst, um deine Reichtümer außerhalb der deutschen Landesgrenzen zu bunkern, vorzugsweise im Schoß der Familie. Wenn wir in die Heimat flogen, dann immer nur mit einem kleinen Rucksack für uns und zwei gigantischen Koffern pro Person, die auf dem Hinweg mit Nivea-Creme-Dosen, Gummibärchentüten, Salzstangen und tiefgefrorenen Weißwürsten vollgestopft waren, auf dem Rückweg mit Reisnudeln, Sesamöl und seltenen Tierarten, deren Einfuhr in Europa natürlich verboten ist. Scherz, Reisnudeln und Sesamöl kriegen wir auch in Berlin.

Jedenfalls waren diese Reisen in die Heimat alles andere als entspannte Ferien in Südostasien. Sie waren Stress pur! Weil wir nur drei Wochen Zeit hatten, um das halbe Land abzuklappern und den Warenaustausch vorzunehmen. In diesen drei Wochen hockten wir die meiste Zeit im Auto oder bei irgendwelchen Menschen, mit denen ich angeblich verwandt war, die aber alle gleich aussahen. Weil ja, das Problem, dass Europäer Asiaten, Schwarze oder Menschen anderer Ethnien nicht unterscheiden können, hab ich natürlich auch. Ich bin schließlich Berliner und vor allem mit Türken aufgewachsen – wie soll ich bitte die ganzen Fidschis auseinanderhalten? Die gleichen sich doch wie eine Glasnudel der anderen!

Und dann erst die fehlende Privatsphäre. Was kaum ein Mensch hierzulande weiß: Vietnam ist kleiner als Deutschland, hat aber geschmeidige 13 Millionen Einwohner mehr. Das spürt man an jeder Ecke, vor allem in Hanoi, der Hauptstadt mit ihren über 8 Millionen Einwohnern. Zum Vergleich: Berlin brüstet sich mit 4,7 Millionen, eine Weltmetropole zu sein, und außen rum ist quasi gähnende Leere, Vakuum, JWD, so weit das Auge reicht, und das Ganze nennt sich Brandenburg. Von so viel Platz kann man in Vietnam nur träumen, vor allem dann, wenn man auf Familienbesuch ist. Ist nicht so, dass die in Vietnam alle schicke Gästezimmer haben, die sie dann für die Mischpoke aus Deutschland herrichten. Ne, da werden Strohmatten ausgerollt, dicht an dicht, und man liegt nebeneinander wie die Essstäbchen neben dem Besteckkasten im Restaurant meines Vaters.

Ich erinnere mich noch sehr genau an den Moment, als mir eines Tages dämmerte: Kacke, das hier wird dein Leben sein, wenn du nicht aufpasst. Das war ein Augenblick, in dem ich gerade mit einem Lappen die Tische im Restaurant abwischte, im Hintergrund dudelte irgendeine ultrakitschige vietnamesische Mucke, auf dem Boden knirschten die Reste eines Glückskekses, und ich dachte: Alter. Ist das hier Endstation? Elf Monate im Jahr, sieben Tage die Woche, den Deutschen den ewig glücklichen Vietnamesen vorspielen, und dann für vier Wochen in die »Heimat«, um der buckligen Verwandtschaft deutsche Qualitätsprodukte vorbeizubringen?

Das konnte es doch nicht sein.

Klar, meine Argumentation war unverschämt, immerhin beschrieb sie ziemlich passend das Leben meines Vaters, und dem wäre wohl wirklich die Hand ausgerutscht, wenn es in Deutschland nicht verboten wäre, seine Kinder zu schlagen, als ich ihn mit meiner Erkenntnis konfrontierte und vollmundig verkündete, sein Restaurant nicht haben zu wollen.

»*Du bis dumm!*«, schrie er mich an. Dann folgten einige Flüche auf Vietnamesisch, die ich nicht übersetzen kann, ohne mit dem Buch auf den Index zu kommen. »*Du hat alle, wat man kan wünsche! Aber du phao. So phao! Wat mokte du gemak, he?*«

»Wes ick noch nich«, erwiderte ich mit einem Schulterzucken. »Ich find schon was.«

Mein Vater riss die Augen auf, fluchte erneut, schüttelte dann den Kopf und seufzte laut: »*Die Juden von 'eute.*«

Ich erstarrte. Obwohl ich im Geschichtsunterricht weitestgehend geschlafen hatte, weil das Buch als Einziges dick genug war, dass ich keine Nackenschmerzen davon bekam, wenn ich meinen Kopf darauf bettete: Dass man in Deutschland sehr sensibel bei diesem Thema sein muss, das wusste sogar ich.

»Papa, es heißt anders«, korrigierte ich ihn. »Die *Jugend* von heute.«

»*Ja, ik sag dok. Die Juden von 'eute!*«

»Ehrlich, sag das besser nicht, die Deutschen sind echt empfindlich, wenn es um Juden und so geht«, begehrte ich auf und erntete, man ahnt es schon, sein berühmtes: »*Hai dai mau.*«

Ich gebe es gern zu: Mein Vater hatte gewissermaßen recht. Ich war damals dumm. Denn den Berufseinstieg hatte ich mir leichter vorgestellt. In meinem Kopf war es so gewesen, dass ich mir einen Job oder eine Ausbildung aussuchte, da regelmäßig hinging, weil es mir Spaß bereitete, nebenbei noch einen Haufen Kohle verdiente und mit 40 in die Frührente abhauen konnte. Was man halt so denkt, wenn man 16 ist und noch keine Haare am Sack hat. Wenig überraschend war es dann doch ein bisschen schwerer. Zunächst einmal hatte ich keinen Plan, was ich werden wollte – wie gesagt, im Berufsinformationszentrum hatte mir der Automat nichts ausgespuckt, was verhandelbar war. Trotzdem ging ich vorsorglich schon mal von der Schule ab. Konnte ja nicht mehr lange dauern mit dem geilen Job, und die Zeit dazwischen wollte ich nicht mit so etwas Bescheuertem wie Schulabschlüssen verplempern. Damit ich nicht allzu krass rumharzte und auf dumme Ideen kam, ließ mich mein Vater viermal die Woche bei ihm im Restaurant antreten. In der restlichen Zeit bummelte ich rum. Traf mich mit meinen Leuten, feierte hart, katerte härter und langweilte mich zum Gotterbarmen. Kurz gesagt, ich hab viel gewichst.

Dann erfuhr ich vom Beruf des Physiotherapeuten und dachte: Junge, ditt is jenau dein Ding. Ich erklärte meinen Eltern, was ich werden wollte. Meine Mutter kapierte, dass ich als Physiotherapeut irgendwann eine eigene Praxis haben könnte, und das war in ihren Augen fast so gut wie ein Nagelstudio oder ein Friseursalon. Sie sagte: »Na gut.« Mein Vater schwieg und schmollte. Und ich bewarb mich für das duale Studium.

Natürlich wurde ich im ersten Anlauf nicht genommen. Begründung: Man müsse mindestens 18 sein. Okay, also ein Jahr warten und weiter bei meinem Vater schuften. Dann, ein Jahr später, bewarb ich mich wieder. Und wurde erneut nicht zugelassen. Begründung diesmal: Ich müsse ein vierwöchiges Pflegepraktikum vorweisen, um zugelassen zu werden. Schönen Dank auch, dass man mir das JETZT sagte. War ja nicht so, dass ich im vergangenen Jahr nicht genug Zeit gehabt hätte für dieses Praktikum. Ich knirschte mit den Zähnen, absolvierte das erforderliche Praktikum und bewarb mich ein weiteres Mal zwölf Monate später. Überrascht es irgendjemanden, dass ich heute kein Physiotherapeut bin? Vermutlich nicht. Denn im dritten Jahr erfuhr ich, dass man nur Abiturienten annehme.

Ich war 19, hatte drei Jahre meines Lebens mit Warten und Tische abwischen vertrödelt und biss mir in den gelben Arsch. In den drei Jahren hätte ich nicht nur das Pflegepraktikum machen, sondern sogar das beknackte Abi ergattern können. Aber jetzt war die Luft bei mir raus. Ich hatte keinen Bock mehr und dachte: Gut, ihr Lutscher, dann halt nicht.

Ich weiß noch genau, wie ich zu meinen Eltern kam, um ihnen zu beichten, dass es mit mir und der Physiotherapie nix werden würde. Meine Mutter sah mich mit diesem Blick an – ihrem Killerblick. Den hat sie drauf wie keine andere, damit könnte sie sofort bei jedem Geheimdienst anfangen – und zwar als Verhörspezialistin. Wenn Papa laut wurde, wurde meine Mutter immer leise. Und sah mich lang an, ohne einen Ton zu sagen. Doch in ihrem Blick lag ein ganzer Roman, der mit folgenden Worten begann: *Kannst du nicht einmal etwas richtig machen? Ich habe 22 Stunden mit dir in den Wehen gelegen, obwohl mir alle eine schnelle Geburt versprochen haben. Selbst da hast du zum ersten Mal verkackt, Freundchen, das vergesse ich dir nicht, und jetzt sind aus 22 Stunden 19 Jahre geworden, und ich habe immer noch das Gefühl, eine Wassermelone durch ein Nadelöhr pressen zu müssen* ... Dabei drang kein Laut über ihre Lippen – und das war beinahe das Allerschlimmste.

Mein Vater saß, ganz untypisch für ihn, nur da und schaute mich aus zusammengekniffenen Augen an. Irgendwann sackten seine Schultern nach unten, er seufzte tief, stand auf und sagte wehmütig: »*Die Juden von 'eute.*«

Und da begriff ich: Wenn er von »Jugend« sprach, meinte er im Grunde nur mich.

Man kann mir aber nicht vorwerfen, dass ich mich danach auf die faule Haut legte. Ich nahm das Leben viel mehr bei den Hörnern. Möglicherweise zog ich es auch am Schwanz oder massierte es an den Eiern. Auf jeden Fall suchte ich mir Praktika und Jobs, nur um nach ein paar Wochen wieder im Laden meines Vaters zu stehen.

Einmal begann ich sogar eine Ausbildung zum Systemgastronomen bei einer großen pseudoitalienischen Kette. Ich dachte mir: Hey, vielleicht lerne ich ja noch was und kann danach sogar bei meinen Eltern punkten! Mein Vater rieb sich vermutlich insgeheim die Hände und plante wieder fest mit mir in der Unternehmensnachfolge – sogar mit Franchise und Subunternehmern. Doch es sollte anders kommen.

In dem Laden, wo ich war, hielt man sich nämlich an gar keine Arbeitsgesetze. Das war nun nichts Neues für mich, immerhin war ich seit Jahren bei meinem Vater im Laden tätig. Aber bei einem deutschen Unternehmen wie ein Irrer buckeln? Spätschicht und direkt am nächsten Tag Frühschicht? Trotz Arbeitsvertrag? Ne. Das ging nicht.

Trotzdem hielt ich durch. Auch weil ich mir keine Blöße geben wollte. Weil ich meinen Eltern beweisen wollte, dass ich kein Versager war. Und meinen Kumpels, dass aus mir kein deutscher Lappen geworden war, der beim ersten Mimimi nach Hause rennt. Ich ließ mich ausbeuten, schlecht behandeln, unterirdisch bezahlen und wurde von Ronny aus Finsterwalde eingearbeitet, der immer, wenn es anstrengend wurde, predigte: »Arbeit macht frei.« Könnt ihr euch sicher vorstellen, dass mir da ganz anders wurde. Ich wischte wieder mal Tische ab und vermisste die kitschige vietnamesische Musik im Hintergrund und das Knirschen der Glückskekskrümel unter meinen Füßen. Ich polierte Gläser und sehnte mich danach, Essstäbchen zu sortieren. Sogar das Gezeter meines Vaters fehlte mir. Und das alles nur, um die Probezeit zu überstehen und den Ausbildungsplatz zu behalten. Um dann, drei Tage vor Ablauf der Frist, die Kündigung überreicht zu bekommen. Was für Arschgeigen.

Ich kroch wieder in den Schoß der Familie. Dieses Mal voller Dankbarkeit, dass ich mich wieder von meinem Vater beleidigen lassen durfte. Ich lernte in dieser schlimmen Zeit, dass alles immer eine Frage der Perspektive ist. Mein Vater behandelte mich nun nicht gerade wie den Mitarbeiter des Monats, aber immerhin nicht wie einen Sklaven – und das war mehr, als ich bei der Systemgastronomie hatte erfahren dürfen.

Auf der anderen Seite ist das Gras immer grüner, sagt man in Deutschland. Ich habe die Erfahrung gemacht, dass auf der anderen Seite das Gras verdorrt, gelb und voller Hundescheiße ist. Nach der Schlappe mit der Ausbildung wagte ich mich sogar noch ein weiteres Mal in die gehobene Gastronomie, weil ich dachte: Kann ja nur besser werden. Und lernte fürs Leben. Wurde es nämlich nicht.

Der Chef des Ladens, ein winzig kleiner Mann aus Sri Lanka, faltete mich am ersten Tag meines Praktikums nach allen Regeln der Origami-Kunst zusammen und kehrte mein Selbstwertgefühl in den Abfalleimer. Ich weiß nicht, warum ich am nächsten Tag trotzdem wieder hinging. Vielleicht bin ich tief in meinem Herzen doch ein Masochist, der auf Schmerzen steht und von kleinen asiatischen Männern fertiggemacht werden will. Auf jeden Fall ging das Theater drei Wochen so. Drei Wochen, in denen ich mir jeden Tag anhörte, was für ein nichtsnutziger Versager ich war – aber das war okay. Gewissermaßen war das sogar ein bisschen wie zu Hause und fühlte sich deswegen vertraut an. Beinahe gemütlich. Nur der Akzent war ein anderer. Wie so ein alter Turnschuh, in den man reinschlüpft und der sofort passt. Aus heutiger Sicht könnte man sagen, dass ich mich an den Schmerz gewöhnt hatte. Oder Resistenzen gegen die Medizin gebildet hatte. Auf jeden Fall kam ich im Grunde damit klar, mich am

Ende eines langen Arbeitstages wie ein mickriges Würstchen zu fühlen.

Und der Chef war wirklich übel. Einmal schnitt ich beispielsweise Petersilie nicht so, wie er es wollte – und wir reden von sehr, sehr viel Petersilie, kiloweise Petersilie, die ich vorbereiten sollte. Der Küchenchef kam, sah mir über die Schulter, sagte sehr ruhig und sehr gefährlich: »Das ist zu breit.« Dann nahm er das Brett, hob es hoch, schleuderte es gegen die Wand und sagte: »Sauber machen. Noch mal.« So ging das, tagaus, tagein. Spätestens nach der Aktion wollte ich ab sofort jedes Curry vermeiden.

Nach Erlebnissen dieser Art war ich auf jeden Fall heilfroh, wieder im Laden meines Vaters zu arbeiten. Auch wenn es sich stets so anfühlte, als würde ich bei Mensch-ärgere-dich-nicht alle vier Männchen zurück auf den Anfang stellen und von vorn beginnen müssen. Es war wirklich ein bisschen wie bei »Und täglich grüßt das Murmeltier«: Ich fing mit einem Praktikum/einer neuen Schule/einem Job an, wurschtelte mich so gut durch, wie ich konnte, und kehrte nach spätestens sechs Monaten, frühestens sechs Stunden, zurück ins Restaurant. Irgendwann glaubte natürlich niemand mehr, dass ich es in diesem Leben noch mal auf einen grünen Zweig schaffen würde, inklusive meiner Wenigkeit. Zum Glück glauben die Buddhisten aber an Wiedergeburt, nur meine Eltern glaubten leider an gar nix, nicht mal an mich, also waren sie die Einzigen, die ehrlich immer verzweifelter wurden. Zehn Jahre ging das so. Egal, was ich unternahm, egal, wie viel ich mich reinhing, ich landete über kurz oder lang wieder bei Vattern im Laden.

Wenigstens war die Dekade, auch wenn sie heute vielleicht nutzlos wirkt, nicht umsonst. Denn ich lernte in dieser Zeit unendlich viel über das Wesen des Menschen, vor allem das Wesen des gemeinen Arschlochs. Ich lernte, dass jedes Arschloch zwar an der Rosette endet, aber keine Landesgrenzen oder Nationalitäten kennt. Ich lernte, wie man sich nach dem Hinfallen wieder aufrichtet und weiterkriecht. Und legte mir ein wirklich dickes Fell sowie ein riesiges Repertoire an Witzen zu.

Und so wurde ich Comedian.

Na ja. Nicht wirklich. Aber die Geschichte klingt gut, oder? Und mein Job ist es inzwischen schließlich, Geschichten zu erzählen und Leute zu unterhalten. In Wahrheit gab es noch ein paar Stationen zwischen der Dekade des Suchens und meinem ersten Bühnenauftritt, über die ich in den kommenden Kapiteln erzählen möchte. Wichtig ist mir jedoch Folgendes: Obwohl ich es meinen Eltern in den zehn Jahren alles andere als leicht machte, enttäuschten sie mich nie. Egal mit welcher Schnapsidee ich um die Ecke kam, sie beschimpften mich, wie ich es von ihnen gewohnt war, und gaben mir das Gefühl, eine Schande für die Familie zu sein. Dafür bin ich ihnen bis heute sehr dankbar. Vor allem deshalb, weil ich ihnen gezeigt habe, dass man mit fast nix quasi alles erreichen kann. Zumindest kann man die Leute damit zum Lachen bringen. Und das ist doch eine Menge wert.

Zehn Verhaltensregeln im Umgang mit Vietnamesen

1. Unter Vietnamesen gibt es kein »Bitte« und kein »Danke« – damit hält sich keiner auf, und dafür hat auch keiner Zeit.
2. Das Wort »Nein« wird ebenfalls nicht verwendet. Selbst verneinende Sätze beginnen mit »Ja«, denn ein »Nein« wird als Widerspruch begriffen, und der gilt unter Vietnamesen als respektlos.
3. Ordentliche Kleidung ist unter Vietnamesen das A und O, denn Kleider machen Leute. Das gilt übrigens auch für eine Pyjamahose, die man problemlos in der Öffentlichkeit tragen kann, solange sie sauber ist.
4. Auf die Frage »Wie geht es dir?« antworten Vietnamesen immer mit gut, denn sie verachten Jammern und Beklagen. In ganz schlimmen Fällen verschweigen Vietnamesen sogar beim Arzt die Wahrheit.
5. Die Vietnamesen können nicht in der Schlange anstehen, egal ob in der Heimat oder in der Fremde. Gleichzeitig empfinden sie es als unverschämt, wenn man sie auf das Vordrängeln hinweist.
6. Auf die Straße spucken gehört zum guten Ton und ist auch anderen Nationalitäten gestattet. Das lautstarke Schnäuzen in ein Taschentuch wird allerdings als Unhöflichkeit verstanden.
7. Drei Viertel der Vietnamesen haben einen von sechs vietnamesischen Nachnamen, davon kommen fast 40 Prozent auf den Namen Nguyen.
8. Wer nicht handelt, verdient keinen Respekt! Unter Vietnamesen gehört das Handeln zum guten Ton, aber immer mit einem freundlichen Lächeln auf den Lippen. Die

Faustregel ist, dass man sich etwa auf der Hälfte des zuerst angegebenen Preises einigt. Dabei kann es durchaus nützlich sein, ein wenig schauspielerisches Talent an den Tag zu legen.

9. Man darf nie – niemals! – mit den Essstäbchen auf andere Leute zeigen. Auch sollte man vermeiden, die Stäbchen in die Schüssel mit dem Reis zu stecken, das kommt der Beleidigung der Ahnen gleich.
10. Ja, in Vietnam isst man neben Spinnen, Ratten und Schlangen auch Hunde. Aber nur in der zweiten Monatshälfte, ansonsten bringt es Unglück. Außerdem gilt Hundefleisch in Vietnam als Delikatesse und ist dementsprechend teuer. Es ist also ausgeschlossen, dass man Hühnchen bestellt und Hund serviert bekommt. Wer auf Nummer sicher gehen will, bestellt vegetarisch. Dann wird ganz sicher nur Huhn verwendet.

3 Mann-o-Mann: Warum die Sache mit den Frauen gar nicht so einfach ist

Ich kann gar nicht sagen, wie froh ich bin, eine Freundin zu haben. Nicht nur, weil mich diese Beziehung davon abhält, den Verlockungen meiner weiblichen und männlichen Fans nachzugeben. Nein, ich habe mit Laura wirklich das Glücksschwein gebumst. Also im übertragenen Sinne. Denn Laura ist im Jahr der Ratte geboren.

Die Geschichte meines Liebeslebens war bis zu dem Moment, als ich Laura kennenlernte, eine Geschichte voller Missverständnisse. Ich fand es unfassbar anstrengend, Single zu sein. Mein größtes Problem ist nämlich nicht, dass ich so überragend aussehe und sich Frauen deshalb scheuen, mich anzusprechen, nach dem Motto: Der ist doch viel zu heiß für mich. Nein, mein Problem ist ein ganz anderes.

Männer quatschen ja nicht so gern über ihre Gefühle. Mal abgesehen von dem Schmerz, den sie verspüren, weil ihr Lieblingsverein gerade absteigt oder irgendein Sack eine Beule in den Mercedes gefahren hat. Deswegen weiß ich auch noch genau, wie mein Kumpel Vu reagierte, als ich ihm eines Tages erzählte, warum es mir so schwerfiel, die Richtige zu finden. Er riss die Augen auf, tackerte die Augenbrauen weit oben an die Stirn und rief: »Willst du mich verarschen, Alter?! Du *traust* dich nicht, Weiber anzulabern?«

Mir blieb nichts anderes übrig, als schuldbewusst mit den Schultern zu zucken. »Ich weiß. Es klingt ...«

»Unglaublich!«, brüllte Vu. »Unfassbar! Empörend! Wenn du es nicht schaffst, wer schafft es dann?«

Da hatte er nicht unrecht. Eigentlich habe ich ein ziemlich loses Mundwerk und haue schneller einen Spruch raus, als andere blinzeln können. Das klappt aber halt nur, solange ich kein ernsthaftes Interesse an meinem Gegenüber habe, und damit meine ich: sexuelles, erotisches oder romantisches Interesse. Selbstverständlich fällt es mir nicht schwer, mit Wildfremden, die ich seit zwei Minuten kenne, über irgendein belangloses Thema zu quatschen. Aber Frauen anlabern? Wenn ich sie vielleicht sogar toll finde? Flirten?? Ein Ding der Unmöglichkeit.

Nicht nur das, ich empfand Flirten sogar als regelrechte Gefahr, solange ich noch auf der Suche war. Man kann ja so viel falsch machen! Etwas Peinliches sagen. Etwas Dummes. Oder am schlimmsten: etwas Sexistisches. Und dann hast du im Nullkommanix einen Shit-Tornado, der über dich hinwegfegt, weil sie es nicht nur einer Freundin erzählt, sondern ALLEN FRAUEN AUF DIESER ERDE, die durch ein geheimnisvolles, unsichtbares Netzwerk miteinander verbunden sind. Du bist gebrandmarkt für alle Zeiten. Dein Bild landet auf einer feministischen Fahndungsliste, die Frauen weltweit führen. Alice Schwarzer kreuzt persönlich bei dir auf und hält dir einen dreistündigen Vortrag über Frauen als Sexualobjekte. Und das nur, weil du einen falschen Satz gesagt hast. In kein Fettnäpfchen gesprungen bist, sondern eine Arschbombe in eine Ölwanne gemacht hast, groß wie der Baikalsee. Mir ist das nicht nur einmal passiert. Ein Wunder, dass ich überhaupt noch eine abbekommen habe. Aber ich hatte vermutlich Glück, Laura kommt aus Sachsen. Das ist erst mal gut, weil sie Deutsche ist – ich hab es also richtig gepackt. Das ist aber auch ein bisschen schlecht, weil in Sachsen halt viele Nazis wohnen und ich mir am Anfang nicht so richtig sicher war, wie das mit ihrer Familie werden würde. Wenn ich es aber richtig sehe, sind die Sachsen in Deutschland auch eine Minderheit. Sie sind schwer zu verstehen und immer wieder Zielscheibe für Witze. Und das macht sie auf gewisse Weise ja auch zu Ausländern.

Das wusste ich aber nicht, als ich noch jung, knackig und Single war. Ansonsten hätte ich mich gleich an die Sächsinnen rangemacht oder vielleicht an Frauen aus Schwaben, die haben es wegen ihres Dialekts ja auch nicht leicht. Aber davon hatte ich natürlich keine Ahnung. Erst recht nicht, worauf es mir bei einer Frau ankommt, die ich mehr als einen Abend lang interessant finden soll. Mir war auch nicht so richtig klar, in welcher Liga ich eigentlich spielte. Menschen suchen sich in der Regel Partner, die einen ähnlichen Attraktivitätsgrad haben. Heißt: Supermodels daten Sportstars. Oder Rockmusiker. Und Normalos bleiben unter sich. Wenn also eine optische 9,9 an dir vorbeikommt, sprichst du sie nicht an, wenn du weißt, dass du eine Drei bist. Dann fischst du besser in deinen Gewässern.

Die einzigen Männer, die von dieser Regelung ausgenommen sind, sind klein, oft schmächtig und haben ein Selbstwertgefühl, das sie durch die Decke schießt. Diese Typen, so Kategorie Bernhard Hoëcker, Napoleon oder Wigald Boning, die können alle Frauen haben. Vielleicht bin ich sogar ein bisschen neidisch darauf, mit welchem Selbstbewusstsein Männer wie sie in die Welt hinausmarschieren. Die scheren sich nicht um ihre schmächtige Figur, die interessieren sich nicht für ihre Halbglatze oder ob das Objekt ihrer Begierde heißer ist als sie selbst. Die wissen: Besonders attraktive Frauen werden in der Regel von gar niemandem angesprochen. Leichtes Spiel also.

Wenn man sich traut.

Und genau da fingen bei mir die Probleme an, ich hatte nämlich einerseits keine Ahnung, wie hoch mein eigenes Attraktivitätslevel war, und andererseits keine Eier, etwas aus den Gaben zu machen, die mir das Universum, der Genpool meiner Eltern und die Muckibude gegeben haben. Sind Asiaten für Europäerinnen attraktiv? Eher nicht. In der Rangliste der coolen, sexy Länder belegen wir eher die hinteren Ränge. Wenn eine Frau einen Typen kennenlernt und ihren Freundinnen sagt, er kommt aus Kuba, Italien, Frankreich oder Australien, dann sind alle gleich so: »Uh, mmh, lecker, hört sich gut an, interessant, uiuiui.« Darüber hinaus gibt es die Kategorie »Ist zwar nichts Besonderes, aber solide, das passt«: Skandinavier, Österreicher, Holländer. Griechen, Türken, Marokkaner oder Tunesier erzeugen meist eher die Reaktion: »Kann problematisch werden, aber wenn du drauf stehst und die Familie das so will, bitte!« Und dann gibt es noch diese Reaktion: »Ernsthaft, Schwester, bist du lebensmüde?!« Die erzeugt eigentlich nur ein Albaner, aber manche Frauen lieben ja die Gefahr.

Nun könnte man meinen, als Asiate wäre man immer noch besser dran denn als Albaner. Immerhin gilt man als freundlich und fleißig und so. Tatsächlich ist das aber die schlimmste Schublade, in der man landen kann, wenn man bei Frauen was reißen will. In dieser Schublade bin als Asiate natürlich auch ich, und ich teile mir mein trauriges Los mit Koreanern, Japanern, Chinesen und Indern. Uns findet niemand auf Anhieb richtig cool, von sexy ganz zu schweigen, und als Frau muss man schon einen Fetisch haben, um uns optisch zu feiern. Oder man hat 20 Jahre im Keller gelebt und Animes in Dauerschleife geglotzt.

Vielleicht war es bei mir, als ich noch auf dem Markt war, aber doch anders. Vielleicht war gerade mein Problem, dass ich nicht schmächtig, sondern breit, nicht klein wie der Durchschnittsasiate, sondern groß, nicht selbstbewusst, sondern eher schüchtern im Umgang mit Frauen war. Oder im Nahkampf, wie ich es auch nenne.

Es liegt auf der Hand, dass meine Unbeholfenheit das größte Problem bei der ganzen Angelegenheit war. Und die wenigen Versuche, die ich gestartet hatte, endeten alle katastrophal.

Zum Beispiel als ich in einem Restaurant eine unglaublich attraktive Blondine entdeckte, die mit ihren Freundinnen dort war. Ich sah sie, starrte sie an wie eines der Weltwunder und schrak zusammen, als sie in meine Richtung blickte. Dann hob ich die Hand und tat so, als würde ich jemanden hinter ihr grüßen. Ein mega Move. Sie saßen nämlich an der hinteren Wand des Ladens, danach kam nur noch Tapete. Als ich das merkte, rannte ich in Richtung Toiletten und wusch mein heißes Gesicht mit kaltem Wasser. Schließlich sagte ich zu meinem Spiegelbild: »Sei nicht so ein Schwächling, Tutty. Was hast du schon zu verlieren? Du wirst sie nie wiedersehen, wenn es schiefläuft. Aber wenn es klappt, machst du vielleicht die heißeste Frau des Sonnensystems klar.«

Ich nickte mir entschlossen im Spiegel zu und verließ die Toiletten. Mit selbstbewusstem Schritt lief ich auf den Tisch zu, an dem meine Traumfrau und ihr Hühnerhaufen saßen. Ich bemerkte, dass sie sich gerade irgendwas auf dem Handy ansahen. Dann machte eine der Freundinnen eine unmissverständliche Wischgeste nach rechts – und die anderen grölten.

Positiv an dieser Entdeckung: Offenbar war mindestens eine am Tisch auf Tinder, ergo Single.

Negativ an dieser Entdeckung: Offenbar bekam man die Traumfrau nur im Viererpack. Sie dateten ja sogar gemeinsam.

Meine Knie wurden weich, trotzdem trieb ich meine Beine an, weiterzulaufen. Ich war nur noch drei Meter vom Tisch entfernt, als mir dämmerte: Ich habe keinen Dunst, wie ich die Traumfrau ansprechen soll. Verdammt! Und dabei war ich doch sonst so schlagfertig. Ich sollte eine Million Sätze im Kopf haben, die Frauen dazu bringen, wie Butter in der Sonne zu zerfließen und in meine starken Arme zu sinken. Stattdessen hatte ich null. Zero. Niente. In meinem Hirn war nichts als gähnende Leere. Und ein alter, abgegriffener rosafarbener Duracel-Hase, der immer langsamer auf die kleine Trommel vor seinem Bauch schlug, bis ihm schließlich der Saft ausging und er einfach zur Seite umkippte.

Fuck.

Ob ich umdrehen sollte? Oder einfach am Tisch vorbeilaufen? Noch hatte ich die Chance dazu. Doch in diesem Augenblick hob die Schöne den Kopf, lächelte mich breit an und nickte mir unmerklich zu.

Nun gab es kein Zurück mehr. Ich musste performen. Und schlimmer als sieben Zuschauer bei einem Auftritt in Neustadt konnte es nicht werden. Richtig?

Ich lag ja so falsch. Ich hätte wissen müssen, dass ein Tutty immer einen Weg findet, eine potenziell positive Situation in ihr Gegenteil zu verkehren.

Meine Füße blieben vor dem Tisch mit den vier Frauen stehen. Ich grinste debil und glotzte die Traumfrau an. Dann sagte ich das Klügste, Witzigste, Schlagfertigste, zu dem ich in diesem Moment in der Lage war: »Hey.«

Die Traumfrau öffnete den Mund, entblößte ihre perfekten weißen Zähne und erwiderte: »Selber hey!«

Mein Herz fing wie verrückt zu schlagen an. Ich konnte es nicht glauben! Sie lachte mich nicht aus? Wischte mich nicht nach links? Machte sich nicht mit ihren Freundinnen über mich lustig? Sie lächelte sogar? Mit einem etwas hungrigen Blitzen in den Augen? Ich richtete mich auf, machte mich noch breiter, Schultern nach unten, Bauch rein, mein Selbstbewusstsein pumpte sich auf wie eine Hüpfburg am Tag der offenen Tür bei den Allianz-Versicherungen.

Dann sagte sie: »Wir können jetzt bestellen.«

Etwas stach in die Außenhülle der Hüpfburg, eine Sekunde später erklang ein furzendes, unschönes Geräusch von entweichender Luft. Mein Selbstbewusstsein fiel binnen eines Wimpernschlags in sich zusammen. Das Lächeln auf meinen Lippen erstarb. Schließlich setzte ich mein jahrelang eingeübtes, professionelles Gastronomengesicht auf, nickte ihr zu und sagte: »Was darf es denn sein?«

Auch wenn ich bei meinem Vater im Restaurant nur wenig gelernt habe, was ich in meinem tagtäglichen Leben heute gebrauchen kann: In dieser Situation war ich sehr, sehr froh und dankbar, dass ich mir zumindest die Bestellung merken und beim nächsten Kellner abgeben konnte. Der sah übrigens aus wie ich. Wir befanden uns nämlich beim Thailänder. Er guckte mich mitleidig an und schenkte mir zum Abschied einen Glückskeks.

Einmal hab ich mich sogar mal getraut, eine Frau im Park anzusprechen. Zugegeben, der Park ist ein schwieriges Pflaster, weil da eigentlich nur Exhibitionisten und Perverse Frauen anmachen. Wenn ich also in einem Park auf eine Frau zugehe und sie frage: »Wollen wir vielleicht mal einen Kaffee trinken gehen?«, verstehe ich irgendwie, dass sie mir einen Korb gibt.

In diesem Fall war sie wenigstens ehrlich: »Sorry, du bist nicht mein Typ.«

Immerhin, sie hatte mir keine runtergehauen, kramte nicht nach ihrem Pfefferspray und schien auch die Polizei auf der Kurzwahl noch nicht informiert zu haben. Also hakte ich nach: »Was ist denn dein Typ?« Mir war ja klar, dass die schmalen Augen in Europa nicht als Schönheitsideal galten (tun sie noch nicht mal in Asien, übrigens, da lässt man sie sich wegoperieren, damit man europäischer aussieht), und dann noch die Klischees über die kleinen Pimmel ... spielte mir alles nicht in die Karten. Womit ich aber nicht gerechnet hätte, als ich sie nach ihrem Typ fragte, war folgende Antwort: »Attraktiv.«

Das fühlte sich dann doch wie eine Klatsche an, wenn ich ehrlich bin, noch heute spüre ich die brennenden Fingerabdrücke auf meiner Wange. Weil, wie kommt man aus so einer Situation wieder raus? Wie rettet man sich charmant, bestenfalls nicht eingeschnappt oder beleidigt und ohne zu zeigen, dass sie mit diesem einen Wort deine Selbstachtung unter ihrem Absatz zerkrümelt hat?

Vielleicht: »Verstehe ich. Ich kann meinen Anblick auch schlecht ertragen, deswegen kneife ich oft einfach die Augen zu. Alles Gute!«

Oder eher: »Baby, ich stehe auf Schmerzen. Hast du noch mehr Züchtigungen auf Lager?«

Am besten ist vermutlich: »*Hai dai mau.*«

Auf jeden Fall gab ich nach diesem Ereignis auf, Frauen im Park anzusprechen.

Und wenn ich wirklich mal an die Nummer von einer kam? Und mit ihr schrieb? Dann wurde es meistens noch schlimmer. Aber nicht meinetwegen. Sondern weil viele Frauen Whatsapp völlig falsch nutzen. Ich mach das so: Ich schreibe ein oder zwei Sätze, und die schick ich dann ab. Damit mein Gegenüber eine Chance hat, direkt darauf zu reagieren, und damit so etwas wie ein angeregtes, bestenfalls unterhaltsames Gespräch entsteht. Aber einmal datete ich eine Frau namens Klaudia. Die schrieb immer einen Roman, und zwar am Stück. Ich saß also vor der geöffneten App und wartete auf ihre Antwort auf meine Frage: »Sehen wir uns heute?«

Unter ihrem Namen stand: *schreibt*. Dann hörte sie offenbar auf zu schreiben, dann wieder: *schreibt*. So ging das minutenlang, und ich wurde schon richtig hibbelig, weil ich dachte: Schick doch mal ab! Wie lange kannst du für deine Antwort brauchen? Schreib doch einfach: Ja. Oder nein. Oder schick ein Emoji.

Klaudia benutzte jedoch keine Emojis, die schrieb immer »lach«, anstatt das lachende Emoji zu verwenden. Oder »grins«. Im Ernst, wer schreibt denn heute noch: grins??? Das ist so Neunziger, so Diddl-Maus, das törnte mich direkt ab, obwohl ich die Dekade ja eigentlich liebe.

Ich wartete also auf Klaudias Reaktion. Sehr lange. Und dann – ging sie offline. Ohne den Roman abzuschicken.

War das überhaupt erlaubt? Verbat der Whatsapp-Codex nicht ein solches Verhalten? Ich war mir sicher, wenn ich in den AGBs nachlesen würde, würde ich dort etwas dazu finden.

Als Klaudia nach einer halben Stunde immer noch nicht geantwortet hatte, schickte ich ihr ein Fragezeichen. Nackt und bedrohlich, einfach nur ein: ? Härter geht es eigentlich nicht, nicht mal mit dem Stinkefinger-Emoji. Mich provoziert so ein alleinstehendes Fragezeichen auf jeden Fall brutal. Krasser ist nur noch, alles in GROSSBUCHSTABEN ZU SCHREIBEN, UM DEN EIGENEN STANDPUNKT ZU VERDEUTLICHEN. Heftig, oder? Wie einen die Großbuchstaben anschreien. Oder Ausrufezeichen! Mann, Ausrufezeichen! Die bringen erst richtig Schwung in so eine Unterhaltung!!!

Überhaupt macht der Ton ja die Musik. Wenn mir eine Frau eine Mail in Comic Sans schreibt, bin ich raus. **Denn egal, was man damit aussagen will, in dieser Schriftart ist einfach nichts ernst zu nehmen.** Noch schlimmer ist eigentlich nur Papyrus. Was man auch damit schreibt, es erinnert immer an »Der Herr der Ringe«, Avatar oder irgendeinen Mittelalterschinken*:

To-do
Steuererklärung
Joggen gehen (diesmal wirklich!)
Einkaufen
Schalmei üben

Klaudia benutzte keine der beiden Schriftarten und trieb mich trotzdem in den Wahnsinn. Sie schickte das, was sie geschrieben hatte, nämlich auch nach meinem superprovokanten Fragezeichen nicht ab. Doch plötzlich stand da anstatt *schreibt*: *nimmt auf*. Memos sind okay, ich höre mir die an und verschicke selbst welche. Aber nach drei Minuten ist Schluss. Ist ja kein Podcast. Und ich habe nicht den ganzen Tag Zeit, mir das Gefasel anderer Leute anzuhören.

* Das denke ich mir nicht aus, der Begriff wurde vom Autor Mohamed Amjahid in seinem Buch »Der weiße Fleck« geprägt.

Klaudia auf jeden Fall nahm eine seeehr lange Nachricht auf. Nach drei Minuten schaute ich in die App, da stand immer noch: *nimmt auf.* Zwei Minuten später: *nimmt auf.* Noch mal drei Minuten später: *nimmt auf.*

Ich wünschte mich in die Zeit zurück, in der man statt Whatsapp Kurznachrichtendienste verwendete, Betonung auf der ersten Silbe. SMS bedeutete einst Short Message Service, abgerechnet wurde im 160-Zeichen-Takt. Wie hatte Klaudia das damals angestellt? Oder war sie erst im Laufe der Zeit zu einer solchen Plaudertasche geworden? War ihr bewusst, dass ich alles, was sie mir aufsprach, in doppelter Geschwindigkeit abhören würde, so dass sich ihre Stimme wie die von Micky Mouse anhörte und ich nur einen Bruchteil der Nachricht mitbekam? Ich stellte mir für einen Moment vor, wie ich mit Klaudia vor dem Altar stand und der Pfarrer zu ihr sagte: »... dann antworten Sie nun mit: Ja, ich will.«

Und Klaudia so: *schreibt. schreibt. schreibt.*

Vier Minuten später: *nimmt auf.*

Es war der Augenblick, in dem ich begriff, dass aus Klaudia und mir nichts werden konnte. Sie benutzte, wie gesagt, auch keine Emojis und war im Sexting eine absolute Niete. Sexting, das sind anzügliche und erotische Nachrichten via Whatsapp und Co. Macht eigentlich jeder, der was auf sich hält. Ich hab neulich irgendwo gelesen, dass Menschen, die sexten, seltener einsam und depressiv sind. Es ist also durchaus von Vorteil, wenn man regelmäßig Sexting betreibt. Vermutlich ist es sogar noch gesünder als Masturbation und Sex im Allgemeinen, weil der einzige Körperteil, der dabei verletzt werden kann, der Daumen ist.

Nun ist es so, dass es viele, sehr, sehr viele Wörter im Deutschen gibt, die geschrieben, nun ja, schwierig sind. Ins Ohr geraunt, während man bei der Sache ist, laut rausgestöhnt – alles machbar, alles okay. Notiert, schriftlich festgehalten, aufgeschrieben ist das schon eine andere Hausnummer. Die meisten Leute trauen sich ja nicht mal, Dirty Talk beim Sex zu machen. Wie viel schwieriger ist es da erst, wenn man das, was man ausdrücken möchte, auch noch in ein Eingabefeld tippen muss? Und da bleibt es dann im Nachrichtenverlauf – und wird vermutlich von Geheimdiensten weltweit mitgelesen? Da ist es doch viel einfacher, wenn man Emojis verwendet, um seine erotischen Phantasien zu kommunizieren.

Sexting bei mir und Laura sieht zum Beispiel so aus:

Ich: Hey Babe. Später 🍆💦?
Laura: 👄
Ich: 🍯👅???
Laura: 🌭
Ich: 😈. 🧎🐶?
Laura: 🍩
Ich: Whaaaattt??? 🤪
Laura: 🍑🎉😘
Ich: 🏃♂💨

Wenn ich Klaudia irgendwann mal geschrieben hätte: 🍌🥜🍑🌮🌶, hätte sie gedacht, ich schreib ihr eine Einkaufsliste.

Dabei kann es so einfach sein. Dank der Emojis muss man sich keine Gedanken darüber machen, wie man die Geschlechtsorgane beschreibt. Im Deutschen ist das eine furchtbar heikle Angelegenheit, weil man entweder wie ein perverser Lustmolch aus einem sehr schlechten Porno einer Zeit klingt, in der solche Filme noch auf Videokassette vertrieben wurden, oder wie ein Gynäkologe. Oder, am schlimmsten, wie jemand, der Frauen nicht respektiert.

Schauen wir uns die Möglichkeiten doch mal an, und beginnen wir aus Gründen der Gleichberechtigung mit dem männlichen Geschlechtsorgan. Glied? Phallus? Penis? »Machen Sie sich untenrum doch schon mal frei. Und jetzt husten Sie mal.« Geht gar nicht. Wie sieht es mit Rohr, Hammer, Pinsel oder Kolben aus? Entschuldigung, welche Frau soll das anmachen, wenn sie nicht bei Bauhaus oder beim Abschleppdienst arbeitet? Schniedelwutz, Piepmatz, Dödel oder Zumpferl? Nein, nein und noch mal nein! Auch Nudel, Gurke und Salami haben im Bett nichts zu suchen. Zauberstab und Wunderhorn ... vielleicht auf einem Mittelalterfestival, und dann nur in der Schriftart Papyrus: Zauberstab & Wunderhorn

Wer nun aber denkt, dass es bei den männlichen Geschlechtsorganen schon schwer ist, begibt sich bei den weiblichen Pendants auf ganz dünnes Eis. Die meisten Begriffe darf ich eigentlich gar nicht verwenden, ohne mir den Vorwurf machen zu lassen, ich sei ein Chauvinist. Was gar nicht geht, ist das Wort mit F. Das traue ich mich nicht mal aufzuschreiben, aber jeder kennt es. Möse, Dose oder Muschi sind zu 1970er. Pflaume, Feige, Artischocke, Auster oder Pampelmuse ... ich weiß nicht, welche Frau darauf abgehen soll. Vor allem auf Auster ... riecht die nicht nach Fisch?! Nicht sehr feministisch. Auch Tempel, Grotte, Spalte, Südpol, Liebeshöhle oder Lustgarten erwecken den Eindruck, man sollte besser Landkarte und Kompass mitbringen, wenn es ans Eingemachte geht. Neulich habe ich doch tatsächlich folgende Begriffe gelesen: Stairway to Heaven, Quality Street und Tunnel of Love. ENTSCHULDIGUNG? Ich bin doch kein Londoner Taxifahrer! Und wenn es botanisch wird, bin ich ganz raus:

Blümchen, Orchidee, Lotus, Rosenblüte, Vergissmeinnicht und Venusfalle. Am allerallerschlimmsten ist aber: Scham. Als ob es irgendetwas daran zu schämen gebe.

Zum Glück haben Laura und ich unsere eigenen Wörter gefunden, die wir verwenden, wenn wir uns heißmachen wollen. Die verrate ich aber nicht, ansonsten könnte ja jede*r kommen. Neben den vielen tollen Seiten, die meine Freundin hat, ist das vielleicht eine, die ich am liebsten mag: Sie ist weder prüde noch verklemmt.

Laura hat auch kein Problem dabei, nackig zu sein, wie so viele aus Ostdeutschland. Das war bei denen quasi Freizeitkleidung, und das empfinde ich in unserer Beziehung als enormen Vorteil. Über Ordnung und Putzen streiten wir uns auch nie. Sie mag es nämlich ein bisschen dreckig, und dabei bin ich ihr natürlich gern behilflich.

Wobei, eine gute Hausfrau ist Laura eigentlich nicht. Sie kann nämlich überhaupt nicht kochen. Ich weiß, heutzutage sollte man so was über eine Frau nicht sagen, wenn man nicht sofort einen eigenen Hashtag auslösen will. Aber im Ernst, bei ihr brennt sogar Wasser an. Deswegen bin ich froh, dass sie das Kochen mir überlässt und sich von der Küche weitestgehend fernhält. Da passieren nur Unfälle.

Einmal kam ich abends nach Hause, und Laura saß vor dem Fernseher und schaute sich eine Kochsendung an. Ich fragte sie: »Warum schaust du dir so was an? Davon werden deine Kochkünste auch nicht besser.«

Da antwortete Laura eiskalt: »Und wie ist das bei dir mit den Pornos?«

Touché. Austeilen kann sie, das muss ich ihr lassen. Ich liebe ihr loses Mundwerk, aus verschiedenen Gründen. Laura ist politisch so unkorrekt, da sehe sogar ich alt aus. Manchmal disst sie mich einfach völlig aus dem Nichts und sagt so was wie: »Kannst du auch noch was anderes außer Reis fressen?« Ich sage es mal, wie es ist: Mobbing gehört für mich in einer guten Beziehung einfach dazu. Ich stehe auf dieses ständige Frotzeln, das stärkt die Bindung. Und die Fähigkeit, mit- und übereinander zu lachen. Es gibt so viele Sachen, die eine gute Beziehung ausmachen. Natürlich will ich, dass mein Engel super aussieht. Aber ist halt auch geil, wenn man sich mit ihr unterhalten kann. Wenn sie über meine Witze lacht, bekommt sie Bonuspunkte. Ansonsten wäre es mit mir auch nicht auszuhalten. Wenn sie aber selbst Witze reißt: heiraten. Sofort. So eine lässt man nicht mehr gehen.

Es ist sogar schon vorgekommen, dass Laura mitten im Gespräch anfängt Kung-Fu-Geräusche zu machen, nur um mich zu ärgern. Okay, Laura ist auch eine Frau. Als Frau darf man öfter mal politisch unkorrekt und chauvinistisch sein. Als Mann ... schwierig. So ist das, seitdem wir Gleichberechtigung leben. Wir Kerle kriegen auf die Fresse, wenn wir was Sexistisches sagen, und den Damen wird applaudiert. Find ich total in Ordnung, immerhin haben sich die Männer drölftausend Jahre Frauen gegenüber scheiße verhalten. Sogar in Deutschland. Da wurde erst 1977 die sogenannte »Hausfrauenehe« abgeschafft, mit der die Aufgaben in der Ehe gesetzlich vorgeschrieben waren. Ich versuche, mir das heute vorzustellen: Der Gesetzgeber gibt vor, dass Laura zu Hause bleibt, den Haushalt schmeißt und kocht. Wir würden verhungern! Und zwar völlig legal.

Ich bin schon froh, dass Frauen mittlerweile dieselben Rechte haben wie Männer. Im Grunde unterscheiden sie sich ja auch nicht von uns. Manches können sie sogar besser, mir fällt gerade nur nichts ein. (Ach doch, Kinder kriegen. Das können sie besser, eindeutig, obwohl ich nicht weiß, wie oft das von Männern schon versucht wurde.) Alles, was Frauen können, können Männer auch, und umgekehrt. Frauen fliegen ins All. Machen bahnbrechende Entdeckungen, Erfindungen und Pfannkuchen. Führen Nationen, sogar mit besserer Bilanz als Männer in der Bewältigung der Covid-19-Pandemie. Ich verstehe, warum das viele Männer nervt. Da gibt man Frauen nach Jahrtausenden dieselben Rechte, lässt sie nicht nur wählen, sondern sogar aktiv Politik gestalten, und prompt machen sie den Job besser als die Kerle, die mindestens zehntausend Jahre mehr Erfahrung darin haben. Das nagt am Selbstbewusstsein und dem eigenen männlichen Verständnis, immer und überall der Boss zu sein. Kein Wunder, dass es nach wie vor mehr Chauvinisten als Feministen gibt.

Chauvis fühlen sich natürlich auch brutal davon angegriffen, dass sie jetzt gendern sollen, um die Frauen einzuschließen. Das beste Beispiel ist Friedrich Merz von der CDU. Der liegt, vermute ich, jeden Abend im Bett und ärgert sich grün und blau – ach, ne: schwarz – über das Gendersternchen. Und wenn er morgens aufwacht, denkt er gleich wieder dran. Einmal wurde er sogar so wütend, dass er twitterte: »Grüne und Grüninnen? Frauofrau statt Mannomann? Einigkeit und Recht und Freiheit für das deutsche Mutterland? Hähnch*Innen-Filet? Spielplätze für Kinder und Kinderinnen? Wer gibt diesen #Gender-Leuten eigentlich das Recht, einseitig unsere Sprache zu verändern?«

Als ich das las, fragte ich mich: Ist das schon Comedy? Ist es okay, wenn ich darüber lache? Wer sind eigentlich »diese Gender-Leute«? Gehört denen auch ein Buchstabe der LGBTQIA+-Community? Oder sind das diese Menschen, die seit neuestem in ihren Profilen auf Social Media immer die

Pronomen in Klammern mitangeben, damit jeder weiß, als was sie gelesen werden wollen? Im Großen und Ganzen finde ich es ja gut, dass man der Allgemeinheit erklärt, wie man angesprochen werden möchte: he/him oder she/her, egal ob man als Mann oder Frau oder irgendetwas anderes geboren wurde, ob man sich nun wie ein Cis, ein Gis oder anderer Halbton, eher wie Moll oder Dur fühlt. So weit, so gut. Manchmal komme ich aber auch durcheinander, und zwar mit Leuten, die männliche und weibliche Anteile in sich spüren. Die wollen gern mit they/them angesprochen werden. Da frage ich mich: Haben wir nicht alle weibliche und männliche Anteile in uns? Ich bin ja nicht hundert Prozent Kerl, ich hab ja schon auch feminine Seiten an mir. Zum Beispiel wenn ich Videos von Hundewelpen anschaue. Oder mir die Augenbrauen zupfe. Macht ja kein richtig maskuliner XY-Chromosomen-Hulk, der etwas auf sich hält. Oder? Also trete ich ab jetzt in Mehrzahl auf? Um die Verwirrung komplett zu machen, gibt es dann noch die Möglichkeit, sich gar keinem Geschlecht zugehörig zu fühlen. Oder an einem Tag so, am anderen Tag anders. Das drückt man zum Beispiel mit she/they oder he/they aus.

Ich finde es klasse, dass in offiziellen Dokumenten und Anträgen mehr Ansprachen und Geschlechtsidentitäten zur Auswahl stehen. Aber ich bin auch unendlich froh, dass ich mit Laura den Sack zugemacht habe, bevor die Gendersprache auf Tinder ankam. Ich war ja sowieso schon völlig verunsichert von Frauen, insbesondere von starken und selbstbewussten, die ich unglücklicherweise anziehend finde. Gleichzeitig fand ich es wahnsinnig schwer, diese Frauen nicht durch irgendeine Aktion zu beleidigen. Beispielsweise, die Rechnung beim ersten Date zu bezahlen. Ist das nun ein toller Gentleman-Move oder eine sexistische Unterdrückungsgeste? Tür aufhalten oder darauf warten, dass sie mich über die Schwelle trägt? War vielleicht schon mein Interesse als solches eine Beleidigung der feministischen Grundwerte? Hätte ich sie besser mit dem Arsch nicht angucken sollen? Ignorieren? Oder nicht ausreden lassen?

Ich glaube, das wäre in die Hose gegangen. Ist aber nur so eine Ahnung. Und ganz grundsätzlich finde ich, dass jeder von uns noch viel mehr Pronomen haben sollte, um sicherzugehen, dass keiner bei der Ansprache einen Fehler macht. In meinem Fall: he/she/it/der/die/das/wieso/weshalb/warum, wer nicht fragt, bleibt dumm. Ich bin doch sowieso schon völlig durcheinander wegen meines asiatischen Aussehens, meines deutschen Passes, meiner türkischen Freunde und meines Engels aus Sachsen. Da kommt es auf die Pronomen, mit denen man mich anspricht, auch nicht mehr an. Macht doch einfach, was ihr wollt! Hauptsache, ich muss nie wieder auf den Dating-Markt. Ich schwöre, sollte Laura mich jemals verlassen, bleibe ich für alle Zeiten allein.

Mit Laura bin ich mittlerweile seit fünf Jahren zusammen. Sie ist die Eine, ich weiß es. Mit ihr in der Beziehung bin ich auch richtig gewachsen, ein bisschen um die Hüfte, aber vor allem in der Persönlichkeit. Gerade am Anfang war ich ... na ja, ein Arsch. Ich war zum Beispiel total impulsiv und bin dauernd aus der Haut gefahren, wegen Kleinigkeiten. Ich fand es auch völlig okay, meiner Freundin Dinge wie einen zu tiefen Ausschnitt oder zu freizügige Fotos auf Instagram ausreden zu wollen. Denn ich kam aus einer toxischen Beziehung, in der ich derjenige war, der kleingehalten wurde, und das gab ich anfangs unreflektiert an meine Freundin weiter.

Darauf reagierte sie natürlich mit der einzig logischen Antwort: »Haha.«

Und dann wollte sie reden.

Wenn Frauen sagen, dass sie reden wollen, geht Männern eigentlich immer erst mal die Düse. Reden? Etwa über Gefühle? Männer haben doch gar keine Gefühle! Zumindest versuchen sie, sich das immer wieder zu sagen und auch ihrer Umwelt zu verklickern. Bis heute kapiere ich nicht, was daran geil sein soll, keine Gefühle haben zu wollen. Gefühle sind brutal geiler Scheiß! Sie machen, dass wir uns gut fühlen, sorgen für Hormonausschüttungen im Körper, für wahre Emotionstsunamis – wie Drogen, nur ohne dass man deswegen abhängig wird, die Zähne verliert oder draufgeht. Ja, klar, manche Gefühle sind weniger geil als andere. Aber die haben auch ihre Berechtigung, genau wie Fortuna Düsseldorf. Kein Mensch kann ernsthaft behaupten, das sei ein geiler Fußballverein – aber trotzdem spielt er manchmal in der ersten Liga. Ist doch okay. Können ja nicht alle Bayern München sein.

Es ist trotzdem ein Wunder, dass Laura mich nicht direkt wieder abgeschossen hat, nachdem ich in den ersten Monaten den Zwergenaufstand probte. Und es benötigte viele, viele Gespräche und einen Quadratkilometer Selbstreflexion meinerseits, um zu begreifen: Ich habe weder das Recht noch die Macht, irgendjemandem *irgendwas* zu verbieten, am allerwenigsten meiner Süßen. Durch sie kam ich auch dahinter, dass mein Händchen bei Frauen vor ihr eher, und ich sage das so höflich wie möglich, fragwürdig gewesen war. Irgendwie war ich immer wieder bei den Durchgeknallten oder Bekloppten gelandet und hatte mich in diesen Partnerschaften selbst nun auch nicht gerade mit Ruhm bekleckert. Meine Skills in Sachen Beziehung waren also auf dem Niveau eines Grundschülers. Dass Laura bei mir geblieben ist, kann demnach wirklich nur an meinem gigantisch guten Aussehen und meiner knusprigen Frühlingsrolle liegen. Sie hat mich zu einem besseren Menschen gemacht. Und wer jetzt nicht vor Rührung eine Träne verdrückt, der soll sich eine Zwiebel schälen.

Laura nimmt mich so, wie ich bin. Mit all meinen Macken und Marotten. Zugegeben, so schwer ist das nicht, ich bin nämlich eigentlich ein ganz Lieber. Auf der Bühne gebe ich gern den dicken Macker, aber daheim bin ich wie jeder gute Dobermann: ein Schoßhündchen. Ich kaufe für meine Freundin Tampons, ich bringe ihr Pho-Suppe ans Bett, wenn sie krank ist, und wenn sie furzt, furze ich auch, damit sie sich nicht schämen muss. Alles aus Liebe.

Mann, was bin ich froh, dass ich durch Laura meine Gefühle kennengelernt habe. Die fallen jetzt auch nicht mehr über mich her wie Kreuzfahrttouristen über Venedig. Die kommen, aber die gehen auch wieder. Das war ein überkrasser Aha-Moment, als ich eines Tages bemerkte: Heftig, Alter. Meine Wut von vorhin ist einfach weg. Verpufft. Und dafür musste ich nur zehn x-beliebige Passanten auf der Straße anmotzen und dreimal in eine Papiertüte atmen. Simsalabim, schon ist die Wut Geschichte. Ich hab sie schön auf die Gesellschaft umverteilt, ein bisschen wie im Sozialismus. Alle kriegen von allem etwas ab. Also auch von meiner schlechten Laune. Das ist nur fair, schließlich laden andere Leute die auch bei mir ab.

Neulich bekam ich einen Leserbrief. Von einer Frau. Also eigentlich war das ja Fanpost, denn Frauen finden mich inzwischen ziemlich gut, zumindest auf der Bühne. Und ich liebe sie wie alle meine Fans. Ehrlich, Leute, ohne euch wäre ich nicht der, der ich jetzt bin. Zugegeben, bei Dörte war das anders. Ohne ihr zu nahe treten zu wollen, der Name ist ja auch schon ein Verhütungsmittel. Wenn man zehnmal hintereinander Dörte sagt, bekommt man automatisch so einen mauligen, genervten Unterton in der Stimme. Weil Dörte ihren Namen jeden Tag mehrmals hört und weiß, dass sie so heißt, ist sie vermutlich chronisch schlecht gelaunt.

Jedenfalls schrieb mir Dörte auf sieben Seiten, einzeilig, Schriftart Comic Sans, was sie an meiner Show alles scheiße fand. Sie gab wortgenau Gags aus meinem Programm wieder – so präzise, dass ich schon dachte: Wie oft war die denn da, wenn die sich an jede Silbe erinnern kann? Vermutlich können Frauen, die Dörte heißen, alle Steno, das lernen die schon in dem Moment, wo ihr Vater aufs Standesamt geht und die Geburtsurkunde ausfüllt. Sicher besoffen, anders kann ich mir die Namenswahl nicht erklären. (Wenn selbst vietnamesische Einwanderer einen besseren Geschmack beweisen: Bettina! Antonella!)

Was Dörte richtig kirre machte, sei die Art und Weise, wie ich über Frauen rede. Stereotypisch und klischeehaft. Chauvinistisch. Alter, ich wusste bis zu dem Zeitpunkt nicht mal, was das sein soll, geschweige denn wie man es schreibt. Also kann ich wohl kein richtiger Chauvinist sein. Außerdem liebe ich Frauen! Vor allem die mit Humor und schönem, rundem Hintern. Und im Gegensatz zu Friedrich Merz finde ich es grundverkehrt, dass Wettertiefs alle zwei Jahre Frauennamen tragen. Das ist diskriminierend und falsch. Also abgesehen vom Sturmtief Dörte. Da ist der Name Programm.

Wie kann man mir also vorwerfen, ich sei ein Macho? Völliger Unsinn. Oder?

Im letzten Abschnitt ihres langen, langen Briefes erwischte mich Dörte dann aber richtig. Sie schrieb:

Von all den anderen Verunglimpfungen einmal abgesehen, die in deinem Programm hochgewürgt und wiedergekäut werden, halte ich deine rassistischen Äußerungen für am gefährlichsten. Ich frage mich wirklich, wie ausgerechnet jemand wie du auf die Idee kommt, Witze über Migranten seien lustig.

Tja, nun. Ich mache die Comedy-Sache ja jetzt schon eine Weile. Und bei den Migrationswitzen lacht das Publikum meistens am lautesten, vor allem die Jungs und Mädels mit ebenjenem Migrationshintergrund. Ich bin kein Humorforscher, aber ich kann mir vorstellen, dass das bedeutet: witzig. Und wenn Dörte über Migrationswitze nicht lachen will, kann sie ja auch zu einem Parteitag der AfD gehen. Die meinen das, was sie sagen, wirklich ernst. Übrigens wählte mein Vater vor einigen Jahren aus Versehen die AfD, aber auch nur, weil er dachte, das steht für »Asiaten für Deutschland«.

Zurück zu Dörte. Sie empfahl mir jedenfalls in ihrem Brief eine Weiterbildung in Sachen »Political Correctness«. Und schloss mit den Worten:

Vielleicht sprichst du auch mal mit deiner Freundin darüber, wie sie deine rassistischen Witze findet.

Das habe ich dann auch direkt gemacht. Und weißt du, was Laura gesagt hat? »Diese Dörte ist wirklich die perfekte Frau.«

Ich fragte überrascht: »Wieso denn das?«

»Na, sie ist doch alles, was Männer wollen: Halb-Döner, Halb-Torte!«

Bilderrätsel für mehr Spaß in der Beziehung

Welche sexuellen Praktiken bedeuten die folgenden Emojis? Die Auflösung findest du auf Seite 247.

1. 
2. 
3. 
4. 
5. 
6. 
7. 
8. 
9. 
10. 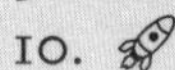

4

Du bis so doi!
Tutty, der Vorzeigedeutsche

Ich stehe allein am Flughafen in der Ankunftshalle, warte auf meinen Cousin und starre auf die Anzeigetafel. Ein bisschen traurig finde ich es schon, dass die mittlerweile alle digitalisiert sind und nicht mehr so altmodisch klappern, wenn die neuen Flüge angezeigt werden. Flughäfen machen mich sowieso immer ein bisschen nostalgisch, und ich schwelge in Erinnerungen.

Vor allem denke ich an das letzte Mal, als ich nach Vietnam geflogen bin. In Begleitung meines Vaters.

Finde den Fehler.

Unser Flug ging um 14.00 Uhr, was bedeutete, dass mein Alter darauf bestand, um 6.00 Uhr in der Früh am Flughafen aufzuschlagen. Weil: Es kann ja so viel dazwischenkommen auf dem Weg dorthin.

Ne, dachte ich. Nicht in Deutschland. Nicht mal mit der Deutschen Bahn! Und selbst die Berliner Verkehrsbetriebe, so unzuverlässig sie auch sein mögen, würden es ja wohl hinbekommen, uns rechtzeitig nach Tegel zu bringen. Vielleicht denkt ihr euch jetzt: Was ist mit einem Taxi? Nun, Vietnamesen sind extrem preisbewusst. Also geizig. Mein Vater würde niemals Geld für ein Taxi ausgeben, wenn es eine günstigere Methode gibt, um das Ziel zu erreichen. In Vietnam fahren folgerichtig nur Touris mit dem Taxi.

Wir kamen also im Morgengrauen am Flughafen an, ich

völlig übernächtigt, weil viel zu kurz geschlafen, mein Vater am Durchdrehen, weil er meinte, die Situation nicht unter Kontrolle zu haben. Dann folgten lange, lange Stunden des Wartens. Wenn dein Flug um die Mittagszeit geht, du aber bereits am Morgen am Flughafen ankommst, ist dein Gate natürlich noch nicht angeschrieben. Das hat meinen Vater verrückt gemacht.

»*De Flu fäll au!*«, rief er immer wieder und war nicht zu beruhigen. Wie ein kopfloses Huhn rannte er von einem Schalter zum nächsten, von Air Baltic bis Vueling, und fragte nach unserem Flug. Wir hatten übrigens über die Lufthansa gebucht, aber das war ihm herzlich egal. Er rannte durchs Terminal und wurde immer nervöser.

»Papa, setz dich endlich hin und warte ab! Der Flug wird schon noch angezeigt«, rief ich ihm irgendwann genervt zu, denn seine Unruhe machte auch mich ganz kribbelig.

Er schnauzte mich an: »*Hai dai mau! Ik mut gukken.*«

Und dann war es endlich so weit. Der Flug wurde angezeigt, und alle rannten los. Es war kurz vor zwölf, ich hatte den ersten Liter Wasser schon wieder ausgeschwitzt, und mein Vater drängelte sich an der Schlange vor dem Gepäckschalter so lange vor, bis er der Erste war. Ich sah ihm kopfschüttelnd hinterher und dachte: Das geht ja gar nicht!

In diesem Moment ging mir auf, dass ich offenbar der Einzige am Schalter war, den Papas Gedrängel nervte. Die anderen waren nämlich alle Vietnamesen. Die sahen das nicht so eng. Und ich stand da, zwischen all meinen Landsleuten, und fühlte mich wie ein gestreifter Papagei. Stimmte was nicht mit mir? Oder lag es an den anderen?

Du bist halt eine richtig deutsche Kartoffel geworden, sagte eine Stimme in meinem Kopf.

Vielleicht hatte die Stimme recht. Sie war es übrigens auch, die ein abfälliges »Ts!« dachte, als ich die ganzen Gepäckstücke sah, mit denen die Leute verreisen wollten. Die Asiaten haben ja diese merkwürdige Eigenart, ihre Koffer zentimeterdick in Plastik einwickeln zu lassen, damit die Gepäckstücke keinen Schaden nehmen. Umweltbewusstsein? Bitte, nicht mit uns! Wir entsorgen unser Plastik an den Stränden von Bali und im Mekong-Delta, wir HABEN kein Umweltproblem!

Außerdem verreisen sie mit Taschen, die garantiert nicht für diese Zwecke entwickelt wurden. Beispielsweise rechteckige Riesenbehältnisse mit zwei winzigen Henkeln dran, oft in kariertem Muster, das Material aus so einer Art Ikea-Plane. Ich weiß nicht, was die da alles reinstopfen, aber tragen kann man diese Teile nicht mehr. Auf jeden Fall wanderte eines dieser Dinger nach dem anderen auf das Band und wurde von der Dunkelheit verschluckt. Ich rechnete im Kopf hoch, wie viel Platz in so einem Frachtraum war und ob es Schwierigkeiten geben würde, wenn das Flugzeug versuchen würde, mit dem Übergewicht abzuheben. Ob das die Airlines auf dem Weg nach Asien einkalkulierten? Sicher legten sie das auf den Ticketpreis um – auch von den Passagieren, die sich an die Gewichtsgrenze hielten! Schon spürte ich, wie sich ein Gefühl der Entrüstung in mir breitmachte, ein sehr deutsches Gefühl übrigens. Und gerade als ich mich umdrehen und die Frau hinter mir anschnauzen wollte, die offenbar ein ganzes Sofa in vier solcher karierten Taschen gepackt hatte, rief eine weibliche Stimme: »Der Nächste!«

Ich bekam einen Schlag in den Rücken, die vietnamesische Warteschlange drückte mich nach vorn, ich machte einen Satz und zog meinen Pass aus der Tasche.

»Sie fliegen nach Hanoi?«, fragte mich die überschminkte Frau hinter dem Schalter.

»Ja. Mit meinem Vater«, erwiderte ich und verdrehte den Kopf, weil ich ihn nicht finden konnte. War der etwa schon zum Sicherheitscheck verschwunden?

»Ist das alles, was Sie an Gepäck haben?«, fragte die Frau von der Airline und linste skeptisch auf meinen Koffer. Einen großen, pinkfarbenen, den ich mir von Laura geliehen hatte. Als Feminist kann man einfach alles tragen. Ich nickte, bekam meine Bordkarte und machte mich auf die Suche nach meinem Vater.

Ich fand ihn vor der Sicherheitskontrolle. Er stand da, das Ticket in der Hand, und rief: *»Hallo! Ensulldigun. Ik suk Gay Sex. Ik suk Gay Sex!«*

Es gibt so Sachen, die kannst du nicht mal im demokratischen, aufgeklärten Deutschland durch die Gegend brüllen. »Ich suche Gay Sex!« gehört dazu. Auch wenn du eigentlich nur wissen willst, wo Gate sechs ist.

Auf jeden Fall schnappte ich mir meinen Alten, bevor er von den Sicherheitsleuten hochgenommen wurde, beförderte ihn durch die Handgepäckkontrolle, wo er einen riesigen Aufstand machte, weil man ihm die Familienflasche Haarshampoo abnahm, genauso wie den Nagelknipser und etwas, das aussah wie eine antike Handgranate aus dem Zweiten Weltkrieg, die er angeblich als Mitbringsel für die Verwandtschaft eingepackt hatte.

Es war nur meinem guten Zureden zu verdanken, dass wir überhaupt ins Flugzeug kamen. Zum Glück war einer der Sicherheitsjungs ein paar Wochen zuvor in einer Show von mir gewesen war und ging wohl davon aus, dass mein Dad und ich gerade eine neue Nummer einstudierten. Mein Vater gab ihm ein Autogramm, ich machte ein Selfie mit ihm, und dann waren wir durch.

Als wir endlich an Gate sechs ankamen, war ich mit den Nerven am Ende. Und als dann auch noch das Boarding begann, stand ich kurz vor einem Nervenzusammenbruch. An allen anderen Gates reihten sich die Passagiere ordentlich hintereinander ein. Aber an unserem Gate nach Hanoi sah die Schlange wie ein betrunkenes Dreieck aus. Jeder drückte sich einfach von der Seite rein, eine Mutter stieß sich den Weg mit dem Kinderwagen frei und zog ihre Kinderschar einfach hinter sich her. Irgendwann platzte mir der Kragen, und ich pflaumte den Typen neben mir, ebenfalls ein vietnamesischer Landsmann, an: »Sie können sich hier nicht einfach so reindrücken!«

Er sagte ganz trocken: *»Ik hab Ticket.«*

»Ja, ich auch!«, rief ich laut.

»Dann drück«, empfahl er mir. *»Wo it dat Pobehm?«*

»Das geht so nicht!« Ich wurde immer wütender.

In diesem Moment hörte ich die Stimme meines Vaters. Natürlich war mein Vater einer der Ersten gewesen, die ihr Ticket abgescannt und die Schranke hinter sich gebracht hatten. *»Tutty, wo bleib du? Du bis so phao! So lan'sam.«*

Und alle, wirklich ALLE in der Schlange sahen mich an und machten denselben abschätzigen Laut: ein Zungenschnalzen.

Im nächsten Leben werde ich als richtiger Deutscher geboren, schwor ich mir feierlich.

Wenn ich den Gedanken gehegt hatte, dass sich alles erst einmal beruhigen würde, sobald wir endlich im Flieger saßen, wurde ich herb enttäuscht. Denn dort ging der Zirkus erst richtig los. Passagiere wechselten munter ihre Sitzplätze,

Handgepäck wurde an Stellen untergebracht, wo kein Ingenieur es jemals vorgesehen hatte, Kinder kletterten über die Stuhllehnen, fehlte nur noch, dass die Oma in der Reihe vor uns den Reiskocher auspackte. Neben mir begann eine Frau, sich die Fußnägel zu knipsen, was meinen Vater zur Weißglut brachte: *»Warum sie darb knib knib, hä?«*

Dass die Stewardessen nicht in Nahkampfmontur auftauchten, war eigentlich ziemlich verwunderlich. Natürlich hörte ihnen keine Sau bei den Sicherheitsanweisungen zu. Na ja, ich schon. Obwohl ich mir das sonst eigentlich auch spare, aber in diesem Fall hatte ich das Gefühl, mit gutem Beispiel vorangehen zu müssen. Am liebsten hätte ich gerufen: »Ich bin ein Deutscher, holt mich hier raus!« Aber vielleicht war ja jemand von RTL an Bord, und man weiß ja, wie solche Situationen enden können.

Also schwieg ich und hörte mir das immer gleiche Gefasel der Flugbegleiterin an: *»Please fasten your seatbelt now and bring your seat in an upright position.«*

Es wundert vermutlich niemanden, wenn ich verrate, dass die Flugbegleiterinnen sich nach dem Abheben für den Rest des Fluges nicht mehr blicken ließen. Wie auch, in diesem Irrenhaus?! Die Gänge waren verstopft, weil sich Passagiere auf dem Boden ausstreckten, überall wurden Geschäfte gemacht, es wurde laut gelabert und gescherzt, an Schlaf war nicht zu denken, an Bordverpflegung auch nicht, aber immerhin saß die Frau mit dem Reiskocher in der Nähe, und nach zwei Stunden ging ein Typ mit frittierter Zucchini und knusprigem Schweinebauch herum, und wir langten ordentlich zu.

Im Grunde war der Flug genau wie die Busfahrten in asiatischen Ländern, bei denen Hühner, kleine Kinder und alte Frauen auf deinem Schoß landen und du so durchgeschüttelt wirst, dass du nach der Ankunft erst mal deine Knochen sortieren musst. Nur die Hühner fehlten.

Der Rückflug zwei Wochen später war übrigens genauso anarchisch. Zu den nach Deutschland reisenden Vietnamesen kamen noch ein paar überdrehte Backpacker dazu, und als das Flugzeug in Berlin auf der Landebahn aufsetzte, hatte ich Tränen in den Augen. Danach verbrachte ich drei Tage in einer abgedunkelten, schallisolierten Kammer und versuchte, meinen Geist von den überwältigenden Eindrücken der Reise zu reinigen.

Die Reise nach Vietnam mit meinem Vater liegt schon eine Weile zurück, und heute stehe *ich* am Flughafen von Berlin und warte auf meinen Cousin. Das Geräusch der sich öffnenden Türen, die die Empfangshalle von den Gepäckbändern trennen, vertreibt die letzten Erinnerungen an den Höllentrip in die »Heimat«. Ich schaue mich aufmerksam um. Sekündlich ergießt sich ein Schwall zierlicher, dunkelhaariger Menschen, die beinahe hinter den voll beladenen Gepäckwagen verschwinden. Ich mache den Hals lang, lasse den Blick suchend über die vielen Vietnamesen wandern und denke mir: Mist. Welcher von denen ist denn jetzt bitte mein Cousin? Mit wem von denen bin ich verwandt? Möglicherweise ja mit allen, so genau weiß man das nicht. Die sehen ja wirklich ziemlich gleich aus.

Probeweise winke ich einem Kerl zu, der ungefähr im passenden Alter sein könnte – aber er wedelt mich mit der Hand weg und ruft mir auf Vietnamesisch zu: »Ich brauche kein Taxi!«

Hm. Ich ziehe mein Smartphone aus der Tasche und schaue mir noch einmal das Profilbild des Cousins auf Whatsapp an.

Als ein junger Mann in meiner Nähe stehen bleibt und sich suchend umblickt, trete ich auf ihn zu und halte das Handy zum Abgleich neben sein Gesicht. Der könnte es sein.

»Phuc-Dat? Bist du das?«, spreche ich ihn an.

Er schüttelt den Kopf und sagt ein Wort auf Vietnamesisch, das ich nicht übersetzen möchte.

Jemand tippt mich am Arm. *»Truong? Ja?«* Ein Mann fällt mir um den Hals.

»Wie hast du mich erkannt?«, will ich wissen, auch weil ich nicht mit dem falschen Cousin zu Hause aufschlagen will.

Grinsend öffnet er den Reißverschluss seiner Jacke, darunter kommt ein T-Shirt von meiner letzten Tournee hervor. Meine eigene Visage blickt mich mit hochgezogener Augenbraue an. Ich denke, ich kann mir den Identitätsnachweis sparen.

In diesem Moment klingelt das Handy meines mutmaßlichen Cousins. Er nimmt den Anruf entgegen, natürlich auf Lautsprecher, das ist bei asiatischen Handys eine Werkseinstellung, und ich höre die Stimme meines Vaters.

»Phuc-Dat, mein Junge«, ruft er in unserer Heimatsprache, »hat der faule Lump dich gefunden?«

»Ja, ja«, erwidert mein Cousin erfreut. »Wir kommen gleich zu dir nach Hause.« Freudestrahlend sieht er mich an. »Ich bin so weit. Wollen wir?«

Ich betrachte skeptisch den voll gepackten Gepäckwagen hinter ihm. »Sag mal, Cousin, wie lange wolltest du bleiben?« Die Koffer stapeln sich gefährlich hoch, und natürlich hat auch er die unvermeidlichen karierten Plastiktaschen am Start.

»Ah, nur drei Monate. Vorerst! Eigentlich will ich für immer nach Deutschland kommen und sehr reich werden«, sagt Phuc-Dat mit Inbrunst.

Ich lächle schief, schnappe mir den Wagen und manövriere ihn in Schlangenlinien durch die Menschen in der Ankunftshalle. Keine Ahnung, wie wir den Kram in mein Auto kriegen sollen.

Während wir auf die Ausgangstüren zulaufen, quasselt Phuc in einer Tour. Er ist aufgekratzt und freut sich auf Deutschland, das sagt er mehrmals, und obwohl er sich voll und ganz aufs Reden konzentriert, stößt er mit niemandem zusammen.

Vor dem Terminal weht ein frischer Wind. Phuc atmet tief ein. »Ah, gute deutsche Luft.« Dann rennt er plötzlich, ohne auf die vorbeifahrenden Autos und Taxis zu achten, auf die Straße. »Zum Parkhaus geht's da lang?«

»PHUC!«, brülle ich, als ein Wagen mit quietschenden Reifen nur Zentimeter vor ihm zum Halten kommt. Der Fahrer hupt und gestikuliert wie wild, öffnet die Tür und schreit: »Bist du blind, du Vogel?«

Mein Cousin steht da, immer noch lächelnd, und zuckt mit den Schultern. »So nett, die Deutschen.«

»Phuc!«, rufe ich erneut. »So geht das nicht. Du kannst nicht einfach ... PHUC!«

Der Fahrer kommt um sein Auto rum und auf mich zu. »Hast du mich eben beleidigt? Du Affe, dir werd ich es zeigen!«

»Was?« Ich schaue irritiert vom Fahrer zu meinem Cousin. »Nein, ich meine doch nicht Sie!« Dann sehe ich, dass mein Cousin weitermarschiert – wieder ohne auf den Verkehr zu achten. »PHUC!«, rufe ich, so laut ich kann.

Der Fahrer kommt auf mich zu. »Nun hör mir mal gut zu, du Pfeifenhobel, geflucht wird nicht, hast du mich verstanden?«

»Ach, reg dich ab«, fluche ich genervt, während ich beobachte, wie Phuc auf dem Mittelstreifen ankommt. »Mann«, stöhne ich leise. »Das ist ja genau wie damals bei Huan-Son.«

»WIE BITTE??«, donnert der Fahrer, und jetzt bin ich doch froh, den Wagen mit den Koffern zu haben, denn ich gebe einfach Gas und schubse den Kerl damit zur Seite. Dann eile ich hinter meinem lebensmüden Cousin über die Straße und bete zu einem Gott, an den ich nicht glaube, als wir endlich bei meinem Auto ankommen.

Auf der Fahrt in die City erkläre ich Phuc, dass a) der Verkehr in Deutschland anders geregelt wird als in Vietnam und b) er einen neuen Namen braucht.

»Was stimmt nicht mit Phuc?«, will er wissen.

»Na ja, das ist ... also, das kann man hier falsch verstehen.« Ich räuspere mich. »Schau mal, ich habe ja auch einen anderen Namen eigentlich.«

Er nickt. »Thomas.«

»Äh, ja. Aber du brauchst dir keinen deutschen Namen zu geben.«

Phuc nickt wieder. »Doch, doch. Das ist ein Zeichen der Höflichkeit.«

»Nein, das ist bescheuert, Phuc. Welcher Name würde dir denn gefallen?«

»Adolf!«, ruft er begeistert.

Ich mache eine Vollbremsung. »Das geht nicht. Leider.«

»Hm ... Erich?«

Ich lege den Kopf schief. »Honecker?«

»Rommel!«

»Der hieß Erwin. Auch nein.«

»Joseph?«

Ich glaube, Cousin Phuc hat im Geschichtsunterricht nur bei einer Lektion aufgepasst.

»Gibt es irgendwas Deutsches, das du magst?«, hake ich nach. »Außer Nazis?«

Er denkt einen Augenblick nach. Das Radio dudelt im Hintergrund und füllt die Stille zwischen uns.

»Ja«, sagt er plötzlich und dreht sich zu mir. »Ich weiß es. Dieter. Wie Dieter Bohlen. Und du bist Thomas.« Er wartet eine Sekunde. »Verstehst du?« Dann fängt er an zu singen: »*Ya ma ha, ya ma sol* ...«

Die Ampel springt auf Grün um, aber ich bin zu fassungslos, um weiterzufahren. Hinter uns erklingen die ersten Hupen. »Wir sollen als Modern Talking durch Berlin ziehen? Nie im Leben!«

»Wieso? Modern Talking ist in Vietnam sehr beliebt«, erwiderte Phuc im Brustton der Überzeugung.

Das weiß ich leider aus eigener Erfahrung. Immer, wenn mein Vater mich auf unserer Reise vorstellte, natürlich mit meinem guten, deutschen Namen Thomas, fingen die Leute an zu grinsen und beknackte Songs von Modern Talking zu singen. Meistens *Your my heart, your my soul*, manchmal *Brother Louis*, und wenn es richtig hart auf hart kam: *Cherry Cherry Lady*. Es war der Soundtrack des Grauens, zwei ganze Wochen lang.

Auch Phuc singt gerade falsch und schräg und mit gruseligem Akzent ein Lied der Gruppe. Ich schlage aufs Lenkrad.

»Nein! Du wirst *nicht* Dieter heißen. Und auch nicht Adolf oder Erich oder sonst wie. Wir nennen dich Duc.«

Phuc blinzelt. »Deutschland?«

»Genau. Weil du bist in Deutschland, und das ist hier ein gängiger Name für Vietnamesen.«

»Die Vietnamesen in Deutschland heißen Deutschland?«

Ich gebe so heftig Gas, dass das Auto einen Satz nach vorn macht. »Ja, und damit ist das Thema erledigt.«

Phuc-Dat, besser gesagt: Duc-Dieter und ich kommen kurz darauf im Restaurant meines Vaters an. Dort wird Duc die nächsten Monate arbeiten, genau wie alle anderen vor ihm. Selbst wenn er Jura studiert oder in Medizin promoviert hätte (nur zur Info: hat er nicht), würde sich Duc für seine Verwandtschaft versklaven lassen und unentgeltlich für sie arbeiten. So will es das Gesetz. Zumindest das vietnamesische. Und es ist egal, ob die Familie in Deutschland ein Nagelstudio, eine Karaoke-Bar oder ein Bordell besitzt. Insofern ist Duc noch ganz gut weggekommen.

Nach der Begrüßung und dem gemeinsamen Essen geht es auch gleich los. Jetlag, Nachtflug, Reisestrapazen? Gibt es in Vietnam nicht, und damit auch nicht auf dem Hoheitsgebiet der Tran'schen Republik, also im Restaurant meines Vaters. Duc scheint ohnehin nicht müde zu sein, er strotzt geradezu vor Energie und macht sich gleich daran, unsere Teller abzuräumen, was mein Vater mit einem zufriedenen Nicken goutiert.

»*Sie du. Phuc-Dat nik so phao wi du.*«

»Wir nennen ihn hier Duc, Papa«, seufze ich ergeben.

»*Wa'um? Da is nik sei Name!*«

Ich spare mir eine Erklärung und beobachte, wie Duc sich eine Schürze um die Taille bindet. »Hast du ihn schon angemeldet?«

Duc hält inne, mein Vater blinzelt.

»*Wa?*«

»Angemeldet? Beim Amt?«

Die beiden glotzen, als spräche ich Kisuaheli. Tatsächlich versteht Duc nur sehr wenig Deutsch, aber er hat ein Jahr lang einmal die Woche einen Deutschkurs besucht, damit er sich im Land der ungeahnten Möglichkeiten verständigen kann.

»Papa«, sage ich streng. »Du willst, dass Duc bei dir arbeitet. Dafür musst du ihn anmelden. Ansonsten ist das Schwarzarbeit.«

Mein Vater und Duc schauen sich verwundert an.

»*Er komm nik au Afrika.*«

Ich seufze ergeben und verdrehe die Augen. Als das letzte Mal das Gesundheitsamt im Laden war, hätte mein Vater ohne meine Vermittlung richtig Ärger bekommen. Der Typ vom Gesundheitsamt wollte nämlich wissen, ob es im Restaurant ein Behinderten-WC gebe, und mein Vater antwortete: »*Nei, wir sin alle gesunn.*«

»Papa, er kann nicht ohne Anmeldung bei dir arbeiten.«

»*Is kei Abei. Phuc verdie kei Geld*«, argumentiert er weiter.

Ich bleibe hart. »Das ist egal. Er muss doch versichert sein.«

Duc setzt sich langsam wieder auf den Stuhl. »*Was* muss ich sein?«

»Versichert! Krankenversicherung, Rentenversicherung. Haftpflicht. Berufsunfähigkeit.«

Duc staunt. »Das gibt es bei euch alles? So viele Versicherungen?«

Wenn der wüsste. »Was, wenn ihm was in der Küche passiert?«

»*Dann is er dumm.*«

»Ja, schön, aber wer zahlt das denn?«

»*Bah!*«, macht mein Vater. »*Duc is Familie! Nik versiche.*«

»Doch! Du kommst in Teufels Küche, wenn du ihn illegal bei dir arbeiten lässt.«

Mein Vater spuckt aus. »*Du bis so doi, Tutty.*«

»Für dich immer noch Thomas!«, rufe ich entrüstet.

Er ignoriert mich, nickt Duc zu und sagt auf Vietnamesisch: »Los, an die Arbeit.« Dann verschwinden sie in der Küche.

»Und Sie wollen also in Deutschland arbeiten?«

Die Sachbearbeiterin in der Ausländerbehörde spricht sehr langsam mit uns, als wären wir ballaballa. Dabei unterstreicht sie jedes Wort mit einer Mimik oder einer Geste. Ich fühle mich fast schon ein bisschen gehörlos.

Duc nickt. »*Ja. Abei, Doislan.*«

»Aha. Haben Sie denn ein Viiiisuuum?« Sie zieht das Wort in die Länge.

»*Visu, ja.*« Duc nickt wieder.

»Und eine Arbeitsstelle haben Sie auch schon in Aussicht?«

Er nickt wieder. Ich schnaufe. Wenn das in dem Tempo weitergeht, sind die drei Monate um, und wir sitzen immer noch hier.

»Kann ich den Arbeitsvertrag mal sehen? Vertrag? Contract?« Sie hebt einen Stapel Papiere.

Duc sieht mich an. »Wovon spricht sie?«, fragt er mich auf Vietnamesisch.

Ich lächle verkniffen. »Er wird im Restaurant meines Vaters arbeiten«, sage ich, als ob das irgendwas erklären würde.

»Aber dafür braucht er einen Arbeitsvertrag«, bleibt sie hart.

So langsam bereue ich, auf diesen Termin bestanden zu haben. Mein Vater hat in den letzten 20 Jahren keinen Arbeitsvertrag an irgendeinen Mitarbeiter ausgegeben. Das kann ich ja aber schlecht sagen. Damit öffne ich die Pforten zur Hölle … oder habe ich es schon getan?

Ich gehe kurz in mich. Zahlt mein Vater Steuern? Wie ist

er selbst versichert? Ich versuche mir vorzustellen, wie er beim Gewerbeamt aufschlägt ... o scheiße. Was habe ich getan?!

»Also«, die Beamtin lehnt sich im Stuhl zurück. »Wenn Sie aus einem Drittstaat nach Deutschland kommen wollen, benötigen Sie einen Aufenthaltstitel. Dieser richtet sich nach dem Zweck des Aufenthalts in Deutschland.«

»Was sagt sie?«, flüstert Duc mir zu.

»Du brauchst einen Titel«, flüstere ich auf Vietnamesisch zurück, ohne zu wissen, was damit gemeint ist. Ginge *Your my heart, your my soul*? Oder meint sie so was wie Doktor, Sir oder Lord?

Bevor ich fragen kann, holt die Beamtin ein mehrseitiges Papierdokument aus einer Ablage und legt es vor Duc auf den Tisch. »Wenn Sie einen Aufenthaltstitel besitzen, dürfen Sie grundsätzlich arbeiten – es sei denn, ein Gesetz verbietet es explizit. Bitte achten Sie hierfür auf den Eintrag in Ihrem Aufenthaltstitel und gegebenenfalls auf dem Zusatzblatt.«

Sie holt noch ein Dokument heraus, das muss das Zusatzblatt sein. Es hat mindestens 40 Seiten und ist am Rücken gebunden. Ich schlucke die Panik runter.

»Die Anmeldung beim Einwohnermeldeamt ist in Deutschland verpflichtend«, erklärt sie weiter und legt noch ein Blatt auf den Stapel. Darauf stehen die Adressen der Einwohnermeldeämter. »Erst nach der Anmeldung können Sie beispielsweise ein Bankkonto eröffnen oder eine Steueridentifikationsnummer bekommen. Sie müssen die Anmeldung innerhalb von zwei Wochen nach Bezug einer Wohnung vornehmen. Wichtig hierfür ist eine Bestätigung des Vermieters, eine sogenannte Wohnungsgeberbestätigung. Bei der Anmeldung erhalten Sie eine Meldebescheinigung.«

Mir schwirrt der Kopf. Das kann doch alles nicht wahr sein! Wir werden Wochen brauchen, um uns durch das Behörden-Latein durchzuackern.

»In Deutschland ist es Pflicht, eine gesetzliche oder private Krankenversicherung zu haben. Die Krankenkasse übernimmt die Kosten für medizinische Behandlungen.«

Mehr Formulare, der Stapel wächst. Duc sieht aus, als wäre er von einem Bus überfahren worden. Ich verfluche meine Idee, ihn offiziell anzumelden.

»Wenn Sie mindestens fünf Jahre ohne Unterbrechung einen Aufenthaltstitel in Deutschland besitzen, kann Ihnen unter bestimmten Voraussetzungen ein unbefristeter Aufenthaltstitel erteilt werden. Die Erlaubnis zum Daueraufenthalt-EU ist ein unbefristeter Aufenthaltstitel, mit dem Sie sich auch in einem anderen Staat der EU unter Beachtung der dort geltenden Regelungen niederlassen können ...«

Sie spricht weiter, legt noch mehr Formulare und Papiere auf den Stapel, der mittlerweile eine beachtliche Höhe erreicht hat, aber ich höre nicht mehr zu. Das muss doch auch anders gehen. Wieso ist das so kompliziert? Wie sind denn die anderen alle hierhergekommen, über die sich die Deutschen so beschweren? Die, die ihnen angeblich die Frauen, die Arbeit und die Parkplätze wegnehmen? Die können doch unmöglich alle diesen ganzen Papierkram durchgeackert haben, den ich selbst überhaupt nicht verstehe. Wenn ich die Begriffe schon höre: Erlaubnis zum Daueraufenthalt. Wohnungsgeberbestätigung. Steueridentifikationsnummer.

»Haben Sie noch Fragen?« Die Beamtin grinst verkniffen, ihr scheint klar zu sein, dass weder Duc noch ich irgendeine Ahnung haben, was da auf uns zukommt.

In diesem Moment sehe ich, wie Duc eine Rolle Geld aus der

Tasche zieht. »Wir können das doch sicher auch anders lösen«, sagt er auf Vietnamesisch und schaut mich auffordernd an.

»Pack die Kohle weg, das ist Bestechung!«, zische ich ihn an.

Die Augen der Beamtin werden groß. »Versuchen Sie, mich gerade zu bestechen?!«

»Nein, nein«, sage ich schnell, »mein Cousin wollte Ihnen nur zeigen, wie das Geld aus unserem Heimatland aussieht.«

Sie zieht die Nase hoch. »Das will ich Ihnen aber auch geraten haben. Ansonsten sind Sie ganz schnell wieder weg.« Ihr Blick fällt auf mich. »Und Sie auch.«

Okay, jetzt werde ich sauer. »Tut mir leid, mich werden Sie nicht so schnell wieder los. Ich bin hier geboren.«

Die Beamtin kneift die Augen zusammen und fokussiert mich. Die Pforten der Hölle gehen quietschend ein Stückchen weiter auf. »Wie war doch gleich der Name?«

»Truong Tran«, antworte ich schnell und betone den Namen so Vietnamesisch, dass sie ihn unmöglich verstehen kann. Dann schnappe ich mir den Formularstapel, greife mit der anderen Hand nach Ducs Arm und ziehe ihn vom Stuhl. »Vielen Dank für Ihre Hilfe. Wir melden uns.« Und eile mit dem Cousin im Schlepptau davon.

Auf dem Flur lasse ich den Papierstapel in einen Mülleimer segeln. »Das gibt es ja wohl gar nicht. Wer ist bitte auf die Idee gekommen, Deutschland als Zuwanderungsland zu bezeichnen?« Ich schüttle den Kopf. »Da braucht man ja einen Universitätsabschluss, um die ganzen Papiere auszufüllen. Und mehr als drei Monate Zeit!«

Duc seufzt. »Und jetzt?«

Ich zucke mit den Schultern. »Dank deinem Visum darfst du 90 Tage in Deutschland bleiben. Und danach sehen wir weiter.«

In der darauffolgenden Woche spaziere ich mit Duc durch Berlin. Er ist immer noch überzeugt davon, dass er in Deutschland eine neue Heimat findet, und hat mich darum gebeten, ihm die wichtigsten Bauwerke zu zeigen und etwas über die deutsche Geschichte zu erzählen. Bemerkenswert, dass er damit ausgerechnet zu mir kommt. Aber er ist nicht davon abzubringen, dass er nach den drei Monaten einen Einbürgerungstest macht, um dem Staat zu zeigen, dass er es ernst meint. Ich habe mir den Mund fusselig geredet, dass es so nicht geht, zumindest nicht hierzulande, aber Duc ist wie alle Vietnamesen: zwanghaft optimistisch und völlig beratungsresistent.

Also laufen wir durch Berlin. Brandenburger Tor. Denkmal für die ermordeten Juden. Pergamonmuseum. Duc ist sehr beeindruckt, wie sauber es überall ist. Und wie gesittet der Verkehr abläuft. »Wo sind denn alle?«, fragt er immer wieder, weil er nicht glauben kann, dass in einer so großen Millionenstadt am helllichten Tag so wenig Menschen auf der Straße sind. Ich antworte: »Die arbeiten. Wirtschaftswunder, weißte Bescheid.« Und Duc macht große, staunende Augen.

Als wir uns auf einer Parkbank niederlassen und zwei Tauben dabei zusehen, wie sie in einer eingetrockneten Lache Erbrochenem nach etwas Essbaren picken, fragt mich Duc: »Was braucht man denn, um Deutscher zu werden?«

»Du meinst neben einer Milliarde Unterlagen?« Ich überlege. »Schlechte Laune. Die ist ganz wichtig. Einen Job, den du nicht leiden kannst. Einen Chef, der dreimal so viel verdient wie du und sich einen Scheiß für dich interessiert. Du musst immer übers Wetter meckern, zu heiß, zu kalt, zu nass, zu trocken. Und du brauchst viele Versicherungen.«

Duc nickt wie ein eifriger Schüler. »Kannst du mir beibringen, wie man Deutscher wird? Du bist doch schon so deutsch.«

Ich schaue ihn an. »ICH?!«

Er nickt entschieden. »Du gehst nur bei Grün über die Ampel. Du wirfst deinen Müll immer in den Mülleimer. Und du bist manchmal sehr unfreundlich zu den Leuten.«

»Ja, aber das ist Berlin, das ist noch mal was anderes«, verteidige ich mich und denke über seine Worte nach.

Bin ich wirklich so deutsch, wie Duc mich sieht? Vielleicht. Vermutlich. Ich bin hier geboren und aufgewachsen, spreche die Sprache besser als die meiner Eltern. Ich mache alles, was der typische Deutsche auch macht. Ich esse Rotkraut mit Klößen, gucke jeden Sonntag Tatort und kann Türken nicht leiden. Nein, das stimmt natürlich nicht. Ich gucke nie Tatort.

Andererseits: Ich habe mich in meinem Leben auch schon massiv undeutsch verhalten. Zum Beispiel, als ich Comedian wurde. Das war so völlig untypisch für die Mentalität in diesem Land, dass ich mich in diesem Moment wie ein Außerirdischer fühlte.

Ich kann bis heute nicht wirklich sagen, warum ich irgendwann keine Lust mehr hatte, in meinem Job als Personal Trainer zu arbeiten, den ich in der Zwischenzeit ergriffen hatte. Möglicherweise war es auch gar nicht so, dass mir der Job keinen Spaß mehr machte, sondern ich wollte einfach etwas Neues probieren. Am besten etwas, das nicht allzu kompliziert war, für das ich keine neue Sprache erlernen oder die Jogginghose ausziehen musste. Tja, viel blieb da nicht übrig. Eigentlich war die Auswahl sogar relativ überschaubar. Ich musste einfach Comedian werden.

Nun sollte um Himmels willen nicht jeder Mensch, dessen Freunde ihm regelmäßig sagen, dass er so wahnsinnig toll Witze erzählen, singen oder Rhönrad fahren kann, damit auch auf eine Bühne gehen, denn in den meisten Fällen endet das peinlich. Und natürlich rechnete auch ich vor meinem ersten Auftritt 2016 damit, mit faulen Eiern oder Tomaten beworfen zu werden – oder noch schlimmer, mit Stille bestraft. Ich war so unsicher in der Stunde vor meiner ersten Show, dass ich eigentlich gar nicht vom Klo runterkam. Das klingt nicht nur wahnsinnig unglamourös, das ist es auch, aber die Wahrheit ist: Auch ich habe eine Verdauung.

Irgendwann war es dann so weit, mein Name wurde aufgerufen, ich griff mit zitternder Hand nach dem Mikro, schloss innerlich mit meinem Leben ab und trat ins Scheinwerferlicht. Leise, beinahe flüsternd, begann ich, Anekdoten aus meinem Leben zu erzählen, hauptsächlich von meinem Vater. Der erste Lacher kam, als ich seinen Namen verriet. Dabei war das noch nicht mal die Pointe. Und das Publikum lachte noch mehr! Das war ... wow, was für ein Gefühl. Die lachten. Und klatschten sogar!

Alles klar. Ich hatte ein neues Ziel.

Die kommenden Monate hatten es richtig in sich. Ich bin ein bisschen bekloppt, aber geisteskrank bin ich nicht, weshalb ich meinen Job als Trainer erst mal behielt und die Comedy nebenberuflich machte. Zusätzlich zu drei Privatkunden die Woche. Das war ein ordentliches Pensum, aber wieder einmal konnte ich mich glücklich schätzen, von meinem Vater so getriezt worden zu sein. Ich nahm an Open Mics teil, trat auf kleinen Bühnen auf, und ein Jahr später flimmerte ich erstmals über die Mattscheibe. Ich glaube, halb Hanoi sah den Auftritt im NDR bei einer Talentshow für Comedians, denn natürlich sagte mein Vater ALLEN Bescheid. Sogar der Botschafter von Nord-Vietnam bekam eine schriftliche Einladung, obwohl die diplomatischen Beziehungen zwischen beiden Ländern seit Jahrzehnten, sagen wir, abgekühlt sind.

Niemand war überraschter als ich, dass ich bei dem Wettbewerb tatsächlich Zweiter wurde. Der Form halber möchte ich anmerken, dass es mehr als zwei Teilnehmer gab. »*Lutik*«, fand mein Vater die anderen, als wir uns ein paar Tage später die Aufzeichnung ansahen. Ich bin mir sicher, er verstand kein Wort von den Programmen der restlichen Kandidaten, vermutlich nicht mal von mir. Aber er brüllte vor Lachen, als ich auf die Bühne kam.

»Papa, ich hab doch noch gar nichts gesagt!«, rief ich empört.

»*Du sieh's lutik au! Dein Hose. Suu eng!*«, gab er wiehernd zurück, und ich bemühte mich, nicht eingeschnappt zu sein.

Doch ich vergaß meinen Unmut sehr schnell. Denn der Stolz im Gesicht meines Vaters war nicht zu übersehen. Während meines Auftritts schaute er immer wieder zu mir und blinzelte mit beiden Augen. Vermutlich, um die Tränen zurückzuhalten.

Die Begeisterung hielt aber nicht lang an. Mein Dad kapierte nämlich nicht, dass man ein Comedy-Programm nicht nur ein einziges Mal vor Publikum zum Besten gibt. Als er bei einem anderen Auftritt live dabei war, sagte er danach hinter der Bühne zu mir: »*Du brau neue Gesikte. Nik alte Gesikte erzählen. Is langweilik.*«

»Jo, Vadder«, brummte ich, denn eigentlich hatte ich auf ein Lob spekuliert. »Die Leute, die mich beim NDR gesehen haben, waren doch heute Abend gar nicht dabei!«

»*Dok*«, nickte er bestimmt. »Ik.« Dann fing er an, mir irgendwelche Anekdoten zu erzählen, die nicht nur eine Pointe schmerzlich vermissen ließen, sondern noch nicht einmal Sinn ergaben. Als er fertig war, schaute ich ihn an.

»Und wo ist der Witz?«

»*Ja, kan ik nik dein Arbei maken! Du lutik, haha. Aber so phao!*«

Es war für laaaange Zeit das letzte Mal, dass ich meinen Vater eines meiner Programme anschauen ließ.

Zum Glück fielen mir ohne die Ratschläge meines Alten noch ein paar andere Gags ein, die ich 2017 beim Nightwash Talent Award auf der Bühne des legendären Waschsalons bringen konnte. Und tatsächlich gewann ich das Ding, woraufhin einige Agenturen und Künstlermanagements auf mich zukamen. Das war überkrass, denn nun nahm die Karriere richtig Fahrt auf. Ich teilte mir bei Mixed-Shows die Bühne mit anderen Comedians und Kabarettisten und verdiente zum ersten Mal Geld mit meinem Programm. Sogar Anfahrt, Hotel und ein warmes Abendessen wurden bezahlt – es war einfach unglaublich, und ich fühlte mich wie ein richtiger Star. Wie Mariah Carey, nur ohne die Gewichtsschwankungen.

Kurz darauf setzte ich dann alles auf eine Karte, was wahlweise völlig bekloppt oder todesmutig war. Und halt auch massiv undeutsch und absolut wahnsinnig.

Doch ich war mutig und wagte den Sprung. Aus 30 Metern. Ins kalte Wasser. Nur 15 Zentimeter hoch.

Denn im März 2018 hatte noch keine Sau was von Covid-19 gehört. Auch ich nicht. Deshalb hielt ich es für eine Spitzenidee, meinen Job als Trainer im Fitnessstudio zu kündigen und mich fortan als Comedian auf der Bühne und als Content-Creator in den sozialen Medien zu verdingen.

Und alle Biodeutschen jetzt so: Waallah! Was hast du getan?! Bist du völlig irre?! Was ist mit Bausparvertrag und Versicherungen und private Altersvorsorge? Hattest du keine Angst, dass du damit voll auf die Fresse fliegst?

Ja, doch. Und trotzdem hab ich gekündigt und mich nur auf die Comedy fokussiert. Auf die Fresse bin ich trotzdem geflogen, denn diese verkackte Pandemie traf mich wie alle anderen völlig unvorbereitet. Weil ich erst seit zwei Jahren als Comedian unterwegs war, konnte ich leider auch nicht vor der Schließung der Grenzen in meine Luxusfinca auf Mallorca flüchten. Ich hatte keine Reichtümer, keine Rücklagen, keine Reserven, hatte wie die Grille, die den ganzen Sommer über musiziert, keine Vorräte für den Winter angelegt, und wie wir alle wissen, war der Corona-Winter 2020/21 seeeeehhhr lang.

Ich kann wirklich von Glück reden, dass ich mich so für den Feminismus und die Gleichberechtigung einsetze. Wäre ich so ein chauvinistisches Arschloch, wie manche denken, hätte ich niemals zugelassen, dass Laura drei Monate lang die Miete allein bezahlt und dafür sorgt, dass der Kühlschrank gefüllt ist. Als echter Frauenunterstützer hatte ich aber den Anstand, ihre Hilfe anzunehmen und auf dem Sofa zu einer dicken, deutschen Kartoffel zu werden: gleichberechtigt, leicht übergewichtig und immer am Jammern. Ich schäme mich nicht dafür, dass Laura in dieser Zeit für unseren Unterhalt sorgte.

Aber ein Tutty ist ja nicht dumm. Ein Tutty lässt sich immer was einfallen. Und wenn ich nicht nach draußen in die Welt konnte, konnte ich die Welt doch in mein Zuhause einladen.

Nein, ich habe NICHT mit Live-Sex vor der Kamera angefangen. Doch nicht mit der Wampe! Ich war viel cleverer: Ich streamte mich selbst beim Computerspielen. Tat ich doch eh die ganze Zeit, da konnte ich auch ein bisschen Kohle damit verdienen.

Allerdings nervten mich zwei Sachen: Erstens wollten einige Leute, dass ich ihnen andauernd Witze erzähle. Das fällt sogar mir morgens um fünf schwer, wenn ich seit elf Stunden vor dem PC sitze. Zweitens konnte ich nicht so beleidigend fluchen, wie ich es wollte, wenn mir die ganze Zeit Leute zuschauten.

Für mich hat es sich aber letzten Endes – trotz der Corona-Delle im Bankkonto – ausgezahlt, alles auf eine Karte zu setzen. Und das empfinde ich als nicht besonders deutsch.

»Hör mal, Duc«, sage ich zu meinem Cousin. Wir sitzen immer noch auf der Parkbank und glotzen ins Grüne. Dieser Amtsbesuch war wirklich anstrengend. »Wenn ich so darüber nachdenke, bin ich vermutlich doch nicht das beste Vorbild für einen richtigen Deutschen.«

»Doch, doch«, erwidert er und nickt fleißig. »Du kannst mir helfen.«

Ich seufze. Das ist doch echt hoffnungslos.

Er kapiert zum Beispiel nicht, warum er ohne Führerschein bei uns kein Auto fahren darf. »Aber ich fahre doch Roller in Vietnam!«, rief er bestürzt, als ich es ihm erklärte.

»Ja, aber OHNE Führerschein. Und außerdem nur auf zwei Rädern.«

»Ist schwerer«, meinte er ernsthaft.

»Duc. NEIN!«

So geht das die ganze Zeit. Wenn er sich wenigstens ein bisschen an die Regeln halten würde. Als ich ihn vor einigen Tagen mit meinem Ausweis Bücher in der Bibliothek ausleihen ließ, stellte er sich doch allen Ernstes mit einem Klapptisch von meinem Vater eine Straße weiter und verkaufte die Bücher. Entliehen auf meinen Namen! Wieder einmal kam ich in allerletzter Sekunde, denn aus der Ferne konnte ich bereits eine Frau vom Ordnungsamt sehen, die gerade Knöllchen an den parkenden Autos verteilte. Wenn die Duc in die Finger bekommen hätte, wäre er doch als Hehler hochgenommen worden! Denn ein Hehler verkauft gestohlene Ware.

»Wieso gestohlen? Ich habe sie in der Bücherei doch bekommen.«

»Zum Ausleihen!«

»Das ist auch ein Ausleihen. Ein etwas längeres Ausleihen.«

Es war zum Verzweifeln. Als er kurz darauf mit einer Penny-Tüte voller DVDs von der letzten Videothek Berlins zurückkam, ahnte ich Schreckliches.

»Wir haben über das Prinzip des Leihens gesprochen, Duc«, erinnerte ich ihn.

Er nickte mehrfach. »Ja, ja.« Dann zog er eine Hunderterrolle DVD-Rohlinge aus der Tasche und rief begeistert: »Aber ich kann die Filme ja einfach kopieren, dann ist es nicht geklaut!«

Ich schwöre, ich war kurz davor, mir in die Hand zu beißen. »Doch, das ist geklaut. Man nennt das Raubkopien.«

Duc sah mich einen Moment lang an, dann ließ er Tüte und Rohlinge auf den Tisch fallen und sank auf den Stuhl. »In Deutschland ist ALLES verboten. Alles. Wie soll man hier bitte Geld verdienen?«

Theoretisch konnte ich es ihm erklären. Man muss nur zu den oberen Zehntausend gehören und so viel Geld haben, dass man nicht weiß, wohin damit. Superreiche haben es in Deutschland sehr leicht, ihr Geld zu vermehren, und zwar ohne Steuern dafür zu bezahlen oder gar in den Knast zu müssen. Boris Becker und Uli Hoeneß sind unehrenvolle

Ausnahmen, die haben das System nicht verstanden. Der Sinn und Zweck von Steuersparmodellen besteht darin, die Steuer am Fiskus vorbeizumanövrieren, ohne sich dabei strafbar zu machen. Das geht, dafür gibt es sogar Berater. Aber ich bin ja nicht bescheuert und erzähle das meinem geschäftstüchtigen und ehrgeizigen Cousin. Wer weiß, auf welche Gedanken er dann noch kommt.

Er ist jetzt seit zwei Monaten in Deutschland und hat bereits gelernt, wie man die Pfandflaschen, die in Berlin an extra dafür vorgesehenen Halterungen an den öffentlichen Mülleimern stehen, zu Geld macht und wie man sich auf dem Supermarktparkplatz durch das Zurückbringen der Einkaufswagen etwas dazuverdient. Seitdem mein Vater ihn krankenversichert hat, geht er alle zwei Tage zum Arzt und lässt sich von oben bis unten durchchecken. Weil: Ist ja kostenlos. Und natürlich geht er mit der Mitgliedskarte meines Vaters nicht ins Fitnessstudio, um Hanteln zu stemmen, sondern um kostenlos duschen zu gehen. Übrigens genau wie mein Vater, der ist da nur angemeldet, weil er denkt, dass er Geld spart, wenn er statt zu Hause im Studio duschen geht. Vermutlich lässt Duc, genau wie mein Alter, mittlerweile nicht nur die Klopapierrollen mitgehen, sondern auch die kratzigen grünen Papierhandtücher aus dem Spender an der Wand, die bei meinem Vater daheim als Servietten verwendet werden.

Eines muss ich Duc lassen: Was seine Geschäftstüchtigkeit angeht, macht er keinem Deutschen was vor. Aber für die Einbürgerung ist das zu wenig. Genau genommen haben wir sogar ein bisschen Ärger wegen Ducs Geschäftstüchtigkeit bekommen. Das Ordnungsamt hat sich mittlerweile einen Parkausweis für die Straße vor dem Restaurant meines Vaters machen lassen, weil sie so oft vorbeikommen und Duc die Leviten lesen müssen. Ich weiß nicht, wie lange das noch gut geht. Am Ende kommt mein Cousin vielleicht sogar in den Knast. Dann kann er zwar in Deutschland bleiben, und vermutlich wird er im Gefängnis binnen einer Woche zum Schwarzmarktbaron aufsteigen, aber ich glaube nicht, dass es exakt das ist, was Duc sich vorgestellt hat, als er in das Flugzeug nach Berlin stieg.

Und dann fällt es mir plötzlich ein. Ich weiß nicht, warum mein Gehirn Knast und Ehe in einen logischen Zusammenhang bringt, ist sicher ein Zufall. Vor allem ist es aber *die* Idee.

»Ich hab's!«, rufe ich und springe von der Bank auf. »Du heiratest einfach. Dann darfst du bleiben.«

»Ja!«, jubelt Duc und hüpft aufgeregt auf einem Bein herum. »Eine Vietnamesin!«

Sofort werde ich ernst. »Eine Deutsche wäre besser.«

»Nein, das ist zu schwer. Ich will eine Vietnamesin.«

»Ich denke, du willst die deutsche Staatsbürgerschaft.«

»Kann ich auch beides haben?«

Ich seufze. »Klar. Und vielleicht noch eine Villa mit Pool im Garten und ein Tresor voller Geldmünzen.«

Er lässt sich wieder auf die Bank fallen. »Ich frage Philipp.«

»Hä? Wie soll Papa dir denn bei der Suche nach einer Frau helfen?«

Duc schaut mich an. »Na, der soll eine Ehe arrangieren.«

»Äh, ich sag es dir nicht gern, aber ...«

Er wirft die Hände in den Himmel. »Ist das etwa auch verboten?!«

Ich lasse mich wieder auf die Bank sinken. »Nicht verboten. Aber unter Vietnamesen hier auch nicht üblich. Mit einer Türkin würde es vielleicht gehen.«

Duc legt den Kopf schief. »Die haben Damenbart.«

»Ach, dann such dir doch selber eine!«, erwidere ich genervt. »Du hast ja nur noch vier Wochen Zeit. Viel Spaß dabei!«

»Okay.« Duc sieht entschlossen aus. »Wo?«

»Am besten auf Tinder.«

»Ist das ein Bezirk in Berlin?«

»Nein, das ist eine Dating-App.«

»Mit Karaoke?«

»Nein, mit Ficken.«

»Ich will nicht ficken. Ich will den deutschen Pass, damit ich arbeiten kann.«

Mein Gott, was bin ich froh, dass wir dieses Gespräch auf Vietnamesisch führen. Die Passantin, die gerade ihren Pudel an uns vorbeigeführt hat, würde bestimmt die Polizei anrufen, wenn sie verstünde, was wir da besprechen. Obwohl, in Berlin begegnet man ja an jeder Straßenecke einem Menschen, der im Selbstgespräch vor sich hin flucht oder dir Schimpfwörter hinterherwirft.

»Irgendwie habe ich mir Deutschland ganz anders vorgestellt«, gibt Duc zu. »Mit weniger Regeln. Und Verboten.«

»Ja, die gibt es hier wirklich«, sage ich seufzend.

»In Vietnam haben sie gesagt, geh nach Deutschland, da wirst du ein reicher Mann. Aber wie soll man reich werden, wenn man sein ganzes Geld an den Staat oder in Versicherungen steckt? Und überhaupt, wie soll man einen Job finden, wenn man nur damit beschäftigt ist, Anträge auszufüllen?«

Darauf habe ich auch keine Antwort.

Wir schlendern weiter und steigen in einen Bus. Als sich die Türen schließen, dreht sich ein Mann in blauer Jacke zu den Passagieren um und sagt: »Guten Tag, dies ist eine allgemeine Fahrscheinkontrolle. Bitte halten Sie Ihre Tickets bereit.«

»Hast du ein Ticket?«, frage ich Duc, ahne die Antwort jedoch schon.

»Für den Flug?«

»Für den Bus!«

»Nein. Ich brauche kein Ticket.«

»Doch, brauchst du.«

»Warte ab«, sagt Duc und zwinkert mir zu.

Der Kontrolleur kommt, ich zeige ihm mein Tagesticket, das ich am Morgen mit der App gekauft habe. Als er Duc zunickt, sagt der eiskalt: *»Ik nik doi.«* Und zwinkert mir zu.

Ich fasse es nicht, das ist meine Nummer!

Zehn Minuten und 60 Euro später habe ich feuchte Hände, das Herz klopft mir bis zum Hals. Ich bin für den Scheiß einfach nicht gemacht! Seitdem Duc in Deutschland ist, habe ich ständig das Gefühl, mit einem Bein im Knast zu sein. Das muss aufhören! Zum Glück fliegt er bald wieder zurück. Es ist ausgesprochen unwahrscheinlich, dass er in vier Wochen noch eine Frau findet, die ihn heiraten möchte. Sorry, aber ich war jahrelang Single, da wird mein Cousin, der einen Kopf kleiner ist als ich und etwa die Hälfte wiegt, doch wohl nicht in einem Monat vor den Altar treten.

Oder?

…

…

…

ODER?!

»Wat diese?«, fragt Duc in seinem gebrochenen Deutsch und tippt mit dem Finger gegen die verklebte Busscheibe. Wir fahren gerade durchs Regierungsviertel.

»Das ist der Deutsche Bundestag«, erkläre ich.

Duc dreht sich zu mir um. *»Oh, ik mokkte kukken. Ja?«*

Ich schnaufe, stöhne, verdrehe die Augen, aber es hilft nichts, wir steigen an der nächsten Station aus. Vor dem Eingang hat sich eine lange Schlange gebildet, und natürlich will Duc zielstrebig an ihr vorbei nach vorn drängeln. Ich halte ihn zurück.

»Wir warten. Wie alle anderen.«

»*Wa?*« Er schaut mich aus großen Augen an. Dann sieht er etwas im Hintergrund. Eine schwarze Limousine rauscht an, bremst, die Türen fliegen auf. Personenschützer steigen aus, öffnen die Tür zum Fond. Auftritt Gesundheitsminister.

Und: Auftritt Duc.

Er reckt den Arm, winkt damit in der Luft und ruft laut: »*Lauterbak! Lauterbak! Hiiiia drübe!!*«

Ich stürze mich auf Duc, halte ihm den Mund zu. »Bist du völlig irre? Du kannst doch nicht einfach den Gesundheitsminister anquatschen!«

»*Sjdkvneebema, sswmkgktucbd!*«, beschwert sich Duc, aber dank meiner Hand vor seinem Mund verstehe ich ihn nicht.

In dieser Sekunde merke ich, dass sich jemand in meinem Rücken nähert. Ich drehe mich um. Vor Schreck lasse ich meine Hand sinken. Da steht Karl Lauterbach. DER Karl Lauterbach.

»Phuc! Was für eine Überraschung. Ich wusste gar nicht, dass du nach Deutschland kommst.« Er macht eine Verbeugung wie bei den Japanern. Na, zum Glück ist er kein Außenminister.

»*Ja, ik wollte Doislan sehn*«, nuschelt Duc und schüttelt Lauterbach begeistert die Hand.

»Entschuldigung«, mische ich mich ein. »Woher kennt ihr euch?«

Der Gesundheitsminister schaut mich an. »Wir haben Geschäfte miteinander gemacht. Während der Pandemie.« Er gluckst. »Masken.«

Ach du heiliger Bimbam.

»*Du, Lauterbak*«, sagt Duc und beugt sich ein Stück nach vorn. »*Ik suk Abei.*«

»Wirklich?« Der Minister nickt. »Ja, dann lass dir mal einen Termin in meinem Büro geben. Meine Kontaktdaten hast du ja. Männer, die wissen, was ein gutes Geschäft ist, können wir immer brauchen. Die nächste Pandemie kommt bestimmt!« Er lacht jovial, Duc lacht mit, nur ich stehe da wie ein Idiot und verstehe die Welt nicht mehr.

Lauterbach geht davon, flankiert von zwei Schränken mit Knopf im Ohr, ich schaue ihm fassungslos hinterher.

Duc stubst mich an. »*Sie du. So mak man da.*« Und grinst.

Falls übrigens irgendjemand Zweifel am Ausgang dieser Geschichte hat, empfehle ich ihm noch mal die Gebrauchsanweisung für dieses Buch.

Quiz: Wie doi bist du?

Mal ehrlich, würdest du den Einbürgerungstest der Bundesrepublik Deutschland bestehen? Finde es heraus! (Kein Scheiß man, das sind fünf Fragen aus dem echten Test – ich bin so froh, dass ich in Berlin geboren wurde ...)

Frage 1: Wer bildet den deutschen Bundesrat?

a. die Parteimitglieder.
b. die Regierungsvertreter der Bundesländer.
c. die Minister und Ministerinnen der Bundesregierung.
d. die Abgeordneten des Bundestages.

Frage 2: Die deutschen Bundesländer wirken an der Gesetzgebung des Bundes mit durch ...

a. den Bundesrat.
b. den Bundestag.
c. die Bundesversammlung.
d. die Bundesregierung.

Frage 3: Was ereignete sich am 17. Juni 1953 in der DDR?

a. Der erste Besuch Fidel Castros.
b. Landesweite Streiks und ein Volksaufstand.
c. Der 1. SED-Parteitag.
d. Der feierliche Beitritt zum Warschauer Pakt.

Frage 4: Was gehört in Deutschland nicht zur Exekutive?

a. Gerichte
b. Finanzamt
c. Ministerien
d. Polizei

Frage 5: Welcher Politiker steht für die »Ostverträge«?

a. Ludwig Erhard
b. Michail Gorbatschow
c. Willy Brandt
d. Helmut Kohl

5 Fernost trifft Ostdeutschland: Ein Vietnamese bei den Sachsen

Obwohl ich in Deutschland geboren bin, genauer gesagt in Berlin, dauerte es viele Jahre, ehe ich zum ersten Mal in die »neuen« Bundesländer fuhr. Ehrlich gesagt finde ich die Bezeichnung ziemlich irreführend, denn die Wiedervereinigung ist mehr als 30 Jahre her, und »neu« ist an Sachsen-Anhalt, Mecklenburg-Vorpommern, Thüringen, Brandenburg und Sachsen nun wahrlich nicht besonders viel. Mittlerweile kenne ich fast jede Milchkanne in Ostdeutschland, weil mich meine Touren nicht nur in die entlegensten, sondern auch in die dunkelsten Ecken der Republik führen, wo Rassismus zwar angeblich klein, aber immer noch mit SS geschrieben wird.

Aber vor einigen Jahren, als ich noch ein unwissendes Reiskörnchen war, war die ehemalige DDR für mich eine »Terra incognita«. Deswegen fühlte ich mich ein bisschen wie Christoph Kolumbus, als Laura mich eines Tages fragte, ob wir nach Dresden fahren wollten, um ihre Familie zu besuchen.

Wir waren erst seit ein paar Monaten zusammen. Und Familienbesuche sind ja sowieso immer so eine Sache. Familienbesuche bei der neuen Freundin haben allerdings einen ganz besonderen Thrill, und Familienbesuche bei der neuen Freundin in einem Landstrich, der für Fremdenfeindlichkeit und AfD-Parolen bekannt ist, vor allem dann, wenn man OFFENSICHTLICH kein Biodeutscher ist … Ich sag mal so, ich musste am Abreisetag sehr häufig auf die Toilette. Blöderweise hatte ich auch relativ wenig Erfahrung darin, wie man sich bei den Eltern beziehungsweise der ganzen Sippe seiner Herzdame präsentiert. Auch deshalb, weil ich in meinem bisherigen Leben darauf geachtet hatte, es nie so weit kommen zu lassen.

Umgekehrt galt das genauso. Viele Jahre lang hatte ich keine Freundin mit nach Hause gebracht. Dabei lag das nicht an meinen damaligen Freundinnen. Sondern an meinem Vater.

Das hat mit einem Ereignis zu tun, das ich nicht meinem schlimmsten Feind wünsche. Als ich 15 war, hatte ich meine erste Freundin, und natürlich taten wir das, was alle Jugendlichen in diesem Hormonstadium tun: Wir bumsten. Weil wir kein Geld für ein Hotelzimmer hatten und es schlecht in einer Telefonzelle treiben konnten, immerhin hatte keiner von uns so recht Ahnung, an welchen Schrauben wir drehen mussten und was passierte, wenn man welche Körperteile in welche Öffnungen reinsteckte, mussten wir es zu Hause tun. Und da sie sich ein Zimmer mit ihrer Schwester teilte, gingen wir eben zu mir.

Eigentlich eine sicherere Sache. Mein Vater arbeitete ja 20 Stunden am Tag. Wie wahrscheinlich war es also, dass er just in dem Augenblick nach Hause kam, wenn wir gerade im Maschinenraum zugange waren? Ja, aus heutiger Sicht ist die Sache natürlich klar. Eltern kommen *immer* dann nach Hause, wenn man sie am wenigsten braucht. Nur wusste ich das damals noch nicht.

Meine damalige Freundin und ich waren also gerade so richtig schön bei der Sache, und als wir fertig waren, wollte ich ins Bad. Ich öffnete meine Zimmertür und blieb wie vom Blitz getroffen stehen. Denn direkt vor meinem Zimmer saß mein Vater auf einem Barhocker und zog ein griesgrämiges Gesicht wie ein schlechtgelaunter Türsteher.

Mir rutschte das Herz in die Hose, die ich leider noch nicht wieder angezogen hatte. Peinlich berührt bedeckte ich den Star der letzten Minuten und keuchte: »Papa. Was geht?«

Er verschränkte die Arme vor der Brust. »*Wat geh? Wat geh? Du mak bumbum in mei hau, ja?*«

Ich sah an meinem nackten Körper hinunter. Leugnen war vermutlich zwecklos. »Na jaaaa«, setzte ich zu einer Erklärung an.

Mein Vater sprang vom Stuhl. »*Wenn du nok mal mak bumbum in mei hau, ik nehm dei kopp und mak bumbum au bode. O.k.?*«

Ich sag es, wie es ist: Eine solche Erfahrung will man nie wieder haben. Aus diesem Grund brachte ich jahrelang keine Freundin mehr nach Hause. Nicht mal, als ich irgendwann meine eigene Bude hatte. Das Risiko, dass mein Vater mich postkoital zur Rede stellte, wäre mir auch in einer anderen Wohnung, in einem anderen Viertel, sogar auf einem anderen Planeten zu groß gewesen.

Aber nun war ich mit Laura zusammen, meiner absoluten Traumfrau. Irgendwann musste ich ihr also meine Familie vorstellen ... und ihre kennenlernen.

Warum ich zögerte? Nicht weil mein Vater eben mein Vater ist und ich Sorge hatte, er würde mich in Grund und Boden blamieren. Und nein, auch die Tatsache, dass Lauras Familie aus Sachsen kam und die Sache mit der Willkommenskultur, nun ja, möglicherweise ein wenig anders sah als die Berliner, ließ mich nicht hadern. Nein, es war ein ganz anderer Grund.

Laura ist sehr hübsch. Vor allem: zu hübsch für mich. Wir lernten uns über Instagram kennen. Zufällig bekam ich eine

Story von ihr in meinen Feed gespült. Sie hatte ein Video von sich an einem herrlichen Strand gepostet, für den ich aber kaum Augen hatte. Denn sie trug einen Bikini, und zwar keinen von der textilreichen Sorte. Diese Frau musste ich kennenlernen! Aber wie? Mir war ja klar, dass sie 3000 Nachrichten auf so ein Video bekam, so heiß wie sie aussah. Wie also konnte ich mich von den sabbernden, geifernden anderen Kerlen absetzen?

Genau: Ich machte einen auf superschlau.

Hey, schöner Strand! Wo genau ist das?, schrieb ich ihr in einer Nachricht. Als ob ich Urlaubstipps von ihr haben wollte. Lächerlich eigentlich.

Zu meinem größten Erstaunen antwortete sie mir jedoch: *Das ist auf Mallorca.*

Berühmte erste Sätze. Damit können wir in die Hall of Fame der romantischsten Liebesgeschichten eingehen, ich weiß. Romeo und Julia, Susi und Strolch – Laura und Tutty. Unseren Kindern müssen wir eine andere Geschichte erzählen.

Nach so einem spektakulären Anfang konnte es natürlich erst mal nicht weitergehen. Was ich damals nicht wusste: Laura war zu diesem Zeitpunkt in einer Beziehung. Deswegen antwortete sie höflich, aber knapp, was mich selbstredend erst einmal verunsicherte. Denn was, um Gottes willen, sollte ich auf ihre Antwort entgegnen? Wie ein Gespräch beginnen?

Ich war auch schon mal auf Mallorca? Lame.

Hast du dich gut eingecremt? Unmöglich.

Darf ich deine Melonen …? NEIN.

Ich ließ die Sache ruhen. Erst Monate später reagierte ich wieder auf eine Story und schrieb Laura ein weiteres Mal an. Und ehe ich michs versah, waren wir in ein Gespräch verwickelt. Dann hatten wir ein Date – und zack, der Rest ist Geschichte.

Obwohl ich damals nicht glauben konnte, dass sich eine Frau wie Laura wirklich für mich interessiert. Ehrlich gesagt rechnete ich in den ersten Tagen unserer Beziehung andauernd damit, dass sie mich abserviert.

Ich war übrigens nicht der Einzige, der fand, dass wir optisch nicht in derselben Liga spielten. Wenn wir durch die Stadt bummelten und Händchen hielten, blieben die Passanten stehen, um uns nachzusehen. Ich sah ihre Blicke und wusste, was sie dachten: »Entweder ist der Typ stinkreich, oder er macht ihr die Nägel umsonst.«

»Du bist zu hübsch für mich«, gab ich irgendwann zu. »Was willst du von einem Vogel wie mir? Ich bin nicht mal ein richtiger Deutscher.«

Aber Laura lachte nur und sagte: »Halt die Klappe, mein Reiskörnchen, und lackier weiter.«

Heute komme ich gut damit klar, dass meine Freundin so eine heiße Braut ist. Doch damals, als sie mich ihrer Familie vorstellen wollte, lief mir richtig das Arschwasser.

»Was meinst du, wie reagieren sie, wenn sie sehen, dass ich Vietnamese bin?«

»Mach dir keine Sorgen. Ich war vor dir mit einem Brasilianer, einem Albaner, einem Afrikaner und einem Russen zusammen.«

»Schatz, du hast die halbe UNO gefickt«, stammelte ich fassungslos.

Sie nickte ernst. »Mein Beitrag zur Völkerverständigung. Gerade wenn man aus Sachsen kommt, muss man ja einiges aufarbeiten. Und jetzt ist eben Asien dran.«

Okay, das war immerhin eine kleine Sache, die mich beruhigte: Ihre Familie war weitaus Schlimmeres gewöhnt. Vermutlich würden sie mich also nicht mit dem ausgestreckten rechten Arm begrüßen. Und sie kannten ja ihre Laura, eine echte Süßkartoffel. So nennt man Deutsche, die sich mit Migranten verbünden und gegen Rassismus einsetzen.*

Apropos gegen Rassismus einsetzen, da fällt mir eine Geschichte ein. Einmal hatte ich einen One-Night-Stand. Ich war in einem Club, die Nacht war lang, der Alkohol floss in Strömen, und wie das bei Männern so üblich ist, marschierte ich kurz vor dem Nachhausegehen noch einmal auf die Tanzfläche, um zu schauen, was auf Rudis Resterampe so zu finden war. Eine junge Frau tanzte vor sich hin, die sah nicht schlecht aus und schien auch nicht so besoffen, dass sie das Taxi vollkotzen würde. Also kramte ich meine Killer-Dancemoves raus und wanzte mich an sie ran. Zu meiner größten Freude ging sie auf meinen Versuch ein. Ich erspare allen mal die peinlichen Details meines Balzverhaltens, das Ende vom Lied war, dass wir bei ihr im Bett landeten. Im Zimmer war es zappenduster, und ehrlich gesagt hatte ich, auch aufgrund des Alkoholpegels, Schwierigkeiten, mich zu orientieren. Damit meine ich übrigens nicht im Zimmer.

»Kannst du vielleicht ein Licht anmachen?«, lallte ich ihr mit Bierfahne ins Ohr.

Sie gluckste irgendwas, streckte den Arm aus und klickte die Nachttischlampe an. Und dann sah ich es. Die Braut, die ich abgeschleppt hatte, war von oben bis unten mit Tätowierungen verziert. Ich habe nichts gegen Tattoos, im Gegenteil,

* Das denke ich mir nicht aus, der Begriff wurde vom Autor Mohamed Amjahid in seinem Buch »Der weiße Fleck« geprägt.

ich habe selbst welche, und wenn sie gut gemacht sind und zur Person passen, finde ich sie äußerst ästhetisch. Es kommt halt immer auf die Motive an.

In diesem Fall: germanische Schriftzüge und ein Hakenkreuz.

Ein Hakenkreuz?! Ich fiel vor Schreck fast aus dem Bett. Auf jeden Fall war der Ofen erst mal aus, wenn ihr versteht, was ich meine.

»Is was?«, fragte sie.

»Na ja«, erwiderte ich. »Du, äh ... ich will dir nicht zu nahe treten, aber ist dir zufällig entgangen, dass ich Vietnamese bin?« Ich zeigte auf meine Augen.

»Mach dich locker. Ich hasse zwar Döner, aber ich liebe Chinapfanne.«

Ich blinzelte. Was war denn das für eine Aussage?

Sie seufzte. »Was ist jetzt, machen wir weiter oder nicht?«

Ich zögerte. Einerseits konnte ich es nicht mit meinem Gewissen vereinbaren, eine Nazibraut zu vögeln. Andererseits wollte ich auch nicht intolerant sein. Auch braune Babes haben ein Recht auf freie Liebe!

Als die Sache beendet war, fragte sie: »Warum hast du denn jetzt doch Sex mit mir gehabt?«

Ich antwortete mit einem Seufzen: »Du kannst ja nichts dafür, dass dein Geist vergiftet ist. Du bist eine Bedrohung für unsere Gesellschaft. Und ich habe das einzig Richtige getan.«

Sie schaute mich an, als wäre ich gerade aus einem UFO gestiegen. »Und das wäre?«

»Ich habe Rassismus gefickt.«

Okay, vielleicht hab ich mir die Story auch nur ausgedacht. Als ich Laura irgendwann davon erzählte, lachte sie schallend laut. Ich erwähnte es bereits, wir haben denselben Humor –

zum Glück. Ich könnte nicht mit so einer spaßbefreiten Dörte zusammen sein, die mir ständig Vorträge hält. Laura hingegen lacht nicht nur über meine Witze, sie macht sich selbst ständig über mich lustig. Als ich einmal meinen Wohnungsschlüssel verlor und zu Hause an der Tür klingelte, sagte sie knallhart zu mir: »Wir kaufen nichts von Ausländern!«, und ließ mich im Regen stehen.

DAS ist wahre Liebe, Leute.

Weil ich Laura eben genauso sehr liebe wie sie mich, machten wir uns auf den Weg nach Dresden. Es war ein Samstagmorgen irgendwo in der Niederlausitz, wir waren früh aufgebrochen und fuhren nach zwei Stunden auf eine Autobahnraststätte, weil sich Bedürfnisse aus dem Untergeschoss angemeldet hatten. Weil die Bedürfnisse schon relativ dringend waren (ich erwähnte es bereits, ich war SEHR nervös) und der Parkplatz völlig verlassen, entschied ich mich für ein temporäres Ordnungsvergehen: Ich stellte die Karre nicht auf dem Behinderten- und nicht auf dem Familienstellplatz ab. Auch nicht auf dem für Frauen, obwohl ich eine dabeihatte. Sondern auf einen der acht verwaisten Parkplätze, die für E-Autos reserviert waren. Mit meinem Sportwagen. Der Benzin tankt. Dann flitzten wir rein und erledigten, was wir zu erledigten hatten.

Als wir wieder nach draußen kamen, hatte ein anderes Auto auf einem der Behindertenparkplätze nebendran geparkt. Die Besitzer standen davor. Beide konnte ich schon von weitem als Rentner identifizieren, denn sie trugen die obligatorischen Beige-, Greige- und Grautöne und außerdem verkniffene Mienen zur Schau. Mit diesen starrten sie auf mein Auto. Das auf dem E-Auto-Parkplatz. Für sage und schreibe vier Minuten. Genug, um Anlass zum Meckern zu geben.

Während wir also auf die beiden zugingen, die da neben meiner Karre standen und uns missmutig anstierten, sagte Laura, ganz die Feministin: »Ich regle das.« Dann ging sie auf das Griesgram-Pärchen zu und fragte lächelnd: »Gibt es irgendein Problem?«

Der Alte blinzelte sie an. »Das ist kein Parkplatz für so ein Auto wie Ihres! Sie dürfen hier nicht parken.«

»Das stimmt«, erwiderte Laura freundlich. »Aber wir nehmen den Parkplatz ja gerade niemandem weg, und es war wirklich dringend, wenn Sie verstehen, was ich meine.«

»Eine Sauerei ist das!«, meckerte die Frau weiter, als ob sie Laura nicht gehört hätte. »Wenn sich alle so verhalten würden, ja, wo kämen wir denn da hin?« Sie machte einen Schritt nach vorn, streckte den Zeigefinger aus und sagte in Lauras Richtung: »Anzeigen sollte man Sie!«

Ich bin ein sehr geduldiger Mensch. Aber beim ausgestreckten Zeigefinger verliere ich die Fassung.

»Jetzt beruhigen Sie sich mal«, setzte ich zu einer Beschwichtigung an.

In diesem Moment drehte sich der Mann zu mir um und schrie mir ins Gesicht: »Und du halt's Maul, du Scheiß-Japse!« Damit drehte sich das Paar weg, stieg in sein Auto ein und brauste vom Behindertenparkplatz.

»Wenigstens geparkt haben sie richtig«, sagte Laura trocken.

Das war also dieses Sachsen, von dem sie immer alle sprachen. Nach dem Vorfall an der Raststätte war ich so verunsichert, dass Laura weiterfahren musste, während ich mich auf dem Beifahrersitz zusammenrollte und mir die schrecklichsten Szenarien ausmalte. Als Laura die Autobahnabfahrt nahm und meinte, dass es nur noch zehn Minuten bis zu ihren Eltern dauere, fing ich vor Angst zu zittern an.

»Und du bist dir wirklich sicher, dass sie kein bisschen fremdenfeindlich sind?«, wimmerte ich und knabberte nervös an meinen Nägeln.

Sie sah mich mit einem strafenden Blick an. »Mach dir keine Sorgen. Ich habe ihnen gesagt, dass du ein ganz Lieber bist.« Dann fügte sie mit einem süffisanten Lächeln hinzu: »Meine Mutter war sogar überrascht.«

»Überrascht?«

»Ja. Ich habe noch nie einen Mann mit einem deutschen Namen mitgebracht.«

»Deutscher Name?!«

»Na ja. Du heißt doch Thomas, oder?«

»Wir sind da«, sagte Laura ein paar Minuten später, zog die Handbremse und stellte den Motor ab. »Ach, und da ist ja auch schon mein Vater!«

Ich riss die Augen auf, soweit es anatomisch möglich war, und fing mit der Schnappatmung an. Laura war schon aus dem Auto raus und ging auf zwei Männer zu, die sie in die Arme schlossen. Dann guckten alle in meine Richtung.

Die Stirn von Lauras Vater war in Falten gelegt. Der Blick des jungen Mannes neben ihm war prüfend. Es war offensichtlich: Unter einem »Thomas« hatten sie sich etwas anderes vorgestellt.

Ich kroch vielmehr aus dem Wagen, als dass ich ausstieg, und ging mit vorsichtigen Schritten auf die drei zu. »H-h-h-al-l-o«, stotterte ich und hob verunsichert die Hand zum Gruß.

»Tach«, sagte Lauras Vater und nickte mir zu.

»Hi«, begrüßte mich der junge Mann daneben, offenbar ihr Bruder. Er musterte mich eindringlich. Seine Augen bohrten sich in mein zartes Gesichtsfleisch. Schließlich nickte er mir zu. »Ich kenn deine Videos.«

So eine Aussage kann der Anfang einer wunderbaren Freundschaft oder das Ende einer vielversprechenden Liebesbeziehung werden. Immerhin meinte Lauras Bruder meine Facebook-Clips und erkannte mich nicht von irgendeinem Asia-Porn wieder. Das war doch schon mal ein guter Anfang. Aber warum war dann die Stimmung so beschissen?

»Die haben Streit«, flüsterte mir Laura zu, während Vater und Sohn weiterdiskutierten und mich einfach zu vergessen schienen. »Tut mir echt leid, Tutty, normalerweise sind die ganz verträglich.«

»Streit? Meinetwegen?«, hauchte ich zurück.

»Quatsch! Ist eine Familienkiste«, erklärte Laura.

»Es hat wirklich nichts mit mir zu tun?« Ich hätte am liebsten den Boden geküsst.

»Wie oft denn noch? Denen ist es völlig egal, wo du herkommst!«, sagte Laura, schüttelte den Kopf und ging auf das Wohnhaus im Hintergrund zu.

»Und ich hab mir schon Sorgen um Laura gemacht!«, rief ihre Mutter und zog mich lachend in eine Umarmung.

»Sorgen?«

»Als sie plötzlich mit einem Thomas ankam. Da dachte ich mir: Was will meine Tochter mit einem Deutschen?« Sie zwinkerte mir zu. »Ist ja gerade noch einmal gutgegangen. Kommt rein, kommt rein. Ruslan ist auch gerade da.«

»Oh«, meinte Laura nur.

»Dein Exfreund?«, stammelte ich.

Man muss wissen, dass Ruslan, Lauras Exfreund, nicht nur ein IT-Genie ist, sondern auch viele Jahre beim Militär war. Wenn man mit einer Frau zusammenkommt, hofft man ja immer, dass alle Männer vor einem Waschlappen sind, zumindest aber nicht viel draufhaben, damit man selbst in einem besseren Licht dasteht und sich profilieren kann. Bei einem russischen Exmilitär ist das, nun ja, schwierig. Wenn er dazu auch ein Jahr nach der Trennung im Haus deiner Schwiegereltern in spe ein und aus geht, weil er die Handys aller Familienmitglieder updatet, Laptops aufsetzt oder auch mal das Internet neu einrichtet, wird es unweigerlich schwerer, sich dem Vergleich zu stellen. Ich hatte nie ein Bild von Ruslan gesehen, ihn mir immer nur in Gedanken ausgemalt. In meiner Vorstellung war er ein Schrank von einem Mann mit ausrasiertem Nacken und Armen so dick wie mein Oberschenkel, der mir zur Begrüßung die vordere Zahnreihe mit einem gezielten Handkantenschlag absäbelte.

Aber dann kam alles anders. Ich betrat das Wohnzimmer. Ein junger Typ erhob sich lächelnd vom Sofa. Mich traf beinahe der Schlag. »Der sieht ja aus wie ich!«, polterte es aus mir heraus, während ich Ruslan anglotzte wie das siebte Weltwunder. Vor allem seine Haut, die fast denselben Ton wie meine hatte, und seine Augen. »Du hast Schlitzaugen«, stellte ich wenig einfallsreich fest.

Ruslan grinste. »Meine Mutter kommt aus Kasachstan.«

»Du heißt Ruslan!«, erwiderte ich empört.

»Und wie war dein Name doch gleich?« Er grinste immer noch.

Ich räusperte mich. »T-t-thomas. Aber alle nennen mich Tutty.«

»Na, wenn das geklärt ist, können wir doch langsam mal den Grill anschmeißen, oder?«, schlug Lauras Mutter vor und drückte Ruslan und mich aufs Sofa zurück.

»Ja, äh, ne, ich bin hier eigentlich fertig«, wand sich Lauras Exfreund aus der Nummer raus, wofür ich ihm heute noch sehr dankbar bin. »Und ich hab auch noch was vor.« Er klappte den Laptop zu, vor dem er gesessen hatte, und verabschiedete sich von allen. Auch von mir mit einem festen Händedruck. »Mach's gut«, sagte er, aber es klang vielmehr nach: »Viel Glück.«

Offenbar wusste er, wovon er sprach. Denn kaum dass Ruslan gegangen war und der Rest der Familie am Tisch Platz genommen hatte, wurde die hitzige Diskussion zwischen Lauras Bruder und ihrem Vater weitergeführt. Lauras Mutter versuchte zu schlichten, machte es aber nur noch schlimmer. Und Laura hockte dazwischen, bat ihre Familie, es doch bitte endlich gut sein zu lassen, und entschuldigte sich im Minutentakt bei mir. Ich selbst wusste überhaupt nicht mehr, was ich machen sollte, und zerquetschte die Pellkartoffeln mit der Gabel auf meinem Teller zu Brei.

Endlich verstand ich, wie Laura sich vor einigen Wochen gefühlt hatte, als sie meiner Family zum ersten Mal begegnet war – aus Versehen. Denn eigentlich hatte ich nur einen Abstecher mit ihr in den Laden meines Vater machen wollen. Es war Hochsommer, brütend heiß, kurz nach dem Mittag. Laura hatte ein Paar superkurze Hotpants und ein bauchfreies Top an, wir betraten das Restaurant und stolperten in eine inoffizielle Familienfeier. Tanten, Onkel, Cousins, entfernte Verwandte, Menschen, die ich noch nie gesehen hatte: Alle saßen auf der Terrasse. Die Gespräche verstummten schlagartig, als ich an den Tisch trat, und ein gutes Dutzend Vietnamesen starrte die halbnackte Frau an meiner Seite an. Die halbnackte Frau, deren Körper mit Tätowierungen übersät ist. Was in Berlin zum guten Ton gehört, in Vietnam aber für ein bestimmtes Klientel steht. Vorrangig Prostituierte, Kriminelle und Drogendealer. Tattoos sind in der Heimat meiner Familie also Unterschichtenbemalung. Und ich brachte gerade eine Frau mit, deren Haut mit diesen Asi-Stickern überzogen war.

»Das ist Laura«, stellte ich sie vor. »Meine Freundin.«

Es war so still, man hätte ein Reiskorn fallen hören können. Laura klappte die Kinnlade runter. So leise, dass nur ich sie verstehen konnte, hauchte sie: »Ist das deine *ganze* Familie?«

Ich nickte knapp.

»Wieso hast du mir nicht gesagt, dass die alle da sein werden?«, fragte sie mich und klang ehrlich verzweifelt.

»Ich wusste es nicht«, erwiderte ich durch halbgeschlossene Lippen wie ein Handpuppenspieler und zog ihr einen Stuhl heran. Dann platzierte ich sie zwischen einer Tante und irgendeiner anderen Frau, mit der ich vermutlich auch verwandt war.

Die Gespräche setzten wieder ein, die Familie tat, als wäre nichts passiert. Vor allem tat die Familie, als wäre Laura gar nicht anwesend. Sie unterhielten sich angeregt auf Vietnamesisch, weshalb Laura vom Gespräch unglücklicherweise nicht viel mitbekam. Denn kaum eine der Personen am Tisch war in der Lage, Deutsch zu sprechen, obwohl alle seit Jahren in Deutschland lebten. Insofern war es nicht viel anders, als wenn man sich eine Freundin aus Sachsen sucht. Da versteht man als Zugezogener oder Gast ja auch kein Wort.

Als wir nach einer halben Stunde, in der Laura stoisch lächelnd geschwiegen hatte, endlich weiterzogen, brach sie vor der Tür des Restaurants in Tränen aus.

»Ich habe mich furchtbar gefühlt! Und dann habe ich auch noch diese Klamotten angehabt«, schluchzte sie und zeigte auf ihren nackten Bauch. »Wenn ich das gewusst hätte, hätte ich mir was Richtiges angezogen!«

»Schatz, du hast nur so Nuttenfummel mit Ausschnitt und halber Arschbacke im Freien. Ich liebe dich so.«

Und bei Gott, das tat ich wirklich.

»Es war so schrecklich! Die hassen mich alle!«, weinte sie weiter.

»Stimmt nicht. Mein Vater liebt dich«, gab ich zu bedenken und log damit noch nicht einmal. Ein paar Tage zuvor hatte mein Vater Laura nämlich kennengelernt. Laura war direkt von der Arbeit gekommen und hatte noch ihre Arbeitskleidung an. Und weil sie damals einen Job als Disney-Prinzessin Elsa aus dem Animationsfilm »Frozen« hatte, kam sie eben im hellblauen Reifrockkleid und mit blondem geflochtenem Zopf über der Schulter. Es dauerte keine drei Minuten, da sagte mein Vater mit zitternder Stimme zu Laura: »*Ik liebe dik!*« Dabei war sie nicht mal als Mulan aufgekreuzt.

Dass Laura in diesem Aufzug zum ersten Aufeinandertreffen erschien, verwirrte meinen Vater übrigens nachhaltig. Ganze drei Jahre lang war er nicht in der Lage, sich ihren Namen zu merken. Das »*Ik liebe dik!*« war ihm leicht über die Lippen gegangen – aber wie meine Freundin hieß? Es geschah nicht nur einmal, dass wir alle am Tisch saßen und Laura gerade etwas erzählte, und mein Vater raunte mir auf Vietnamesisch zu: »Wie heißt sie noch mal?« Weil ich mich weigerte, darauf zu antworten (Laura hätte die Antwort ja mitbekommen!), verlieh er ihr einfach Namen, die er für passend erachtete: Marie, Lara, Sophie. Gute, deutsche Namen für blonde, deutsche Mädels. Das ist die asiatische Variante der Ignoranz, alle Menschen mit Schlitzaugen Ching, Chang oder Chong zu nennen.

»*Du kan imma kom, u i kok fü dik!*«, schlug er ihr am Ende des ersten Treffens vor. »*Ru du an, un i kok fü dik, wa du mag.*«

»Oh, das ist ja toll«, sagte Laura überrascht. »Ich liebe vietnamesisches Essen.«

Mein Vater nickte stolz.

»Wow, Papa, das ist wirklich lieb von dir«, erwiderte ich. »Da kommen wir bestimmt mal drauf zurück.«

Er hob den Zeigefinger. »*Nei, nei. Nik du. Nur Linda!*«

Ich bin mir sicher, es wäre egal gewesen, welches Prinzessinnenkleid *ich* beim ersten Treffen mit Lauras Familie getragen hätte oder mit welchem altehrwürdigen Namen aus der Nibelungensage ich um die Ecke gekommen wäre: Sie hätten mich trotzdem wie Luft behandelt.

»Hey, Leute, wollen wir für eine halbe Stunde mal so tun, als wären wir eine ganz normale Familie?«, bat Laura in diesem Moment. »Wir haben Besuch.«

Ehrlich, ich hatte gar nichts dagegen, dass Lauras Familie mit sich selbst beschäftigt war. In diesem Augenblick wurde mir nämlich klar, dass einige andere Typen aufgestanden wären und gesagt hätten: »Sorry, Leute, ich hab noch was in Berlin vergessen.« Vermutlich hätte das auch niemand gemerkt, aber es geht ja um die Geste.

Ich aber blieb, stopfte mich mit Kartoffeln voll und wurde von Minute zu Minute selbstbewusster. Immerhin war ich mir nun sicher, dass unsere Familien sich verstehen würden. Käme es jemals zu einem Treffen, sie würden sich nicht die

Bohne füreinander interessieren, sondern sich einfach weiter in ihrer jeweiligen Muttersprache streiten.

Wenn man in eine fremde Kultur eindringt, soll man sich ja Mühe geben, sich den hiesigen Traditionen anzupassen. In Lauras Familie treffen sich beispielsweise alle an Ostern im Schrebergarten der Mutter und verstecken ihre Geschenke für die anderen an den unmöglichsten Stellen: in der Regenrinne, hoch oben im Baum, in einem Ameisenhaufen und so weiter. Meistens sucht die ganze Belegschaft mehrere Stunden, es ist eine Riesengaudi, und wer sein Geschenk am besten versteckt hat, wird von den anderen gefeiert.

Natürlich wollte ich bei meinem ersten Osterfest mit Lauras Familie, das ich etwa ein Dreivierteljahr nach dem Kennenlernen mitfeiern durfte, einen guten Eindruck hinterlassen. Und natürlich übertrieb ich es maßlos.

In der Nacht, bevor wir uns am Schrebergarten treffen wollten, fuhr ich nämlich heimlich hin und verbuddelte die Geschenke in der Erde. Nun muss man wissen, dass dieser Garten sehr groß ist. Und mein Gedächtnis sehr schlecht. Was dazu führte, dass wir kein einziges Geschenk mehr wiederfanden, auch weil ich mich an keine Stelle mehr erinnern konnte, wo ich die Grassoden ausgehoben, ein Loch gegraben und die Geschenke versteckt hatte. Ich war wie ein verfluchtes Eichhörnchen, das die Verstecke seiner Nüsse verbummelt hatte!

Irgendwann kam Lauras Vater mit einem Metalldetektor um die Ecke. Damit und mit einer Wünschelrute von Laura liefen wir die Quadranten ab – bis es plötzlich piepte.

»Da ist was!«, rief Lauras Bruder, und alle gemeinsam machten wir uns daran, ein Loch in die Erde zu buddeln.

»Vielleicht finden wir einen alten Nazischatz«, freute sich Laura.

Was soll ich sagen, am Ende wurden wir reich beschenkt. Wir fanden nämlich einen Limo-Kronkorken aus der Steinzeit, über den sich Lauras Familie aus unerfindlichen Gründen sehr freute. Manchmal sind es die kleinen Dinge, muss man nicht verstehen.

Wenn Sachsen zusammenkommen, ist es eigentlich immer lustig, habe ich gelernt. Auch weil sie bechern wie die Großen. Ab einer Gruppengröße von sechs Sachsen spricht man auch vom handlichen Sachspack. Wenn die Sachsen rechtsradikaler Gesinnung sind, handelt es sich um die Sachse des Bösen. Ich habe aber noch nie einen Nazi in Sachsen gesehen, obwohl ich überall rumgefragt habe.

Bei Lauras Familie besteht da übrigens auch keine Gefahr, die sind alle sehr tolerant, weltoffen und modern. Laura zum Beispiel wurde wie ein richtiger Junge erzogen. Da ihr Vater Handwerker ist, wusste sie schon mit vier Jahren, was der Unterschied zwischen einem Hammer und einem Meißel ist, obwohl sie erst nach der Wende geboren wurde. Sie ist handwerklich auch sehr begabt, weshalb sie bei uns in der Wohnung jede Schraube reindreht. Es dauerte allerdings eine Weile, bis ich das zulassen konnte. Obwohl ich zwei linke Hände habe, ließ ich es mir nicht nehmen, bei unserem Einzug Lauras Vater zu assistieren, der freundlicherweise von Dresden nach Berlin gefahren war, um uns zu unterstützen. Meine Aufgabe bestand darin, mit dem Staubsauger den Dreck abzusaugen, der beim Bohren eines Loches in die Wand entstand.

Und da war ich nun. Mit klopfendem Herzen zu allem bereit, den Rüssel des Staubsaugers in der Hand.

»Bereit, Tutty?«, wollte Lauras Vater wissen.

Ich nickte grimmig. »Bereit.«

Er ließ zweimal kurz den Akkubohrer rotieren. Setzte den Bohrer an der Wand an. Und tat ... nichts.

Irritiert sah ich zu ihm rüber.

»Bereit, Tutty?«, wollte er noch einmal wissen.

Ich nickte wieder. »Ich war nie bereiter.«

Lauras Vater machte einen Schritt von der Wand weg und sah auf den Staubsauger. »Und meinst du nicht, das Ding saugt besser, wenn du es anstellst?«

Als Hiwi bin ich also eine Null. Zumindest im Heimwerkerbusiness. Nicht nur einmal kam es vor, dass Lauras Vater mich um einen 6er-Bohrer, einen Kreuzschlitz oder eine Muffe bat, und ich keine Ahnung hatte, wovon er sprach. Mein Blick wanderte dann immer hilfesuchend zu Laura, die mir still und heimlich das gesuchte Objekt in die Hand drückte. Allein aus diesem Grund könnte ich niemals ein Sexist sein: Ich müsste so viele Werkzeugnamen auswendig lernen, um nicht wie ein totaler Idiot dazustehen, und darauf habe ich, ehrlich gesagt, keine Lust. Ich verrate nicht zu viel, wenn ich sage, dass mich Lauras Vater irgendwann nicht mehr fragte, ob ich ihm helfen wolle. Seitdem bringen Laura und ihr Vater allein alle Regale an, und ich begnüge mich mit dem Aufräumen der Verpackungen. Ein Mann muss wissen, wann er seiner Freundin die Bühne überlässt.

Vor allem dann, wenn sie sich an seine Heimatkultur so gut anpasst. Oder besser gesagt: Sie auf ein neues Level hebt. Die Vietnamesen räuchern ja wie die Weltmeister. In jedem Tempel, aber auch in jedem Wohnhaus in Vietnam dampfen, rauchen und vor allem stinken den lieben langen Tag Räucherstäbchen. Die sollen negative Energien beseitigen und allem

Anschein nach auch böse Geister und Besucher fernhalten. Ich kann den permanenten Gestank der Kräuter und Harze nicht ausstehen.

Tja, nun. Meine Freundin kann dem Ganzen leider sehr viel abgewinnen. Weshalb sie, nachdem wir den Mietvertrag für unsere erste gemeinsame Wohnung unterschrieben hatten, auch gleich mal mit einer Wagenladung weißem Salbei um die Ecke kam, um die Bude auszuräuchern. Leider vergaß sie dabei, dass in der EU Rauchmelder verpflichtend sind. Nach wenigen Minuten ihrer Säuberungsaktion fing der Melder in der Küche an zu piepsen. Ich war noch nicht auf der Leiter drauf, um das Ding abzunehmen, als der Rauchmelder im Wohnzimmer ansprang. Danach folgten Schlaf- und Arbeitszimmer. Es war ein infernalischer Krach, und verbunden mit dem Dampf überall und dem ekelhaften Gestank, hatte ich wirklich das Gefühl, die Pforten der Hölle geöffnet zu haben.

»Mach die Fenster auf!«, rief ich Laura zu, während ich hektisch versuchte, an den Feuermelder zu kommen.

In diesem Moment klopfte es wild an der Tür. »Wir haben die Feuerwehr gerufen! Machen Sie sich keine Sorgen!«

Schon konnte ich aus der Ferne die Martinshörner hören. Ich kletterte von der Leiter und riss die Fenster in der Küche auf.

Das Klopfen an der Haustür wurde lauter. Das Sirren der Rauchmelder klingelte in meinen Ohren. Dann kam ein neues Geräusch dazu: ein Donnern.

Durch die Nebelwand tastete ich mich dem Lärm entgegen. Der Rauch war so dicht, ich konnte keinen Meter weit sehen. In der neuen Wohnung kannte ich mich zudem noch nicht aus, was dazu führte, dass ich in der Abstellkammer landete und dem Gäste-WC einen Besuch abstattete, bevor ich endlich an der Wohnungstür ankam. Die zerbarst in genau dem Augenblick, als ich die Türklinke berührte, in ihre Einzelteile.

»Wir sind drin!«, schrie mich ein Feuerwehrmann in voller Kampfmontur an. »Wie viele Leute sind in der Wohnung?«

»Nur ich und meine Freundin«, brüllte ich zurück und hob verwundert die Türklinke an, die ich immer noch in der Hand hielt. »Aber das ist ein falscher Alarm! Meine Freundin räuchert. T'schuldigung.«

Der Feuerwehrmann blinzelte mich an. Dann Laura, die gerade aus irgendeinem Zimmer, das in tiefem Nebel lag, auf uns zuschlich. Dem Feuerwehrmann hatte es offenbar die Sprache verschlagen.

»Wir ziehen gerade ein, und ich reinige die Wohnung von bösen Geistern«, erklärte Laura entschuldigend.

Der Mann von der Feuerwehr und ich wechselten einen Blick. Dann drehte er sich um und rief zu seinen Kollegen die Treppe hinunter: »Falscher Alarm, Leute! Das war nur wieder so eine Eso-Tante, die mit Räucherstäbchen hantiert hat.«

In einer Beziehung muss man ja Kompromisse eingehen, deshalb haben Laura und ich uns auf zehn Räucherstäbchen am Tag geeinigt. Ich kann den Geruch immer noch nicht ausstehen, aber wenn meine Verwandtschaft vorbeikommt, fühlt sie sich immer gleich wie zu Hause und will gar nicht mehr weggehen. Und wenn Laura dann so zwischen meinen Tanten und Onkeln, Cousins und Cousinen sitzt und einträchtig Pho-Suppe schlürft, während im Hintergrund die Räucherstäbchen kokeln und der Fernseher in voller Lautstärke irgendeine vietnamesische Karaoke-Show zeigt, dann denke ich mir: Egal, wie sehr es stinkt – dieses Leben mit meinem sächsischen Engel möchte ich um nichts in der Welt eintauschen.

Übung: Meditation für Sachsen des Bösen

Setze dich ruhig und entspannt hin, schließe die Augen und atme ein und aus. Ein und aus. Mit jedem Atemzug spürst du, wie sich eine tiefe, innere Ruhe in dir ausbreitet. Deine Gedanken werden leise, treten in den Hintergrund, ziehen vorbei wie Wolken. Deine Aufmerksamkeit richtet sich auf dein Innerstes. Du spürst, wie deine Muskeln entspannen. Deine Beine werden schwer und verbinden sich mit dem Boden. In deinem Bauch breitet sich eine angenehme Wärme aus. Du atmest ein und wieder aus. Ein und aus. Die Wärme breitet sich über deinen gesamten Körper aus. Erst in den linken Arm, der locker neben dir liegt, dann in den rechten. Du spürst, wie die Muskeln locker werden, dein rechter Arm wird schwerer und schwerer. Er wird so schwer, dass du ihn nicht mehr ausgestreckt nach vorn halten kannst. Lass los, entspann dich, und beobachte, wie dein rechter Arm langsam nach unten sinkt. Alle Muskeln werden locker. Du spürst Wärme und Geborgenheit tief in deinem Bauch, die sich auf deinen ganzen Körper ausbreitet. Atme tief ein und aus und schiebe alle Gedanken in deinem Kopf weiter. Du bist nur im Jetzt und Hier. Genieße die Leere deines Geistes und die Ruhe, die sich deiner bemächtigt hat. Es gibt keinen Hass mehr in dir, keine Wut, nur Liebe und Zuversicht.

6 Von Heim- und Fernweh: Warum das Gute oft viel näher ist, als man denkt

Ich liege auf dem Sofa und lausche dem regelmäßigen Klatschen der Regentropfen auf die Fensterscheibe. Der Himmel ist grau und wolkenverhangen, es weht ein eiskalter Wind. Das ist so ein Wetter, bei dem man keinen Hund vor die Tür jagt. Dass Laura mich vorhin einkaufen geschickt hat, sagt viel darüber aus, welche Stellung ich in unserer Beziehung habe. Denn Hunde mag sie wirklich sehr.

Natürlich bin ich nicht der Einzige, dem die Witterung auf die Nerven geht. Der Winter war lang, nass und deprimierend, alle sehnen sich dem Sommer entgegen. Es ist die Zeit im Jahr, in der spontane Kälteeinbrüche von niemandem mehr locker weggesteckt werden. Deswegen ist die gesamtdeutsche Laune auch am Boden.

Im Supermarkt hat mich die Kassiererin angeschnauzt, weil ich an der Schnellkasse nicht nur die vorgeschriebenen 15 Artikel hatte, sondern es gewagt habe, 18 aufs Band zu legen. Der Bus fuhr mir direkt vor der Nase weg. Und sogar der Obdachlose, dem ich eine Münze in einen Becher warf, war sauer, weil ich den Kaffee darin nicht gesehen habe.

»Ich will hier weg«, seufze ich und lege mir theatralisch eine Hand auf die Stirn. »Ich kann dieses Land nicht mehr ertragen!«

Es ist niemand da, der meine Beschwerde entgegennehmen könnte. Und trotzdem kann ich nicht aufhören, mich an einen anderen Ort zu wünschen. Wo es warm und sonnig ist. Wo das badewasserwarme, klare Meer gegen weißen feinkörnigen Sandstrand schwappt. Wo die Menschen immer lächeln und die Mangos so groß wie Melonen werden.

Thailand.

Ich schließe die Augen und erinnere mich an den letzten Urlaub, den Laura und ich auf Ko Samui verbracht haben. Drei Wochen lang Sonne satt, ein Leben in der Hängematte, Ruhe und Erholung, nur durchbrochen vom sanften Rollen der Wellen und dem Zwitschern der Vögel. Egal, wohin wir gehen, wir begegnen nur Freundlichkeit. Wir werden begrüßt mit der höflichen, für Asien typischen Verbeugung und den besten Wünschen für ein langes, glückliches Leben. Der Papayasalat ist scharf, das Hühnchen kross, und es gibt dreimal am Tag Reis. Dazu frische Ananas, in mundgerechte Stücke geschnitten, eine alte Frau verkauft die Früchte vor den Toren des Resorts, in dem wir untergekommen sind. Ein paar Meter weiter haben ein Vater und sein Sohn einen Streetfood-Stand aufgebaut, es riecht herrlich nach gebratenem Fleisch und Gemüse. Mir läuft das Wasser im Mund zusammen, und in meinem Magen bildet sich ein schmerzender Knoten.

Ich reiße die Augen auf. Zum ersten Mal verstehe, ja fühle ich wirklich, wovon Laura immer spricht, wenn sie von Fernweh redet. Bis jetzt dachte ich immer: Joa, Fernweh, das heißt, Urlaub wär mal wieder nett. Aber jetzt kapiere ich es endlich! Es bedeutet, dass man sich inbrünstig an einen anderen Ort wünscht. Dass die Sehnsucht übermächtig wird, die Koffer zu packen und zu verreisen. Dass der Wunsch, in ein anderes Land zu fahren, körperlich zu spüren ist.

»Schatz!«, rufe ich laut und springe vom Sofa aus. »Schatz! Komm schnell.«

Sie eilt aus dem Schlafzimmer. »Ist was passiert?«

»Ja!«, rufe ich atemlos. »Wir müssen weg. Sofort!«

»Wie, weg?«

»Na, raus aus Berlin. Raus aus Deutschland!«

»Was ist denn passiert? Hast du was angestellt?« Sie sieht sich hektisch um.

»Nein. Schlimmer.«

Laura reißt die Augen auf.

»Ich habe Fernweh. Ich muss hier weg! Deutschland ist so trostlos, so grau, so eng«, ich schnappe nach Luft, »und ich halte es nicht mehr aus.«

Sie guckt mich an. Dann lacht sie. »Alles klar. Wann fliegen wir?«

Und ich denke mal wieder: Was für ein verdammtes Glück ich doch mit dieser Frau habe. Seit Jahren liegt sie mir in den Ohren, dass sie in der Karibik leben will, auf Bali oder in Südamerika. Hunde retten, Kokosnüsse verkaufen, in einer einfachen Hütte aus Bambus hausen, so in der Art. Und ich dachte mir bislang immer: Nä. Aber nun verstehe ich sie. Ich würde auf all das um mich herum, die geile Penthouse-Bude, die schöne Einrichtung, die gute Gesundheitsversorgung und was weiß ich, verzichten, wenn ich den ganzen Tag bei wohltemperierten 28 Grad aufs Meer gucken dürfte. Von mir aus flechte ich dann auch aus Palmenblättern Körbe. Mir doch egal. Ich würde alles dafür in Kauf nehmen, dieses schlechtgelaunte Kackland mit seinen nach unten hängenden Mundwinkeln zu verlassen!

Meine Stimmung bekommt einen Dämpfer, als wir tatsächlich die Koffer packen. Im Grunde läuft Laura im Sommer und im Urlaub nur in Bikinioberteil und den knappsten Hotpants durch die Gegend, die man sich vorstellen kann. Wieso also braucht sie zwei riesige Koffer, in denen sie 20 Paar Schuhe, Kleidung für vier Klimazonen und 50 verschiedene Anlässe sowie Kosmetik im Wert eines Kleinwagens mit sich schleppt? Ich brauche zwei Badehosen, etwas Sonnencreme und Flipflops. Und weil ich eben so bescheiden packe, reißt sich Laura den verfügbaren Platz meines Gepäckstückes auch noch unter den Nagel und stopft diesen bis auf den letzten Quadratzentimeter mit Sachen voll.

»Schatz. Wir bleiben zwei Wochen. Wenn du so packst, denken die, wir wandern aus.«

»Ich möchte auf alles vorbereitet sein«, erwiderte sie und drückt mir einen weiteren Stapel Kleidung in die Hand. »Das bekommst du doch noch unter, oder?«

Damit ist es offiziell: Wir werden in Thailand nur FKK-Strände aufsuchen dürfen, wenn ich die Badehose nicht schon im Flugzeug tragen will. Für mich ist jetzt nämlich kein Platz mehr da. Immerhin werde ich dann nahtlos braun. Es ist halt doch nichts so schlecht, dass es nicht auch sein Gutes hat.

Als der Taxifahrer unsere Koffer-Armada sieht, stöhnt er erst laut und fängt dann an zu schimpfen, als ob wir gar nicht da wären. »Na, ditt hamm wa ja järne. Und ick soll wohl die Dinga ins Auto hieven, wa? Seh ick aus wie 'n Jewichtheber?« So geht das in einer Tour, aber heute kann er mich nicht stressen, denn heute werde ich Deutschland einig Meckerland verlassen und in einem Flugzeug Richtung ewiges Lächeln fliegen. Bäm!

An der Kreuzung bringt der Taxifahrer seine Karre zum Stehen, visiert mich im Rückspiegel und fragt: »Und, wo soll es hingehen?«

»Thailand«, gebe ich gern Auskunft.

Der Taxifahrer dreht sich um. »Nu hör mir mal zu, du Komiker. In deine Heimat fahr ick nich mit die Taxi, verstehste? Ick will wissen, wohin ick euch bringen soll. Hier. In Ballin.«

»Ach so«, erwidere ich rasch und drehe mich zu Laura um. »BER. Oder?«

Sie zuckt mit den Schultern. »Ist der überhaupt schon fertiggestellt?«

»Keine Ahnung. Vielleicht Tegel?«

»Ne, Tegel ist zu.«

»Schönefeld?«, schlage ich vor und denke mal wieder, dass Laura und ich so verpeilt sind wie niemand sonst in Deutschland. Eine klassische Lose-lose-Situation.

Der Taxifahrer bricht in Lachen aus. »Ick sach ett euch nich gern, aber nach Thailand kommt ihr nie!« Dann seufzt er und erklärt: »Tegel und Schönefeld sind nicht mehr aktiv. Wurden vom BER ersetzt. Vor drei Jahren. Wo lebt ihr Nasen, hinterm Mond?«

Hoffentlich bald in Thailand, denke ich, schweige aber.

Das Blöde an neugebauten Flughäfen ist ja, dass sie meistens völlig überdimensioniert sind. Auch wenn man durch den BER läuft, hat man das Gefühl, die Hälfte vom Ticketpreis am Schalter zurückfordern zu müssen, weil man einen Großteil der Strecke schließlich zu Fuß hinter sich bringt. Irgendwann haben wir den Drop-off-Schalter aber erreicht und reihen uns in die Menschenschlange ein. Wenn ich im Zickzack, durch Absperrbänder abgetrennt, irgendwo anstehe, fühlt es sich immer sehr nach Deutschland an.

Am Gate neben uns geht es nach Bali. Ein Typ brüstet sich und erzählt die ganze Zeit lautstark, dass er die Tickets für nur 50 Euro bekommen hat. Die anderen Wartenden beäugen ihn missmutig bis skeptisch. Das ist er, der deutsche Neid – in Reinform. In den Blasen über den Köpfen kann ich ihre Gedanken lesen: *Wieso habe ich 900 gezahlt und der nur 50? Wie kann das sein? Welche Rabattcodes habe ich übersehen? Welche Großmutter hätte ich dafür verkaufen müssen? Bestimmt ist das der Neffe von Carsten Spohr.*

Zu unser aller Glück währt der Missmut aber nicht lange. Denn als der Angeber endlich am Schalter ankommt und seinen Perso vorlegt, sagt die Frau vom Bodenpersonal trocken: »Sie stehen in der falschen Schlange. Das ist der Flug nach Bali.«

Der Typ nickt. »Klar. Weiß ich. Habe ein super Schnäppchen gemacht! Nur 50 Euro für Hin- und Rückflug.«

Die Frau zieht eine Augenbraue hoch, dann dreht sie den Monitor in seine Richtung. »Sie haben ein Ticket, das stimmt. Allerdings nicht nach Bali, sondern nach Bari.«

Man kann förmlich sehen, wie dem Kerl die Farbe aus dem Gesicht weicht.

»Das ist eine Stadt in Italien«, legt die Frau von der Airline unbarmherzig nach. »Ist hübsch da.« Sie zeigt einmal quer durch die Halle. »Zum Schalter geht es da lang. Arrivederci.«

Fassungslos starrt der Kerl ihrem Finger nach und zieht mit hängenden Schultern schließlich von dannen. Begleitet wird sein Abzug von schadenfreudigem Wispern der Leute, denen er gerade noch die Nase langgemacht hat.

Hier am BER bekommt man wirklich einiges zu sehen, drei deutsche Tugenden in einem. Die Franzosen haben Gleichheit, Freiheit, Brüderlichkeit. Wir haben Angeberei, Neid und Schadenfreude – zum Nulltarif.

Zum Glück gibt es in der kleinen Hütte am Strand von Ko Samui, in die wir uns spontan eingebucht haben, weit und breit keine Deutschen. In der Bude links neben uns hat sich ein englisches Pärchen einquartiert, rechts ein schwules Paar aus Brasilien. Es fühlt sich an wie eine offene, freundliche Miniaturausgabe der Multikultiwelt, in der ich leben möchte.

Am ersten Morgen werde ich vom Rauschen der Wellen geweckt. Während Laura sich noch einmal umdreht und weiterdöst, stehe ich auf und laufe barfuß den Strand entlang, bis ich an einer kleinen Bar ankomme. Ich bestelle einen doppelten Espresso und genieße das wärmende Gefühl, das die Sonne auf meiner Haut hinterlässt. Danach hüpfe ich einmal kurz in den lauwarmen, türkisfarbenen Ozean und schwimme mit Schildkröten um die Wette. Zurück in der Hütte dusche ich mich ab, wecke Laura, und wir machen uns auf zum Frühstück. Frische Papaya, Ananas, Mangos, dazu Omelett und Buttertoast – ich bin im Himmel! Nach einem kurzen Powernap in der Hängematte vor der Hütte schlüpfe ich um die Mittagszeit in meine Turnschuhe und gehe ins Gym, um eine Runde Sport zu machen, auf dem Weg zum Mittagessen mache ich einen Termin für die Massage aus. Den Nachmittag vertrödele ich auf einer der Liegen am hauseigenen Strand und lasse mir von einer 40 Kilo schweren Thailänderin auf dem Rücken herumlaufen, bevor ich mich noch einmal mit einem kleinen Nickerchen von den Strapazen des Tages erhole und anschließend zum Abendessen fertig mache. Den Rest des Abends verbringen Laura und ich damit, den wilden Bumsgeräuschen der Brasilianer zu lauschen und uns zu kringeln vor Lachen.

Es ist die verdammt nochmal beste Version des Lebens, die ich mir vorstellen kann.

Am nächsten Tag werde ich vom Rauschen der Wellen geweckt. Laura döst weiter, ich trinke einen Espresso in der Strandbar. Ein kurzes Bad im Meer, Frühstück, Powernap, eine Runde Sport, Strand, Massage, Abendessen, bumsende Brasilianer.

Am dritten Tag dasselbe Spiel.

Und am vierten, fünften, sechsten, siebten.

Dann vergesse ich, welchen Tag wir haben. Und schließlich weiß ich nicht einmal mehr, wie lange wir schon hier sind. Die Brasilianer haben Ausdauer, das muss man ihnen lassen. Jede Nacht ficken die bis ein Uhr morgens wie die Weltmeister. Laura und ich vermuten, dass ihnen das Paar aus England manchmal Gesellschaft leistet, denn ehrlich gesagt: So viel Libido können zwei Menschen gar nicht haben.

Und ein bisschen nervt es auch. Dass die vögeln, als ob es kein Morgen gäbe. Es ist sogar ein wenig aufdringlich. Als ich nach einer Woche die Idee äußere, die beiden um einen Ruhetag zu bitten, beschwichtigt Laura und sagt: »Komm, lass ihnen doch den Spaß.«

Ich glaube aber, es ist etwas anderes. Laura ist übelst empathisch und versetzt sich dauernd in andere Lebewesen hinein. In Menschen und in Tiere, wobei ich die Tiere sogar noch verstehen kann. Zu Hause hat sie eine Futterstation gebaut. Für Vögel, nicht für Nachbarn, immerhin. Sobald ein Vogel auf unserer Terrasse landet und frisst, freut sich Laura wie ein Keks und springt in der Bude herum. Aber sie leidet halt auch brutal mit. Tierdokus sind für sie wie Horrorfilme, vor allem wenn es eine Doku aus Afrika ist. Denn in jeder Doku, immer, wird irgendwann ein Gnu gekillt. Von Löwen, wohlbemerkt, also Katzen, aber obwohl wir selbst zwei Stubentiger haben, versteht Laura da keinen Spaß.

»Das arme Baaaaaabbbbyyyyy!!!«, ruft sie, wenn ein kleines Gnu wieder den Reißzähnen zum Opfer gefallen ist, und ich seufze nur und sage: »Das ist der Circle of Life, Süße.«

»Bleib mir weg mit Elton John!«, weint sie dann und kann sich nur beruhigen, wenn wir den König der Löwen schauen. Da gewinnt am Ende wenigstens das Gute.

Was Laura für Tiere empfindet, empfindet sie aber auch für Menschen. Wenn wir zum Beispiel an einem Obdachlosen vorbeilaufen, muss Laura anhalten und in ihrer Geldbörse kramen. Ich finde es eine wirklich tolle Eigenschaft von ihr, dass sie bedürftigen Menschen helfen will. Aber wir leben in Berlin, und die süße Maus ist aus Dresden. Sie ist viel zu naiv für die Großstadt und sieht immer nur das Gute in allen. Neulich sind wir wieder mal an so einem Typen vorbeigelaufen. Der lag da mit Wollmütze und kaputter Hose unter einem Baum. Laura sah ihn, setzte den Samariterblick auf und wollte zu ihm.

»Ne, lass mal«, versuchte ich sie aufzuhalten. »Das ist kein Obdachloser. Das ist ein Hipster.«

Sie guckte mich an wie ein Hund, der unbedingt von der Leine gelassen werden möchte. Also, was macht man in so einem Moment? Genau, Leinen los. Und was passierte? Sie ging rüber, steckte dem Typen zehn Euro in die Hand und kam überglücklich wieder. Der Typ freute sich auch sehr, stand auf und stieg kurz darauf in seinen Porsche ein.

So ist das jedenfalls mit Laura. Deswegen lässt sie die Brasilianer bumsen, streichelt jede Katze, die sich im Restaurant um unsere Beine schlängelt, und setzt sogar die riesigen Spinnen mit dem Zahnputzbecher ins Freie, obwohl doch jeder weiß, dass die am nächsten Tag wieder in derselben Zimmerecke sitzen und uns Angst einjagen.

Davon abgesehen war der Urlaub genau das, was ich mir vorgestellt hatte: chillen, fressen und viel schlafen. Eines gab uns allerdings Rätsel auf: Ständig waren die besten Liegen am Pool mit Handtüchern reserviert. Dabei waren gar keine Deutschen in dem Hotel! Normalerweise sind die doch Weltmeister im Handtuchwerfen.

Es ist fast schon komisch, wie ernsthaft und akribisch Deutsche bei dieser Angelegenheit vorgehen. Es gibt sogar ungeschriebene Regeln, wie man das Handtuch platzieren soll, um seinen Platz zu reservieren: Es sollte gut sichtbar, aber nicht zu auffällig sein, und man sollte es ein wenig zerknittern, um sicherzustellen, dass es wirklich ernst genommen wird.

Aber hey, vielleicht gibt es auch eine positive Seite an der ganzen Sache. Wenn man keine Lust hat, früh aufzustehen, um sich einen Platz am Strand zu sichern, kann man sich einfach auf eine herrenlose, aber mit Handtuch markierte Liege legen. Die Wahrscheinlichkeit, dass der rechtmäßige »Besitzer« der Liege wieder zurückkommt, ist gering. Und wenn doch: einfach blöd stellen. Sollte den wenigsten von uns schwerfallen.

Hier in Thailand sind es aber nicht die Deutschen, die uns den besten Platz an der Sonne wegnehmen. Ich habe nämlich beobachtet, dass der Mann des englischen Pärchens jeden Morgen vor Sonnenaufgang aufsteht und die Hütte verlässt. Wo der wohl hinwill? Sicher keine Schildkröten beobachten! Natürlich ist es reiner Zufall, dass das Paar dann jeden Tag auf den Liegen liegt, die am nächsten an der Bar stehen und die meiste Sonne abkriegen. Eine kurze Suche auf Google später, und ich habe die Erklärung: Scheint in den Genen zu liegen. Denn überraschenderweise sind es nämlich die Briten, die am häufigsten die Liegen reservieren.

»Tutty, du siehst Gespenster«, will Laura mich beruhigen. Aber denen werde ich es zeigen.

In der kommenden Nacht stelle ich mir früh den Wecker. Gegen vier Uhr schleiche ich in absoluter Dunkelheit zum Pool und suche im Lichtkegel meiner Handytaschenlampe die frischen Handtücher, die in großen Stapeln neben der Bar liegen. Als ich sie gefunden habe, klemme ich mir das Handy in den Mund und trage Stapel für Stapel davon, in einen Verschlag hinter dem Hotel. Nach getaner Arbeit haste ich zurück in die Hütte und lege mich zufrieden ins Bett. Heute wirst du uns keine Liegen wegnehmen!

Beim Frühstück sehe ich, dass der Engländer schlechte Laune hat, und freue mich diebisch. Laura blickt mich verständnislos an, natürlich habe ich sie nicht eingeweiht – das würde meine Harmoniemaus nicht aushalten. Irgendwann beobachte ich, wie das Personal der Anlage hektisch durch die Gegend läuft. Na klar, die suchen die Handtücher, die ich vor dem asozialen Briten versteckt habe …

In diesem Moment geht mir mein Fehler auf. Das Omelett bleibt mir im Hals stecken. Mist! Ich wollte nur einem Typen eine Lektion erteilen, stattdessen habe ich dafür gesorgt, dass zehn Thailändern das Lächeln aus dem Gesicht gewischt wurde. Was bin ich nur für ein fürchterlicher, neiderfüllter, schadenfroher Mensch! Was bin ich nur für ein schrecklicher Deutscher!

Ich springe vom Tisch auf, rase zum Hotelmanager und versuche ihm zu erklären, dass ich die Handtücher in Sicherheit bringen wollte. Vor den Engländern. Leider ist mein Englisch nicht besonders gut. Also eigentlich kann ich nur »well« und »fine« und »thank you« sagen. Das erschwert die Kommunikation ein wenig.

Sprachbarrieren können manchmal zu komischen Situationen führen. Es ist wie eine Art Puzzle, bei dem man versucht, die fehlenden Teile zu finden, um sich verständlich zu machen.

Einmal war ich in Dubai und versuchte, ein Auto zu mieten. Ich ging in eine Autovermietung, aber der Mann hinter dem Schalter schien mich nicht zu verstehen. Ich hatte das Gefühl, dass ich etwas Wichtiges verpasst hatte, also bat ich ihn darum, mit meinem Freund Jamal in Deutschland zu telefonieren, der Arabisch spricht. Immer wieder sagte ich: »Jamal! Ruf Jamal an!« Als wir meinen Freund endlich erreichten, stellte sich heraus, warum mich der Autovermieter falsch verstanden hatte. Er war davon ausgegangen, dass ich versuchte, ein Kamel zu mieten, weil ich das falsche Wort für »Auto« verwendet hatte: Jamal.

Leider sind auch Gesten nicht universell verständlich. Wenn man in Thailand den Zeigefinger und den Daumen zu einem Kreis formt, weil man beispielsweise zum Ausdruck bringen will, dass es hervorragend gemundet hat, sagt man damit leider: Fick dich. In Mexiko bedeutet die Geste sogar eine Einladung zu sexuellen Aktivitäten ... also bitte sparsam einsetzen! Ein nach oben gereckter Daumen heißt in Russland nicht etwa »Tipptopp!«, sondern gilt als beleidigend. Und die Heavy-Metal-Hörner mit abgespreiztem Zeige- und kleinem Finger? Nun, in Italien teilt man seinem Gegenüber damit mit: Deine Frau hörnt dich, sie schläft mit einem anderen. Ups.

Um dem Hotelmanager nicht aus Versehen eine Beleidigung an den Kopf zu werfen, packe ich ihn am Arm und schleife ihn zu dem kleinen Verschlag, in den ich in der Nacht die Handtücher gestopft habe. Seine Augen werden groß, als er sie erblickt, dann fällt er mir um den Hals und bedankt sich wortreich bei mir. Ich bleibe ein wenig verdattert stehen … immerhin ist das Chaos ja nur meinetwegen ausgebrochen. Also sage ich: »No, no, it's me.« Ich zeigte auf mich. »Me got the … things there.« Ich gestikulierte in Richtung der Handtücher.

Der Manager nickt wie wild, dann brüllt er etwas auf Thailändisch und führt mich zurück ins Restaurant, wo Laura auf mich wartet. Sie kann etwas besser Englisch als ich, weshalb sie auch aufmerksam zuhört, während der Manager auf sie einredet. Ihr Gesicht wirkt erst etwas ratlos – und erhellt sich dann plötzlich.

»Was hast du gemacht, Tutty?«, will sie von mir wissen, als der Hotelmanager verschwunden ist.

»Ich … also …« Ich wäge meine Möglichkeiten ab und entschließe mich für: »Gar nichts.«

»Der Manager sagt, du hast ihm so sehr geholfen, dass er uns ein Upgrade gibt und in die Honeymoon-Suite schickt, für den Rest des Urlaubs! Mit eigenem Pool. Und Sonnenliegen.«

Mein neues Lebensmotto seit heute: Tu Gutes und schweig darüber.

Wir beziehen die Honeymoon-Suite, ich lasse mich in das blubbernde Wasser des Jacuzzis gleiten und fühle mich wie ein König. Doch nach einiger Zeit merke ich, dass ich meinen neuen Luxus nicht wirklich genießen kann. Ich liebe die Thailänder für ihre Freundlichkeit. Wirklich. Ein krasseres Kontrastprogramm zu Berlin gibt es eigentlich nicht.

Und doch merke ich, dass mich das ewige Lächeln so langsam, aber sicher unruhig macht. Können die auch mal eine andere Emotion zeigen? Woher soll ich wissen, ob ich mich gerade danebenbenommen habe, wenn ich auf alles nur Lächeln und Verbeugungen zurückbekomme?

Da lob ich mir doch den schlechtgelaunten Durchschnittsberliner. Bei dem weißte immer, woran du bist. Weil du nämlich sofort angeraunzt wirst. Meistens führt das zu mieser Stimmung. Na und? Wenigstens kommen so keine Missverständnisse auf.

Auch der blaue Himmel fängt in Woche zwei an, mir auf die Nüsse zu gehen. Ein paar Wolken wären schön. Vielleicht auch mal ein paar Regentropfen, einfach nur zur Abwechslung. Damit ich mich wieder über den strahlenden Sonnenschein freuen kann. Auf Ko Samui macht es gar keinen Spaß, in die Wetter-App zu schauen, sie zeigt immer dasselbe an: Sonne und 28 Grad. Jeden. Verdammten. Tag.

So ein richtig verregneter Nachmittag wäre fein. Laura und ich wären nicht gezwungen, unsere Astralkörper in der Sonne zu aalen. Wir könnten das Resort vielleicht sogar mal verlassen und zu einem Tempel fahren. Ein bisschen Sightseeing. Macht man ja nicht, wenn man im Paradies lebt. Da bleibt man schön drin und hält sich von Äpfeln fern, ich lerne ja aus den Fehlern meiner Vorfahren.

Aber bei schlechtem Wetter würde ich mir schon auch mal die Gegend anschauen. Vielleicht mal mit dem Tuk-Tuk irgendwohin. Ein Museum besuchen. Gibt es auf Ko Samui Museen? Glaube nicht, die sind doch alle in Berlin.

Oder wir könnten uns ein Auto mieten und über die Insel fahren ... ach ne. Linksverkehr. Das wäre für mich ein Grund, niemals hierher auszuwandern. Linksverkehr! Ich würde garantiert in alle Kreisel falsch einbiegen, immer, und für noch mehr Chaos sorgen, als in Thailand sowieso auf den Straßen herrscht.

Und mit noch einer anderen Sache könnte ich mich hier niemals versöhnen. In Thailand gibt es köstliches, abwechslungsreiches Essen. Aber es gibt keinen Döner. Das ist Fakt. Und damit für mich ein No-Go. Döner ist in Berlin mein Hauptnahrungsmittel. Ich lebe von Döner, ich liebe Döner. Ich bin verliebt in diese kulinarische Köstlichkeit, die mein Herz höherschlagen und meinen Speichel fließen lässt. Es gibt keinen Tag, an dem ich nicht an ihn denke. Meine Freunde haben längst aufgehört, mir vorzuschlagen, mal etwas anderes zu essen, weil sie wissen, dass es sowieso aussichtslos ist. Mein Puls wird schneller, wenn ich an das zarte Fleisch denke, das perfekt gewürzte Gemüse und die cremige Soße, die alles zusammenhält. Ich würde alles dafür tun, um jetzt, in diesem Moment, einen Döner zu bekommen. Meine Liebe zum Döner ist so groß, dass ich schon überlegt habe, ihm einen Heiratsantrag zu machen. Ich stelle mir vor, wie ich vor ihm auf ein Knie sinke und ihm meine Liebe gestehe. Und dann wird er sagen: »Ja, ich will!«, und wir werden für immer glücklich zusammen sein.

Manche in meinem Umfeld finden meine Liebe zum Döner zwar etwas merkwürdig, aber ich weiß, dass sie einfach nur neidisch sind, weil sie diese Liebe nicht spüren können. Aber ich bin stolz auf meine Liebe zum Döner. Wenn es um die Liebe geht, gibt es keine Grenzen.

Ich reiße die Augen auf. Wie konnte ich den Döner verlassen? Während ich hier sitze und in einem schäbigen Papayasalat stochere?! Wie konnte ich Chickenwings den Vorzug geben? Wie? Was habe ich mir dabei gedacht? Wird der Döner mir das jemals verzeihen? Wird er noch so schmecken wie immer? Oder wird meine Liebe zerbrechen?

Die nächsten Tage verbringe ich wie in Trance. Ich kann nicht aufhören, an Döner zu denken. Ich stelle mir den würzigen Geschmack vor und schaue mir sogar im Internet Bilder von Dönern an. Meine Sehnsucht wird Stunde um Stunde stärker. Bald schon beginne ich, die verbleibenden Tage mit Strichen am Bettpfosten abzuzählen. Ich überlege mir, was ich anziehen soll, wenn ich nach unserer Rückkehr nach Berlin in meinen liebsten Dönerladen gehe.

Vor allem aber frage ich mich, warum ich überhaupt nach Thailand wollte. Das war doch dieses verkackte Fernweh! Diese fiese Sehnsucht, die mich angetrieben hat, meine Koffer zu packen und mein Leben zu verlassen, um neue Abenteuer zu erleben und andere Länder zu erkunden.

Warum nur?, frage ich mich wieder und wieder. In Thailand ist das Gras auch nicht grüner! Ja, Strand. Und Sonne. Und Papayasalat. Aber kein Döner! Ich verfluche mein Fernweh. Das wird mir so schnell nicht noch mal passieren, dass ich einfach so von zu Hause abhaue, weil es woanders angeblich besser ist. Und gibt es etwas Schöneres, als Geld für teure Flugtickets zu sparen, weil man am Urlaubsort feststellt, dass es zu Hause viel schöner ist?

Als wir ein paar Tage später in Berlin aus dem Flieger steigen, bin ich aufgeregt wie ein Kind am Weihnachtsabend. Die ganze Nacht habe ich nicht geschlafen, weil ich so hibbelig war. Endlich wieder in Deutschland, Land des Motzens und der Meckereien, Zufluchtsort für Spießer und Korinthenkacker, Mekka der Formulare und Gebührenverordnungen! Was hab ich dich vermisst.

Heimweh ist wirklich eine unglaublich schlimme Sache. Wer braucht schon neue Erfahrungen und Abenteuer, wenn man doch mit seinem Arsch zu Hause bleiben kann? Die Aussicht, sich aus seinem gewohnten Umfeld zu begeben und als eigenständige Persönlichkeit zu entfalten, ist doch wirklich überbewertet. Wer will persönliches Wachstum und Weiterentwicklung, wenn er doch immer so bleiben kann, wie er mit 16 war? Wer braucht ein erfülltes Leben, wenn er Döner hat? Und griesgrämige Landsleute?

Gleich am Gepäckband rempelt sich eine dicke Frau an mir vorbei und knallt mir ihren Trolley auf die Zehen. »Pass doch auf, wo du rumstehst!«, schnauzt sie mich an.

»Entschuldigung, ich war im Weg«, flöte ich verzückt. »Ich wünsche Ihnen einen wunderbaren Tag!«

Die Frau schaut mich skeptisch an. Dann sagt sie: »Halt's Maul.«

Und ich schwöre, ich habe nie etwas Schöneres gehört.

Der Taxifahrer quatscht in einer Tour und erzählt uns von den Hämorrhoiden seines Hundes. Nichts könnte mich gerade mehr interessieren. Ein warmes Gefühl legt sich auf mich, und ich merke, dass mir Tränen in die Augen steigen.

»Baby?«, fragt Laura mit zusammengezogenen Augenbrauen. »Alles okay bei dir?«

Ich schniefe. »Ja. Ich bin einfach froh, zu Hause zu sein.«

In diesem Moment macht der Taxifahrer eine Vollbremsung, weil er mit 20 Stundenkilometern zu viel durch einen verkehrsberuhigten Bereich gedonnert ist und beinahe einen Fahrradfahrer auf die Kühlerhaube genommen hätte.

»Du blöder Wichser!«, schreit der Taxifahrer dem Radler hinterher.

Ich drehe den Kopf nach links. Wir haben direkt vor einem Dönerladen gehalten. Das ist der Moment, in dem ich weiß, dass ich angekommen bin.

Akuthilfe bei Fernweh

Fernweh ist so eine komische Sache. Man sitzt zu Hause und denkt: »Oh, wie schön wäre es jetzt, am Strand zu liegen, einen Cocktail in der Hand und den Sound der Wellen im Ohr!«

Aber sobald man tatsächlich am Strand ist, denkt man: »Warum zum Teufel habe ich mir das angetan? Es ist zu heiß, der Sand ist überall, und dieser Cocktail schmeckt wie Abwasser.«

Fernweh ist wie eine Beziehung mit einer unerreichbaren Person. Du denkst immer, dass es perfekt wäre, wenn ihr zusammen wärt, aber wenn du endlich die Chance hast, mit ihr zusammen zu sein, stellt sich heraus, dass sie immer den Klodeckel hochgeklappt lässt und jeden Tag ein Beziehungsgespräch führen will.

Falls du gerade unter Fernweh leidest, hier sind fünf Dinge, an die du unbedingt denken solltest:

1. Im Flugzeug könntest du neben jemandem sitzen, der lauter schnarcht als ein startender Düsenjet.
2. Das Hotel, das auf der Buchungsplattform vier Sterne hat, könnte sich als Bruchbude in der Nähe einer Mülldeponie herausstellen.
3. Das exotische Gericht, das du in freudiger Erwartung bestellt hast, wird vermutlich ein Teller voller gebratener Schweineohren sein.
4. Dein Englisch könnte sich als so schlecht herausstellen, dass du die Einheimischen permanent beleidigst – und deswegen aufs Maul bekommst.

5. Aus Unwissenheit oder Dummheit könntest du eine Tüte Sand von deinem Lieblingsstrand oder eine seltene Muschel als Andenken an den Urlaub einpacken und bei der Ausreise deswegen in den Knast wandern.

Nazi Goreng: Rassismus muss man sich leisten können

»Ufuk, Digga, kann ich dich mal was fragen?«

Mein Kumpel blickt von seinem Handy auf und zieht die akkurat rasierten Augenbrauen zusammen. »Bruder, wenn du so anfängst, weiß ich nicht, ob ich die Frage hören will.«

Ich schweige betreten. Er verdreht die Augen und sagt: »Komm, frag.«

»Also, ich ... ich weiß nicht, wie ich es sagen soll. Denkst du ... Könntest du dir vorstellen, dass ich ...« Ich druckse herum, suche nach Worten.

Ufuks Blick wird immer skeptischer. »Jetzt spuck's aus, Digga. Du machst mir Angst.«

Ich hole tief Luft, kneife kurz die Augen zusammen und frage schließlich: »Findest du, dass ich ein Rassist bin?«

Zuerst sieht mein Freund erleichtert aus. Dann verzieht er seinen Mund zu einem schiefen Lächeln, macht eine wegwerfende Handbewegung und sagt: »Ach, darum geht es. Klar bist du einer.«

Ich erstarre. »Findest du echt?«

»Digga, du machst die gestörtesten Ausländerwitze von allen. Wenn du kein Rassist bist, wer dann?«

Ich zucke mit den Schultern. »Keine Ahnung. Goebbels vielleicht?«

»Çüş!«, macht Ufuk. »Du solltest mal zu einer deiner Shows kommen.«

Ich weiß nicht, ob mich die Aussage beleidigen, beruhigen oder verunsichern soll. Vermutlich alles zusammen. Ich habe mir in den letzten Wochen Gedanken gemacht. Schließlich habe ich jetzt gemerkt, dass Auswandern keine Option ist und ich mich mit den Schnaufern und Dörtes dieser Welt auseinandersetzen muss. Dass mich immer wieder Leute nach meinen Shows oder auf den sozialen Medien als rassistisch bezeichnen, gibt mir zu denken. Ich meine: Wie kann *ich* eigentlich Rassist sein? Ich zähle doch selbst zu einer Minderheit. Ich bin doch eher Opfer von Rassismus. Oder?

Ufuk ist der Dritte in meinem Umfeld, den ich frage. Und leider sagen alle dasselbe. Mal freundlich (»Also, Political Correctness ist jetzt nicht dein Markenzeichen«), mal ehrlich (»Die Frage ist rhetorisch, oder?«). Das kann doch irgendwie nicht sein. Nur weil ich ehrenlose Klischeewitze mache, bin ich doch noch lange kein Rassist. Oder? Wissen die eigentlich, was Rassismus ist? Ich frage Ufuk.

»Rassismus ist eine Ideologie, nach der Menschen aufgrund äußerlicher Merkmale oder negativer Fremdzuschreibungen, die übertrieben, naturalisiert oder stereotypisiert werden, als Rasse, Volk oder Ethnie kategorisiert und ausgegrenzt werden«, leiert er runter, als hätte er Wikipedia erfunden. Wahrscheinlich hat er gerade im Handy nachgeschaut.

»Wäh«, sage ich abschätzig.

Er zuckt mit der Schulter. »Schauen wir uns deine Show doch mal an. Witze über äußerliche Merkmale?« Er hebt die Hände und zieht seine Augenwinkel zur Seite. »Check. Negative Fremdzuschreibungen? Übertreibungen? Stereotypen? Check, check, check! Ist doch dein täglich Brot, also tu nicht so überrascht.«

Ich schweige. Aber nur kurz. »Ich mache die Witze doch aber nicht nur über Türken und Deutsche, sondern auch über Vietnamesen. Über Frauen und Männer. Über Nazis. Über alle! Sogar über mich.«

Ufuk macht ein zustimmendes Gesicht. »Und genau deswegen bist du der netteste Rassist von allen. Mach dir nichts draus. Ich liebe dich, Bruder.«

Auf dem Nachhauseweg denke ich noch eine Weile über seine Worte nach. Bin ich wirklich so rassistisch, wie alle sagen? Wie kann das sein? Und noch viel wichtiger, wie konnte das passieren? Ich bin doch mit Kanaken aufgewachsen; *knack-knack,* wie mein Vater sie nennt. Ich bin doch selbst ein Kanake! Ich hing mein halbes Leben mit Arabern und Türken ab. In meiner biodeutschen Fußballmannschaft musste ich mir ständig anhören, dass wir Asiaten die kleinsten Pimmel haben. Sogar von unserer Trainerin, was aber okay war, denn die hatte wirklich den größten. Wie soll ausgerechnet *ich* zum Rassisten geworden sein? Kapiere ich nicht. Und wenn es stimmt, dass man vietnamesisch und rassistisch zugleich sein kann, wie nenne ich mich dann ab heute? Nazi Goreng?

Ich bleibe stehen, mitten auf dem Gehweg. Mir brummt der Schädel. Ich denke an meine Kindheit in Neukölln. Von zehn Schülern in der Klasse waren drei biodeutsch. Der Rest kam aus allen Herren Ländern. Oder heißt es jetzt aus aller Herr*innen Länder? Bin mir gerade nicht sicher ... Egal. Mein Freundeskreis war auf jeden Fall ein buntgemischter, internationaler Haufen, wie eine Tüte Gummibärchen. Und Witze über unsere Herkunft, über nationale Klischees und ausländische Stereotypen gehörten bei uns zum guten Ton. Wir haben über jeden Scheiß gelacht, weil wir Kinder waren, wir haben uns Clipshows im Fernsehen angeschaut, wo Leute von der Schaukel fallen oder Kinder auf Schlitten mit Vollspeed gegen einen Baum knallen. Fanden wir lustig. Wir und RTL2. Heute kassierst du mit so was einen Shitstorm, und das Jugendamt kommt zum Anstandsbesuch vorbei. Uns war auf jeden Fall gar nicht klar, dass unsere Gags jemanden verletzen oder dass sie eine politische Dimension haben könnten. Und im Grunde ist das bis heute so. Ich reiße Witze, um die Anspannung loszuwerden, um Situationen aufzulockern, um Menschen zum Lachen zu bringen und gut zu unterhalten. Kann das wirklich falsch sein?

Als Kind wusste ich nicht, dass meine Freunde aus allen möglichen Nationen kommen. Das waren halt der Ufuk und der Hassan und der Tung und der Boghdan, die waren cool, konnten kicken, und zu Hause bei denen gab es lecker Essen. Viel mehr interessierte mich ehrlich gesagt gar nicht.

Erst im Teenageralter fing ich an, mich sortenrein zu treffen. Also nur mit anderen Vietnamesen. Da haben sich die gelben Fruchtgummis als Clique zusammengetan und klebten nur noch aneinander, während sich die anderen Farben ebenfalls nur untereinander trafen. Lud man einen von uns ein, lud man alle von uns ein. Wir gingen in der Zeit auch nur auf Asia-Partys in Berlin, also Disco- und Clubabende, die fast ausschließlich von Reisfressern besucht wurden. Und damals gab es noch keinen K-Pop und keinen Gangnam Style, es ging uns vielmehr um eine Abgrenzung von der Abgrenzung. Also weil wir alle gleichermaßen fremd im eigenen Land waren, schlossen wir uns zusammen und bildeten einen Vietcong, das war für uns identitätsstiftend. Solange ich noch im Laden meines Vaters oder einem anderen Restaurant arbeitete, war das auch alles in Ordnung.

Mit Mitte 20 aber fing ich eine duale Ausbildung zum Personal Trainer an. Es war der erste Job, der mir richtig Spaß machte, für den ich morgens gern aufstand. Doch der Job machte mich auch furchtbar einsam. Denn alle anderen Asiaten, mit denen ich normalerweise abhing, arbeiteten nun mal in der Gastro. Heißt, vor ein Uhr nachts ging keine Party los, dafür dauerte sie aber bis sieben Uhr morgens. Kein Problem, wenn man erst um 14 Uhr wieder im Restaurant auf der Matte stehen muss. Ich aber wurde in der Früh bereits im Fitnessstudio erwartet. Nachts um eins wollte ich deswegen lieber schlafen, anstatt um die Häuser zu ziehen. Also war klar, ich brauchte neue Freunde. Und diesmal keine gelben Partybärchen, sondern Leute mit geregelten Arbeitszeiten.

Ich hatte zehn Jahre meines Lebens in allen möglichen Praktika, Aushilfsjobs oder dem Laden meines Vaters verbummelt. Und die Ausbildung zum Personal Trainer war endlich etwas, bei dem ich Spaß hatte *und* in dem ich erfolgreich war. Nicht mal das Putzen in der Frühschicht, bevor das Studio öffnete, machte mir etwas aus. Geschweige denn, stundenlang Bewegungslegasthenikern Einzelstunden zu geben. Ich erinnere mich gut daran, dass meine deutschen Kollegen nach drei, vier Einzeltrainings aussahen, als hätten sie ein Wochenende ohne Schlaf hinter sich. Ich packte mir zwei Trainings zusätzlich in den Kalender und dachte: Alter, so easy hab ich noch nie Geld verdient.

Im Nachhinein bin ich meinem Vater sehr dankbar für die Arbeitsmoral, die er mir während meiner Knechtschaft bei ihm vermittelte. Denn nach den Lehrjahren bei ihm würde mir vermutlich selbst eine Diamantmine in Costa Rica wie die Kinderanimation im Robinson Club vorkommen. Jede Höllenstunde machte sich im Nachhinein bezahlt, jeder verbale Anrempler meines Vaters härtete mich ab, und jede noch so sinnfreie Aufgabe bereitete mich perfekt auf das echte Leben vor.

Mein Einsatz blieb nicht unbemerkt. Nicht vom Chef und auch nicht von meinen deutschen Kollegen. Die fingen bei sechs Überstunden an, mit dem Leiter des Fitnessstudios Verhandlungen zu führen, beriefen sich auf Arbeitnehmerrechte und drohten damit, einen Betriebsrat zu gründen. In derselben Zeit arbeitete ich schulterzuckend drei Stunden länger und schüttelte den Kopf über so viel Faulenzerei. Und nicht nur einmal dachte ich: *»Ihr sei so phao!«*

Immerhin hatten die meisten Humor. Vor allem eine Kollegin, Nikita. Die war so schwarz, die hast du in der Nacht nur gesehen, wenn sie gelächelt hat. Ehrlich wahr. Wir zogen uns ständig gegenseitig auf, aber auf eine liebevolle, neckische Art. Sie sagte zum Beispiel: »Ein Inder und ein Vietnamese stehen an einer Ampel, wer darf zuerst gehen?« Obligatorische Witzpause vor der Pointe. »Der Inder. Punkt vor Strich.«

Oder ich kam in den Pausenraum rein und bemerkte, dass sie gerade einen Kakao trank. Dann fragte ich: »Na, Nikita? Wat machste? Farbe auftanken?«

Natürlich hatte Nikita auch darauf einen Spruch parat: »Weißt du, was der Unterschied zwischen Asiaten und Rassismus ist? Im Gegensatz zu Asiaten hat Rassismus mehrere Gesichter.«

Langsam gehe ich weiter. Je länger ich darüber nachdenke, desto überzeugter bin ich, dass es wirklich Leute geben könnte, die finden, dass ich ein Rassist bin. Ich fühle mich allerdings gar nicht wie einer. Kurz bleibe ich stehen und lausche in meinen Körper hinein. Gibt es da irgendwo rassistische Tendenzen? Neigt mein rechter Arm dazu, sich ausgestreckt langsam zu heben? Spüre ich einen schmerzenden Verlust, weil ich keinen kleinen Oberlippenbart trage? Nein. Ich fühle mich ganz normal. Wie immer, eigentlich. Zumindest so lange, bis mir etwas von hinten in die Kniekehlen donnert und ich vor Schreck zusammenfahre.

»Ey, pass doch auf, wo du stehen bleibst!«, ranzt mich eine Frau mit Kopftuch an und stößt den Zwillingskinderwagen gleich noch mal in meine Kniekehlen. »Wirst du fürs Rumstehen bezahlt?!«

»Ne, fürs Witzeerzählen«, erwidere ich trocken und atme den Schmerz weg.

»Komiker!«, schnauzt die Türkin und reißt den Kinderwagen rum.

»Woher wissen Sie das? Vielleicht kommen Sie mal in eine meiner Shows«, rufe ich ihr nach.

Sie ist so geschickt mit dem Wagen, dass sie sogar einhändig fahren und mir mit der anderen Hand ihren Mittelfinger zeigen kann.

Mit potenziellen Fans muss man sich ja gut halten. Also schiebe ich hinterher: »Einen Platz? Reserviere ich in der ersten Reihe!«

Nachdenklich schaue ich ihr hinterher. Ich und ein Rassist? Lächerlich.

»*Na?*« Mein Vater guckt mich aus zusammengekniffenen Augen an. »*Ha du Ulab? Oder bis du phao?*«

Es ist Dienstagnachmittag, und ich habe ihm spontan einen Besuch abgestattet. Dass ich keinen 9-to-5-Job habe und mich nicht darum reiße, in jeder wachen Minute Geld zu verdienen, ist für meinen Vater der Beweis, dass ich ein fauler deutscher Sack bin.

»Papa, ich bin selbständig. Ich kann arbeiten, wann ich will.«

»*Oh, du bis so phao.*«

»Freu dich doch mal, dass ich dich besuchen komme!«

Er zieht eine Augenbraue hoch und starrt mich an. Dann holt er tief Luft und atmet so heftig wieder aus, dass seine Lippen flattern und er sich wie ein Ballon anhört, der zischend und furzend im Zimmer herumfliegt.

»*Will du Geld?*«, fragt er mich dann.

»Mann, Papa, nein! Ich will dich einfach mal besuchen.«

Er zieht sein Portemonnaie aus der Tasche. »*Wie vie?*«

Ich schließe für einen Moment demütig die Augen. Dann sage ich: »Hundert wären gut.« Und stecke die zwei Scheine ein, die Papa mir hinhält.

Ich brauche das Geld nicht. Ich hab eigenes. Aber er wird erst Ruhe geben, wenn ich die Kohle genommen habe.

»*So.*« Mein Vater schaut mich mit einem Blick an, der sagt: Du hast das Geld gekriegt, also verpiss dich. Aber so leicht lasse ich ihn heute nicht davonkommen.

»Sag mal, bist du eigentlich schon mal einem Rassisten begegnet?«

»*Oh, ja*«, erwidert er. »*Nordvietnam sin alle Rassisten!*«

Ich verdrehe die Augen. Das war klar, dass er die als Erste nennt. Zwanzig Jahre lang, von 1955 bis 1975, haben das kommunistische Nord- und das demokratische Südvietnam gegeneinander Krieg geführt, stellvertretend für die großen Mächte USA und Russland. Kindern aus beiden Landesteilen wurde beigebracht, dass die gegnerische Seite zum Feind gehört. In den Medien dudelte Propaganda hoch und runter. Kein Wunder, dass mein Vater bis heute alle aus dem Norden seiner Heimat für Verbrecher hält. Und für Rassisten, klar.

Mit Nordvietnamesen wollen wir deshalb nichts zu tun haben. Um die macht man besser einen Bogen. Wir kennen solche Leute gar nicht.

»*Auch knack-knack. Alle Rassisten*«, fügt er nach einer Weile hinzu.

»Was? Die Kanaken? Quatsch.«

Er nickt bestimmt. »*Do. Do! Knack-knack besonders.*«

Okay, nicht hilfreich. Auch in anderen Situationen macht mein Vater es gerne mal schlimmer als besser. Als wir uns mal einen der Terminator-Filme im Kino anschauten, sagte er (leider sehr laut, so dass es der ganze Saal mitbekam): »*Ik liebe swarze Neger!*«

BOOM. Alle sahen zu uns. Auch die Frau vor uns, die die ganze Zeit so laut mit dem Popcorn geknistert hatte, dass ich fast nix von den Dialogen mitbekommen hatte.

»Wie bitte?«, sagte sie und verdrehte den Kopf wie ein Furby.

»Ich glaube, mein Vater meint den Schwarzenegger«, versuchte ich die Situation zu retten und zeigte auf die Leinwand, wo der Terminator gerade irgendwelche Statisten abknallte.

Zum Glück nickte mein Vater begeistert. »*Ja! Swarze Neger!*«

Und jedes Jahr im Frühling, wenn seine Allergie durchkommt, ruft er: »*Seiß Polen!*« Blöd, dass es in Berlin auf den meisten Baustellen von polnischen Arbeitern nur so wimmelt. Vermutlich ist es nur den flinken Beinen meines Vaters geschuldet, dass er nicht schon ein paarmal krass auf die Fresse gekriegt hat.

Gegenseitiges Bashing können eigentlich alle Nationalitäten ganz gut. Als die Türken in den 1990er Jahren als Gastarbeiter in die Bundesrepublik kamen, schüttelten die Italiener nur die Köpfe. Die fühlten sich zu dem Zeitpunkt nämlich schon ziemlich eingebürgert und meinten, sich möglichst deutsch, also: fremdenfeindlich verhalten zu müssen. Auf die Türken folgten die Jugoslawen, Marokkaner, Tunesier und Portugiesen, bis im Jahr der Ölkrise, 1973, ein »Anwerbestopp« verhängt wurde. Der war natürlich gut für die, die schon da waren, denn die durften bleiben und holten sogar ihre Familien ins Land. Fanden nicht alle Deutschen geil, weshalb es mal wieder zu Anfeindungen kam. Das ging so weit, dass Helmut Kohl (der Typ mit dem Saumagen) in den 1980er Jahren Gastarbeitern 10 000 DM versprach, wenn sie Deutschland für immer verlassen würden. Sollte man heute mal versuchen, ich glaube, das Land wäre im Nullkommanix leer – zumindest die Deutschen würden verschwinden. Nach Malle.

Aber wie dem auch sei, ich glaube immer noch nicht so recht daran, dass ich ein Rassist sein soll. Ich habe nichts gegen Ausländer. Auch nichts gegen Inländer. Ehrlich, ich habe alle Menschen lieb.

Besser gesagt: die meisten.

Okay, einige.

Manche.

Ausgewählte.

Im Grunde kann ich sie an einer Hand abzählen.

Na gut: Ich liebe nur Laura. Die aber von ganzem Herzen.

Gemessen an dem, was ich bisher so erlebt habe, sind die meisten Klischees oft leider keine Klischees, sondern die Wahrheit. Türken fahren am liebsten dicke deutsche Karren. Vietnamesen sind fleißig. Und Deutsche missgünstig. Hallo? Das weiß doch jeder. Deswegen verstehe ich auch nicht, warum sich manche Leute über meine Shows aufregen. Ich beschreibe doch nur die Realität! Eigentlich ist das keine Comedy, sondern eine Dokumentation. Real Life, wenn man so will. Was kann ich denn dafür, wenn die ganzen Idioten einen riesigen Hechtsprung in die Schublade reinmachen, die man ihnen aufhält? Wie oft habe ich schon einen Türken in *keinem* Mercedes oder BMW gesehen? In einem Golf? Einem Opel? Oder gar auf einem Fahrrad? Wie viele Vietnamesen arbeiten als Anwältinnen, Bauingenieure oder Grundschullehrer in Deutschland und nicht in einem Nagelstudio? Okay, Philipp Rösler. Der war mal Gesundheitsminister, aber der wurde adoptiert und wuchs in Niedersachsen in einer biodeutschen Familie auf, der gilt nicht.

Oder die Deutschen selbst. Das berühmte Klischee vom Teutonen mit Tennissocken in den Trekking-Sandalen. Das hab nicht *ich* erfunden. Das ist doch entstanden, weil Millionen Deutsche in dem Aufzug ins Ausland fuhren und dort noch vor Sonnenaufgang ihr Handtuch auf die Liegen am Pool legen. Und jeder weitere Deutsche, der heute in Tennissocken und Sandalen über die Landesgrenzen fährt, bestätigt das Klischee.

Wobei ich zugeben muss, dass das mit den Schubladen auch eine ziemlich einfache Sache ist, sich sein ganzes Leben zu rechtfertigen. Ich habe zum Beispiel einen Kumpel, der ist auch Comedian. Und hat einen Migrationshintergrund. Doppelt beeinträchtigt, also. Egal, was ihm mit Deutschen passiert, er sagt immer dasselbe: »Alles Nazis.«

Knöllchen bekommen: »Die Politesse ist Nazi.«

Einkommenssteuerbescheid gekriegt: »Das Finanzamt ist Nazi.«

In Hundescheiße getreten: »Der Köter ist Nazi.«

So kann man sich die Welt auch einfach machen.

Einmal hatte ich einen Auftritt mit ihm. Manchmal ist es so, dass sich Comedians eine Bühne teilen bei den sogenannten »Mix-Shows«. Dasselbe Publikum, aber Witze im Doppelpack. Na ja, wenn es gut läuft. Denn bei jedem Programm, mit dem man loszieht, ist es so, dass sich die Pointen erst mal einspielen müssen. Die Geschichten sind noch nicht ganz rund, die Übergänge passen noch nicht hundertprozentig, da, wo man sich absolut sicher war, dass der Saal steht, lacht keiner, dafür feiern sie dich für einen Joke, den du eigentlich weglassen wolltest. Gehört alles zum Job dazu, muss man mit leben können, ansonsten sollte man besser einen anderen Beruf ausüben. Vielleicht etwas mit Steinen.

Isis und ich hatten also einen gemeinsamen Auftritt, er war vor mir dran und probierte eine neue Show aus. Und er bombte. Bomben ist immer suboptimal, es sei denn, man ist ein geistesgestörter Anhänger des IS und hofft auf 100 Jungfrauen im Paradies. Wenn Comedians bomben, gehen sie während ihres Auftritts baden. Also keiner lacht. Das ist natürlich das Worst-Case-Szenario. Und Isis bombte an diesem Abend nicht nur, er radierte einen Landstrich aus.

Als er von der Bühne kam, war er aber nicht etwa enttäuscht oder peinlich berührt – sondern stinksauer. Ich wusste, sein Programm war nicht angekommen, denn ich hatte die Stille im Saal ja mitbekommen. Trotzdem war ich ein guter Kollege und fragte: »Und? Wie war's?«

Und Isis sagte: »Wallah, das sind alle Nazis.«

Ich (immer noch der fürsorgliche Kollege) sagte: »Ne. Deine Witze sind scheiße.«

Und er: »Wallah, du bist auch Nazi.«

»Vertrau mir«, erwiderte ich, »es lag an deinen Witzen.«

»Was ist mit meinen Witzen, du Lauch?«

»Du hast die letzten fünf Minuten im Prinzip nur einen Gag gemacht: ›Ich drück auf den Knopf! Ich drück auf den Knopf!‹ Das funktioniert so nicht.«

Sagt er: »Halt's Maul, ich fick gleich deine Augen.«

Ich: »Alter, ich hab keine Ahnung, warum du mir immer drohst, meine Augen zu ficken. Ja, die sind klein und eng, aber das ist nicht die Lösung. Was ist denn eigentlich dein Problem?«

»Das sind alles Nazis! Deswegen lachen die nicht«, rief er entrüstet.

»Digga, was für Nazis?«, entgegnete ich. »Wir sind heute Abend in einer Moschee. Überdenke deine Argumente, mein Freund.«

Ich habe in meinem ganzen Leben noch nie die Nazikarte gezogen. Nicht mal als die Pandemie ausbrach, hab ich mir diese Empfindlichkeit erlaubt. Auf Asiaten war man da weltweit nicht unbedingt gut zu sprechen. In den ersten Monaten nach Ausbruch des Virus bemerkte ich zum ersten Mal seit langem wieder so etwas wie Alltagsrassismus. Denn als ich mitten in der Pandemie einmal in einen vollen Zug einstieg, hatte ich gar keine Probleme, einen Sitzplatz zu bekommen. Ich musste einfach nur durch den überfüllten Waggon gehen, mich mehrmals verneigen und sagen: »*Hallo? Ik nik doi. Is da Zu na Leipßig?*« Und im Nullkommanix hatte ich den Waggon für mich.

In Lutherstadt Wittenberg stiegen weitere Passagiere ein und konnten ihr Glück kaum fassen, als sie mich allein in dem Wagen sitzen sahen. Die meisten gingen trotzdem weiter, nachdem ich ihnen freundlich zugenickt und »*Nǐ hǎo!*« gegrüßt hatte. Denn mittlerweile genoss ich die Ruhe im Abteil ziemlich.

Habe ich mich über die Diskriminierung beschwert? Habe ich meinen Bezirksabgeordneten angerufen oder eine Petition gestartet? Bin ich zum Traumatherapeuten gegangen, oder habe ich auch nur ein einziges Mal gesagt »Alles Nazis!«? Nein. Ich bin vielleicht ein empfindliches Reiskörnchen, aber von solchen Rassisten lasse ich mich doch nicht brechen.

Wäre ich ein Biodeutscher, wäre das natürlich etwas anderes. Deutsche fühlen sich ständig benachteiligt und diskriminiert und sind ohne Zweifel die empfindlichsten Lebewesen auf der ganzen Welt. Sie denken sogar, dass sie selbst immer wieder Opfer von Rassismus werden. Und sie haben recht, zumindest laut meiner Erfahrung. Ich habe immer wieder mit Biodeutschen gesprochen, die mir erzählt haben, dass ihnen ein Türke einen Parkplatz weggenommen hat. Oder den Job, manchmal sogar die Frau. Dazu sag ich nur: Türken haben halt die schnelleren Karren, die besseren Qualifikationen und sind die besseren Liebhaber. Isso.

Wenn die tennisbesockten Damen und Herren sich von einer Minderheit bedroht fühlen, nennt man das in der Fachsprache übrigens Reverse Racism. Experten sagen, dass so etwas gar nicht geht (aber diese Experten haben offensichtlich noch nie versucht, beim Ampelrennen gegen den getunten BMW eines Türken zu gewinnen). Weiße Mitteleuropäer können nicht diskriminiert werden, sagen sie, nicht mal wenn sie allein unter hundert Schwarzafrikanern wären. Dann wären sie nämlich die Plantagenbesitzer. So sieht das aus.

Der rassistische Arm reicht sogar bis ins Tierreich. Denn schwarze Hunde und Katzen werden seltener adoptiert als andersfarbige. Das Black Dog Syndrome ist durch Filme, Bücher und Erzählungen entstanden, in denen schwarze Hunde oft aggressiv dargestellt wurden. Ich frage mich, wie gestört wir Menschen eigentlich sind, wenn wir nicht nur andersfarbigen menschlichen Hautfarben gegenüber voreingenommen sind, sondern sogar der Fellfarbe von Haustieren. Reicht unsere Gattung nicht aus? Müssen wir unseren Rassismus wirklich auf die restlichen Lebewesen auf dem Planeten ausweiten? Und wann wird der Tag kommen, an dem Menschen keine Schwarzwurzel, keine schwarzen Johannisbeeren und keine schwarzen Bohnen mehr essen – aus Fremdenfeindlichkeit?

Es ist kein Problem, weiß zu sein, in keinem Land der Welt. Trotzdem jammern viele Weiße rum, dass sie nicht dieselben Rechte haben, dass sie ausgegrenzt werden, dass die bösen, bösen Migranten ihnen alles wegnehmen. Diese Weißen werden deswegen auch Schneeflocken genannt, weil sie so empfindlich sind und bei der kleinsten Diskussion wegschmelzen. Und nein, das denke ich mir nicht aus – den Begriff gibt es wirklich.

Unter den Schneeflocken stellen die Deutschen den größten Anteil dar.* In keiner anderen Sprache gibt es so viele Wörter für Empfindlichkeit wie im Deutschen.** Das alles kommt, da bin ich mir sicher, vom großen nationalen Humordefizit.

Zugegeben, es gibt Bevölkerungsgruppen, in denen noch weniger gelacht wird. Leute von Al-Qaida oder so, die verstehen EXTREM wenig Spaß. Und es trifft auch nicht auf alle Deutschen zu, dass sie zum Lachen in den Luftschutzkeller

---

* Das kann ich nicht belegen, das denke ich mir einfach so.

** Auch das ist nur eine Vermutung von mir, die ich als Fakt darstelle.

gehen. Meine Fans zum Beispiel geiern sich einen ab, wenn sie in meine Shows kommen. Vielleicht sind sie genauso lustig drauf wie ich. Oder sie haben die Karten geschenkt bekommen und denken sich: Wenn ich da schon hingehe, will ich auch meinen Spaß haben.

Aber warum sind so viele Deutsche eigentlich humorlos? Meine Theorie ist, dass den Deutschen mit dem Ende des Zweiten Weltkriegs und der Erkenntnis, dass man es sich einfach mal mit *allen* Völkern des gesamten Planeten verkackt hatte, das Lachen ein für alle Mal im Hals stecken blieb. Seitdem lachen sie über niemanden mehr. Oder nur heimlich. Glaub ich aber nicht, denn sogar wenn Deutsche ganz mit sich allein sind, sind sie politisch korrekt. Auch das ist historisch begründet, wo man es doch während des Dritten Reichs so gründlich verkackt hat.

Aus diesem Grund müssen sich viele Deutsche auch immer sehr laut und ernst für andere einsetzen und Political Correctness für Randgruppen und Minderheiten einfordern. Sie müssen *woke*, erwacht, sein und sich dem Kampf gegen Ungerechtigkeit oder Benachteiligung verschrieben haben. Beispielsweise indem sie Gendersternchen oder Unisextoiletten fordern. Weibliche und männliche Artikel wie der/die oder ein/eine abschaffen und durch das neutrale »ens« ersetzen wollen. Orte und Straßen umbenennen wollen. Verbieten wollen, dass beim Schach die weiße Figur den ersten Zug machen darf.

Ich würde jetzt gern so tun, als hätte ich mir das alles ausgedacht, als wäre es Comedy, aber ich muss euch enttäuschen. Das ist harte Realität. Wenn ihr also das nächste Mal einen Menschen trefft, den ihr als »eingewandert« lest, hütet euch bloß davor, ihn nach seiner Herkunft zu fragen! Das kann nach hinten losgehen, und schneller, als ihr gucken könnt, habt ihr die Moralapostel an den Hacken. Apropos Apostel: Ob es ein Zufall ist, dass das woke »Erwacht« und die Mitgliederzeitschrift der Zeugen Jehovas »Erwachet!« beinahe gleich heißen? Ich frage für einen Freund.

Bezeichnenderweise sind die meisten Leute, die meinen Humor nicht verstehen, nicht nur biodeutsch, sondern auch woke as fuck. Sie heißen Dörte und Dietmar, sind weiß wie Frischkäse und haben höchstens mal eine Rassismuserfahrung gemacht, wenn jemand ihren Dialekt nicht verstand. Ansonsten wissen die gar nicht, wie sich Rassismus oder Diskriminierung anfühlen. Und bestimmt wurden weder Dietmar noch Dörte jemals Opfer einer sexistischen Verbalattacke, dafür haben sie viel zu viele Haare auf den Zähnen.

Obwohl sie selbst keinen Migrationshintergrund haben, nicht zur Konsonanten-Community gehören, nie wegen ihres Geschlechts diskriminiert wurden und mit dem deutschen Pass eine Art Freifahrtschein für die Welt besitzen, setzen sie sich für Minderheiten mehr ein als für weiße, flauschige Robbenbabys, die von den Eskimos mit Knüppeln auf den Kopf getötet werden. Sie beschweren sich sogar, dass man nicht mehr Eskimo sagen darf, wenn man erzählt, dass die die Robbenbabys mit dem Knüppel auf den Kopf hauen. Es sind die Prototypen der deutschen empfindsamen Schneeflockigkeit, und man sollte sich hüten, sie auf sich aufmerksam zu machen.

So richtig deutlich wurde mir die Misere, als ich einmal einen Post auf Instagram machen wollte, und zwar was Pornographisches. Food Porn, genau genommen. Also ich hab mein Essen fotografiert.

Früher mussten Comedians vor allem eines sein: präsent im Fernsehen, genauer gesagt bei RTL. Wer nicht mindestens einmal mit Hugo Egon Balder oder Hella von Sinnen im Bett war, der brachte in den 1990er Jahren keinen Fuß auf die Bühne. Durch die sozialen Medien, die zahllosen Streamingportale und das Internet hat sich das geändert. Heutzutage musst du vor allem viele Follower auf TikTok, Instagram oder OnlyFans haben, wobei ich erst sehr wenige Kollegen auf letzterem Portal gefunden habe. (Man stelle sich das mal vor, Olaf Schubert und sein Pullunder in erotischen Posen ... nein, das stelle man sich doch besser nicht vor.) Wenn man ein Profil in den sozialen Medien hat, muss man das natürlich auch mit irgendwas befüllen. Diese Inhalte heißen auf Neudeutsch Content, und im Grunde bin ich den lieben langen Tag mit nichts anderem beschäftigt, als Content für TikTok und Co. zu erstellen. Das ist manchmal cool und manchmal nervig, denn nicht jeden Tag passieren mir unglaubliche, witzige, bemerkenswerte Dinge, die ich gern mit der Öffentlichkeit teilen will. Comedians sind nämlich auch nur Menschen. Kann man sich schwer vorstellen, ist aber so. Wir kochen mit Wasser, unsere Kacke riecht nicht nach Rosen, und manchmal haben wir an einem Tag nicht viel mehr erlebt, als die Wäsche aufzuhängen und uns mit der Steuererklärung rumzuschlagen. Unglaublich, aber wahr.

Auch an solchen Tagen ist es gut, sich auf den sozialen Medien mal blicken zu lassen und etwas zu posten. Selbst wenn es ein Foto vom Essen ist.

Ich saß also an einem Tag, an dem ich die Wäsche aufgehängt und mich mit der Steuererklärung rumgeschlagen hatte, zu Hause am Küchentisch und schoss ein Foto vom Fraß vor mir auf dem Teller. Nicht besonders originell: eine Asiapfanne. Reisnudeln, Gemüse, Schweinefleisch, Kokosmilch. Kaum hatte ich das Bild hochgeladen, trudelten auch schon die ersten Likes rein – und Kommentare. Kommentare können dein Ticket in den siebten Social-Media-Himmel oder in die neun Höllenkreise sein. Dass es mit meinem letzten Post mit dem Fahrstuhl eher nach unten ging, bemerkte ich recht schnell. Zuerst beschwerte sich mein Kumpel Ufuk: »Digga, hast du ’nen Fisch in der Pfanne? Schwein essen? Geht gar nicht! Ist nicht halal!!!« Sein Kommentar wurde so oft gelikt, dass er bald mehr Herzchen hatte als mein Foto – und ich sah meinen Fehler ein. Ich bin zwar kein Muslim, aber beleidigen will ich auch niemanden, es sei denn, man gibt mir Geld dafür und kommt in meine Show. Also löschte ich das Bild und aß klammheimlich auf.

Ein paar Tage später startete ich einen neuen Versuch und postete dasselbe Gericht mit Rindfleischstreifen. Ich erfuhr wenige Minuten später, dass es Inder unter meinen Fans gibt, die sich nun lautstark beschwerten. Bevor der Shitstorm Fahrt aufnahm, löschte ich auch dieses Foto und entschuldigte mich in einer Story in aller Form bei meinen Followern und Rindern, deren Gefühle ich durch die Fleischstreifen verletzt hatte.

Zugegeben, ein wenig anstrengend war das schon. Aber ich bin ja ein verständnisvoller Mensch. Und mit Hühnchen kann man sowieso nix falsch machen – oder? Ist ja eigentlich gar kein richtiges Fleisch.

Falsch gedacht. Das Hühnchen sorgte für ein fast noch größeres Echo als das Schweine- und das Rindfleisch. Denn nun klärten mich mehrere Vegetarier unter meinen Fans darüber auf, wie grundverkehrt es sei, dass ich Hühnchenfleisch aß. In insgesamt 40 Kommentaren, die zusammengenommen alle länger waren als alle Texte, die ich je gelesen hatte, klärten sie mich über Massentierhaltung, Kükenschreddern und Antibiotika im Fleisch auf, und mir verging spontan der Appetit.

Obwohl ich das alles längst wusste. Laura ist nämlich eingefleischte Veganerin. Heißt, die Vorlesung über Massentierhaltung, Kükenschreddern und Antibiotika im Fleisch habe ich nicht nur einmal gehört, ich kann sie auswendig und rückwärts mitsprechen. Ich stimme auch allen, die kein Fleisch essen wollen, inhaltlich zu: Ja, die Bedingungen, wie Tiere auf diesem Planeten für unseren Verzehr gehalten werden, sind unterirdisch. Und wenn wir alle zweimal häufiger die Woche vegetarisch oder vegan essen würden, könnte der Rest der Welt halt auch noch satt werden, weil wir das Gras, das die Tiere zu fressen bekommen, dann halt selbst futtern würden, anstatt es durch die Tiere durchzuschleusen und sie anschließend zu vertilgen. (Obwohl ich mich frage, ob die Tiere in der Massentierhaltung wirklich *Gras* zu essen bekommen ... egal.)

Weil ich mit Laura zusammenlebe, wurde ich zum WG-Tarier, ernähre mich also zu Hause häufig vegetarisch oder vegan. Und trotzdem hab ich manchmal Bock auf totes Tier, denn ich bin nur eine Teilzeit-Wurstbremse und habe einen extrem schwachen Willen. SORRY. Ich entschuldige mich hiermit bei Laura: Ja, ich esse manchmal Fleisch. Vor allem Döner. Meistens HINTER DEINEM RÜCKEN. Weil ich dich nicht verletzen will, wenn ich es vor deinen Augen tue.

Auch beim Hühnchen entschuldigte ich mich. Ich sagte: »Ich hätte dir ein Leben in Freiheit gewünscht, mit unendlich viel Körnern, die du vom Boden picken kannst. Stattdessen bist du in einem Hühnerknast aufgewachsen und wurdest brutal ermordet, dein Fleisch wurde filetiert und in eine Plastikverpackung gelegt, damit ich beim Einkauf nicht mehr daran denke, dass du mal ein echtes Lebewesen warst, dann landetest du auf meinem Teller und wirst nun noch nicht mal von mir gegessen, weil mir die Möhrenguerilla den Appetit verdorben hat. Steckt man nicht drin. Kann ich ein Lied von singen. Ich wäre auch lieber der Prinz von Bhutan oder Mitglied in so einer durchgeknallten K-Pop-Band, kannst du mir glauben. Aber hier sitze ich, schlitzäugig und hungrig, und kann nichts an meinem oder deinem Schicksal ändern.«

Genervt schob ich meinen Teller zur Seite. Alles klar, ich hatte verstanden: keine toten Tiere auf den sozialen Medien. Schließlich wollte ich niemandes Gefühle verletzen. Vor allem nicht die der ganzen Empörungsbeauftragten, die sich seit einigen Jahren an jeder Ecke herumdrücken wie Agenten in einem schlechten Spionagefilm und überall Chancen wittern, um Exempel zu statuieren. Die ständig das Nazometer schrillen lassen, weil ich ein falsches Wort benutzt oder ein falsches Bild hochgeladen habe.

Leider hatte ich mit meinen drei hochgeladenen und wieder gelöschten Bildern einige schlafende Hunde geweckt. Denn auch die nächsten Versuche führten mich näher an die Verbannung als an alles andere heran: Das fleischlose Gericht wurde ebenfalls verteufelt, weil ich Kokosmilch verwendet hatte – und die flog ja, wie die Bambussprossen auf dem Teller, um die halbe Welt, um von mir gegessen zu werden. Dementsprechend ließ ich beim kommenden Bild alles weg, was nicht in Deutschland gewachsen war, und kochte saisonal und regional. Es blieben ein paar traurige Karottenscheiben, einige verloren wirkende Erbsen und eine halbe Stange Lauch übrig, die neben einem Nest Bandnudeln, die ich irgendwo in der Speisekammer gefunden hatte, ein eher trostloses Dasein fristeten. Aber auch die Bandnudeln waren falsch, immerhin enthielten sie Gluten, und das ist erwiesenermaßen fast so schlimm wie Schwein, Rind und Hühnchen zusammen.

Beim nächsten Bild fand sich nur noch Gemüse auf meinem Teller. Fein säuberlich sortiert lagen die Karottenscheiben im oberen Drittel, der Lauch im unteren und die Erbsen auf halb vier. Das passte natürlich wieder nicht allen, diesmal rief es die Frutarier auf den Plan – Menschen, die nur Früchte essen, die von allein vom Baum oder Strauch gefallen sind. »Die Karotten wurden heimtückisch ermordet!«, schrieb Apfelbäckchen87. »Auch der Lauch musste bei der Ernte sterben.«

What the fuck?! Konnte man es heutzutage eigentlich noch irgendjemandem recht machen? Oder musste ich zum Lichtesser werden, damit der soziale Kacksturm verstummte?

Am Ende postete ich einen Tisch mit leerem Teller. Und war kein bisschen überrascht, als der Account von brot_fuer_die_welt kommentierte: »Nicht lustig.«

Weniger ist eben manchmal leer.

Politisch Inkorrektes aus aller Welt

Bilde Paare! Welche Bezeichnungen gehören zusammen?

Froschfresser	Chinese
Windelschädel	Schwarzer
Drehgrillkratzer	Engländer
Schluchtenscheißer	Schweizer
Inselaffe	Türke
Alpenindianer	Österreicher
Mingvase	Italiener
Spaghettifresser	Araber
Schokocrossie	Franzose

8 Knete im Kopf: Wo die Vorurteile wohnen (und wie man sie zum Ausziehen bewegt)

»Wo kommen Vorurteile eigentlich her?«, frage ich die Psychologin, die mir gegenüber in einem Korbstuhl sitzt.

Neben ihr auf dem Beistelltisch plätschert ein Zimmerbrunnen, der mich vermutlich beruhigen soll, aber nur dafür sorgt, dass sich meine Blase meldet und ich von Minute zu Minute angespannter werde. Alles in diesem Raum ihrer Praxis schreit mich an: »Komm mal runter!« Und zwar so wenig subtil, dass ich richtiggehend kribbelig werde.

Eigentlich will ich mit Seelenklempnern nichts zu tun haben. Die sind beruflich mit den Lifecoaches verwandt, von denen man sich unbedingt fernhalten sollte. Die denken mir nämlich alle zu positiv und gehen mir damit megakrass auf die Eier. Und immer wieder frage ich mich: Glaubt ihr den Mist, den ihr von euch gebt, eigentlich selbst? Vor allem kapiere ich nicht, warum sie die Pessimisten mit ihren Kalendersprüchen nerven. Wieso dürfen wir nicht hoffnungslos und traurig sein? Weshalb sollen wir den Tag nutzen und leben, als wenn es der letzte wäre?

Und trotzdem bin ich heute hier, in der Praxis einer Psychologin. Ich habe mir einen Termin bei Mandy-Chantal Schablitzki besorgt, weil ich glaube, dass sie mir weiterhelfen kann. Ich meine: Wenn nicht sie, wer dann? Mandy-Chantal Schablitzki, die ich im Geiste MC Schablone nenne, ist doch mit Sicherheit nicht im gediegenen Schöneberg aufgewachsen. Ihre

Eltern heißen garantiert nicht Ludwig und Elisabeth, führen keine erfolgreiche Anwaltskanzlei, und ihr Lebensweg war nicht vorgeschrieben, sondern bestimmt so verschlungen wie meiner. Ganz sicher.

»Haben Sie denn Vorurteile?«, fragte mich MC Schablone und kritzelt was auf den Block, der auf ihrem Schoß liegt.

Das macht mich sofort nervös. Was hat sie denn jetzt schon notiert? Ich habe doch noch gar nichts gesagt außer »Hallo« und »Hübscher Zimmerbrunnen«. Ich schlucke und fühle mich instinktiv unwohl. Wie immer, wenn ich auf Psychologen treffe. Die analysieren einen beim ersten Mundaufmachen und dichten dir Probleme an, wo gar keine sind. Warum bin ich noch mal hierhergekommen? Ach ja. Ich will herausfinden, warum wir bei Arabern automatisch an Kamele und bei Asiaten an kleine Pimmel denken. Ist das Werkseinstellung oder das Produkt unserer Erziehung? Sind wir alle in Wahrheit Rassist*innen, Sexist*innen und was sonst noch alles an *innen und -ismen so frei rumläuft?

»Ich glaube schon, ja. Aber hat die nicht jeder?«, gebe ich betont lässig zurück.

»Wie sehen Ihre Vorurteile denn aus?«, hakt MC Schablone nach.

»Na ja, dass Psychologen beispielsweise auf alles mit Fragen antworten«, flutscht es mir zwischen den Lippen hindurch.

Die Psychologin lächelt knapp. Es sieht nicht so aus, als würde sie sich amüsieren.

»Haben Sie in meine Richtung noch mehr Vorurteile?«, will sie wissen und legt den Kopf schief.

»Oh, wow. Na klar. Also erst mal sind Sie rothaarig. Und Sie wissen ja, was man über Rothaarige sagt.« Ich wackle mit den Augenbrauen und grinse anzüglich.

MC Schablone erwidert nichts, sondern notiert etwas auf dem Block. Oh-oh. Wenn ich nicht aufpasse, bekomme ich am Ende der Stunde keine Antworten, sondern eine Einweisung in die Geschlossene.

»Weiter?«, fordert sie mich auf.

»Also Ihr Name, der spricht ja Bände!«, platzt es aus mir heraus. »Mandy-Chantal Schablitzki. Ich tippe auf eine Kindheit in Marzahn, vielleicht Realschulabschluss, dann Ausbildung im Einzelhandel oder so, bis Sie sich dachten: Das kann es nicht gewesen sein. Abitur in der Abendschule, ins Psychologiestudium sind Sie über irgendeine Quote gekommen, da waren Sie dann aber die Überfliegerin. Also wenn Sie mich fragen, ist das so eine Geschichte wie bei ›Natürlich blond‹. Dem Film? Kennen Sie doch bestimmt. Nur halt in Rothaarig.«

Die Psychologin sieht mich lange an. Sie ist vielleicht 40 Jahre alt, um ihre Augen haben sich bereits kleine Fältchen gebildet. Das lässt sie furchteinflößend kompetent wirken.

MC Schablone seufzt. »Da wären wir ja schon mittendrin im Thema.« Sie klickt mit dem Kugelschreiber. »Meine Eltern haben sich kennengelernt, als gerade das Lied ›Mandy‹ von Barry Manilow in den Charts war. Da meine Mutter aus dem Burgund kommt, das liegt in Frankreich, wurde ich nach der heiligen Johanna Franziska von Chantal benannt. Der Name Schablitzki stammt aus Schlesien, das heute in Polen liegt. Meine Vorfahren waren dort Gutsherren. Ich wurde dreisprachig erzogen. Deutsch, französisch und polnisch.«

Mir klappt die Kinnlade herunter. Ich bin zu fassungslos, um etwas zu sagen.

»Bereits mit zehn Jahren wollte ich Psychologin werden. Ich habe allerdings in Frankreich studiert, an der Sorbonne.

Ohne Stipendium«, fügt sie mit einem knappen Mundwinkelzucken hinzu. »Und wie ist das bei Ihnen, Herr …« Sie sucht in ihren Unterlagen. »Thomas Tran? Wollen Sie, dass ich Ihnen ebenfalls meine ungefilterten ersten Eindrücke wiedergebe?«

Ich rutsche auf meinem Stuhl hin und her und betrachte eingehend meine Fingernägel. Okay, eins zu null für sie. Und dabei hatte ich sie mir doch extra wegen ihres unterschichtigen Namens ausgesucht. Aber sie hat mir bereits nach drei Minuten etwas verdeutlicht: Ich stecke wirklich voller Vorurteile. Vermutlich bestehe ich nicht zu 99 Prozent aus Wasser, sondern aus Annahmen, Befangenheiten und Intoleranzen.

Ich hebe entschuldigend die Hände. »Sie haben recht. Und genau deswegen bin ich ja hier. Ich möchte wissen, wo meine Vorurteile herkommen.«

Sie nickt nachdenklich. »Ich denke, da kann ich helfen.« Dann legt sie Block und Stift weg. »Gerade eben, als Sie mich aufgrund meines Namens analysierten, wurden Sie Opfer des Chantalismus.«

Meine Augen werden groß. »Nach Ihnen wurde eine Krankheit benannt?«

Die Psychologin lächelt. »Nein. Als Chantalismus bezeichnet man, wenn deutsche Familien nicht deutsch klingende Namen für ihre Kinder auswählen, vor allem aus unteren sozialen Schichten, auch ohne Migrationshintergrund. Exotische, aber auch amerikanisch klingende Vornamen sind in diesen Milieus sehr verbreitet, man geht davon aus, dass es mit der Nähe des Elternhauses zur Populärkultur und zu eher weniger anspruchsvollen Medien zu tun hat.«

»*Sie* sind auf jeden Fall sehr gebildet«, antworte ich und

reibe mir die Schläfen. Von dem akademischen Gelaber bekomme ich Kopfschmerzen.

»Einfacher gesagt: Als der Film ›Kevin allein zu Haus‹ 1990 in die Kinos kam, nannten sehr viele Menschen danach ihre Söhne Kevin. Das wäre an sich kein Problem, allerdings geschah das nun mal vor allem in bestimmten, bildungsärmeren Milieus. Die Kinder aus diesen Familien waren oft schlechter in der Schule, was dem Lehrpersonal natürlich auffiel. Eine Studie konnte sogar nachweisen, dass bestimmte Vornamen wie Kevin, Chantal, Cheyenne und so weiter den Lehrern nahelegt, die Schüler seien leistungsschwächer und verhaltensauffällig.«

»Wie gemein«, empöre ich mich.

»Ich will Ihnen nicht zu nahe treten, aber Sie waren gerade doch genauso vorverurteilend«, sagt die Psychologin.

Touché.

»Hab ich kapiert. Aber warum ist das so?«, will ich wissen.

MC Schablone lehnt sich zurück. »Fangen wir mit dem Einfachsten an. Jeder Mensch hat ein Gehirn.«

Ich lege den Kopf schief und kneife die Augen zusammen. »Naaaa«, sage ich gedehnt. »Sind Sie sich wirklich sicher?«

MC Schablone lacht. »Ja.«

»Auch Donald Trump?«

»Davon ist auszugehen. Statistisch gesehen hat jeder Mensch eine Zentrale im Kopf, die die Grundfunktionen seines Körpers, seines Verhaltens, seiner Gedanken und Gefühle steuert.«

Das muss ich erst mal verdauen. Das würde ja dann für ALLE Menschen gelten. Auch für Nazis. Oder Ostfriesen. Oder die Leute, die ihren Müll nicht trennen und Echtpelz tragen.

»Sind Sie sich *wirklich* sicher?«, will ich eindringlich wissen.

Die Psychologin nickt. »Es kommt sogar noch besser. Die Gehirne der rund 7,9 Milliarden Menschen auf diesem Planeten sind alle identisch aufgebaut. Heißt: Qua Werkseinstellung und Genetik sind wir erst einmal alle gleich.«

Woooow. Das kann sie nicht ernst meinen. »Ich soll etwas mit Hitler, Putin und Erdogan gemein haben?«

»Zumindest teilen Sie sich denselben biochemischen Bauplan. Sorry«, antwortet sie knapp und fährt dann fort: »Es dauerte viele Millionen Jahre, bis das menschliche Gehirn zu dem wurde, was es heute ist: ein Wunderwerk. Es kann denken, fühlen, planen, erinnern, kombinieren, träumen und sogar Orgasmen produzieren.«

Krass. Und ich hab auch so ein Ding im Kopf. In Zukunft, nehme ich mir vor, werde ich viel, viel besser und freundlicher zu meiner Denkzentrale sein. Sie kann Orgasmen! Hallo?

»Es gibt viele verschiedene Bereiche im Gehirn, und ich erspare Ihnen an dieser Stelle die Namen und Funktionen. Wichtig sind zwei Abteilungen, die dürfen Sie sich merken: der Frontallappen und die Amygdala.«

Ich nicke konzentriert. »Und mit dem Frontallappen macht man sauber?«

MC Schablone lächelt. »Nicht ganz. In diesem Areal sind Planung, Logik und analytisches Denken beheimatet. Der Frontallappen liegt unter der Stirn.« Sie tippt mit dem Stift dagegen.

»Und dieses andere Dings?«

»Amygdala.« Die Psychologin nickt. »Eine der ältesten Hirnregionen. Sie liegt im Inneren Ihres Gehirns, nah am Hirnstamm und der Wirbelsäule. Die Amygdala ist die Angst-

und Impulszentrale in Ihrem Organismus. Sie reagiert schneller als jedes andere Areal – vor allem schneller als der Frontallappen.« Sie beugt sich etwas nach vorn. »Jedes Gehirn ist wie eine Zwiebel aufgebaut. Zuerst kommen die sehr alten Teile, die unsere Instinkte steuern, aber auch die Körperfunktionen, die wir gar nicht mitbekommen. Verdauung, körperliche Reaktionen und so weiter. Wie bei einem Schichtsalat bildeten sich im Laufe der Jahrtausende die anderen Gehirnareale außenrum. Je weiter weg vom Hirnstamm, desto länger der Weg, den die Neuronen nehmen müssen.«

»Ah, deswegen sagt man: Jemand hat eine lange Leitung!«, bringe ich mich ein, kann aber nicht aufhören zu denken: Mein Gehirn ist ein Schichtsalat.

Die Psychologin nickt. »Genau. Studien haben nun herausgefunden, dass in unserem Gehirn, wenn wir etwas Fremdes oder Unbekanntes sehen, zuerst einmal die Amygdala aktiviert wird. Also die Angstzentrale. Sie schüttet Hormone und Botenstoffe aus, die uns zu verstehen geben: Vorsicht! Kennst du nicht, könnte gefährlich sein.«

»Warum? Sie könnte doch auch freundlich sein. Willkommenskultur und so.«

»Könnte sie. Das Gehirn hat aber nur eine einzige Aufgabe. Wollen Sie raten?«

Orgasmen!, denke ich. Aber ich schlag vor: »Denken?«

»Nein. Das Gehirn will um jeden Preis das Überleben des Organismus sichern. Also von Ihnen. Deshalb scannt es seine Umwelt auf mögliche Gefahren ab und reagiert vorsichtig, wenn es etwas nicht kennt. Es könnte ja eine potenzielle Gefahr sein.«

Ich bin baff. Das ist nicht nur ein Schichtsalat im Oberstübchen, das ist mein persönlicher Bodyguard! Im Ernst, je länger ich hier sitze, desto lieber mag ich meine grauen Zellen. Warum hat mir das nie einer gesagt? Mir war doch gar nicht klar, dass man das Hirn für irgendwas Sinnvolles brauchen könnte! Was hätte aus mir alles werden können, wenn man mir das früher verklickert hätte.

»Treffen wir nun also auf einen Menschen, der uns fremd vorkommt, weil er anders aussieht oder sich anders verhält, als wir es gewohnt sind, schießt die Amygdala aus allen Rohren. Der erste Impuls – in jedem Menschen, auch wenn er es nicht bewusst wahrnimmt – ist Verunsicherung.«

Vor Erleichterung sinke ich in den Korbstuhl zurück. Mein Hirn ist an allem schuld. Gott sei Dank!

»Aber«, fährt MC Schablone fort, und ich zucke instinktiv zusammen. Immerhin weiß ich jetzt, wer für das Zucken verantwortlich ist: meine neue Freundin Amygdala. »In unserer mehrheitlich multikulturellen Gesellschaft sind wir uns natürlich bewusst, dass es keine Unterschiede zwischen Menschen verschiedener Hautfarben, blonden oder rothaarigen Frauen, Bart- oder Glatzenträgern gibt. Diese erlernte Überzeugung sitzt allerdings nicht in der Amygdala, sondern im Frontallappen. Heißt: Unsere erste, instinktive Reaktion ist Ablehnung. Dann muss das Hirn einen kleinen Umweg fahren und kommt schließlich bei der Überzeugung an, dass alle Menschen gleich sind.«

»Außer bei einem Rassisten«, gebe ich zu bedenken. »Der hat keinen Umweg, der hat Stuttgart 21.«

Sie nickt. »Toleranz und Unvoreingenommenheit bedeuten also, dass wir einen uralten Impuls in unserem Gehirn, den wir kaum beeinflussen können, umfahren müssen. So weit verstanden?«

Ich nicke. Das ist alles völlig unglaublich und irre.

»Also kann ich gar nix für meine Vorurteile.« Die 120 Euro, die ich in Frau Schablitzki investiere, haben sich jetzt schon gelohnt.

»Doch«, antwortet sie leider. »Denn nur weil das Gehirn mit Vorurteilen reagiert, müssen Sie ja nicht stur hinterherlaufen. Es ist nämlich so: Das Gehirn ist neuroplastisch.«

Ich weiß nicht, warum ich bei dem Wort an Silikonbrüste denken muss.

»Es ist formbar. Wie Knete, wenn Sie so wollen.«

»Ich habe Knete im Kopf?«

Das erklärt nun wirklich *einiges.*

»Nein, nicht wirklich. Aber Ihr Gehirn kann sich anpassen. Es bildet Neuronen und baut sie wieder ab, wenn Sie nicht verwendet werden. Deshalb vergessen Sie Informationen, die nicht mehr wichtig sind. Beispielsweise Englischvokabeln.«

»Die habe ich nicht vergessen, die konnte ich noch nie.«

»Na gut. Aber was Sie vor drei Wochen am Montag gegessen haben. Wissen Sie das noch? Nein, weil die Information nicht wichtig ist, um Ihr Überleben zu sichern.«

»Das sind Englischvokabeln auch nicht«, erwidere ich.

Die Psychologin lacht. »Was ich Ihnen sagen will, ist: Ihr Gehirn lernt. Auch mit Angst umzugehen. Aber Ihr Gehirn ist faul. Es versucht, möglichst viele Kalorien zu sparen. Deswegen denkt es in vorgefertigten Wegen oder Schubladen – und so entwickeln sich Vorurteile.«

Mein Gehirn ist faul? Entschuldigung, aber dafür hätte ich nicht zur Psychologin gehen müssen. Dass es aber auch »faul« auf Neues reagiert und deswegen in Schubladen denkt, das war mir neu.

»Kann man dagegen denn etwas machen?«, will ich wissen und hoffe insgeheim, dass sie nein sagt.

»Natürlich«, zerschlägt die Psychologin meine Hoffnung sofort. »Indem man sich aktiv mit Neuem beschäftigt und seine Komfortzone immer wieder verlässt. Wenn man sich nie erlaubt, auch mal etwas anderes zu denken, wenn man keine anderen Meinungen zulässt oder sich nicht mit gegensätzlichen Ansichten auseinandersetzt, bleibt man für immer in seinem Denken gefangen.«

Scheiße. Das klingt ja richtig nach Arbeit. Irgendwie hatte ich die Hoffnung, dass Mandy-Chantal mir sagt, ich könne nix für meine eingeschränkte Perspektive, und gut is. Im Grunde war das auch der erste Teil ihrer Botschaft, denn für mein Hirn kann ich nun wirklich nix. Aber der zweite Teil war wichtig: Ich kann mein Hirn verändern. Weil es wie Knete ist.

Ob mich das nun beruhigen oder verunsichern soll? Denn die wirkliche Hammernachricht hielt sich die Psychologin für den Schluss auf: »Das Hirn ist so anpassungsfähig, dass es sich auch dann verändert, wenn man es nicht immer wieder aus seiner Wohlfühlecke lockt. Das heißt, wenn Sie immer nur dasselbe essen, konsumieren, sehen oder denken, wird Ihr Hirn immer träger. Es denkt nicht mehr neu, kombiniert nicht überraschend, sondern wird noch mehr Vorurteile und Denkschablonen entwickeln.«

»Vorurteile machen dumm?«

Sie sieht mich lange an, bevor sie antwortet: »Wenn man nicht gegen sie angeht, ja.«

»Sie verordnen mir also ...?«

»Diversitätstraining. Am besten mehrmals die Woche.«

»Reicht es nicht, wenn ich dafür in die Fußgängerzone gehe?«

Die Psychologin blickt mich lange an. Dann klappt sie ihren

Block zu, erhebt sich aus dem Sessel und sagt: »Sie schaffen das schon, Herrn Tran.«

Nachdenklich laufe ich nach dem Termin bei der Psychologin nach Hause. Im Grunde ist es eine Erleichterung, dass jedes menschliche Gehirn zu Vorurteilen neigt. Wenn da nur nicht der Teil mit der Komfortzone wäre. Ich bin gern in meiner Komfortzone. Da ist es kuschlig und gemütlich, da kenne ich mich aus und finde auch nachts im Dunkeln den Weg ins Bad.

Gleichzeitig möchte ich kein stupider Trottel werden. Und ich habe auch wirklich keine Lust mehr auf die Standpauken meiner Managerin Nici, wenn ich mal wieder über das Ziel hinausgeschossen bin mit meinen Jokes. Deswegen muss und möchte ich mein Hirn ein bisschen auf Trab bringen! Nur wie?

Neben mir an der Ampel bleibt eine Blondine stehen. »Entschuldigung«, spreche ich sie an, »haben Sie zufälligerweise Lust, sich mit mir über Ihre Erfahrungen als Angehörige einer Minderheit zu unterhalten?«

Sie schaut mich an, als hätte ich meinen Hosenstall geöffnet und meine Nudel rausgeholt.

»Vielleicht ist das auch nicht Ihr Ding. Haben Sie Ahnung von Politik?«

Die Blondine spuckt ihren Kaugummi vor mir auf den Boden.

»Oder das Sein und das Nichts?«, rufe ich ihr hinterher, als die Ampel auf Grün umspringt und die Frau losläuft.

»Raumfahrt? Radioaktive Stoffe? Romantische Lyrik?«

Das Letzte, was ich von ihr sehe, ist ihr ausgestreckter Mittelfinger. Na, immerhin: *Ein* Vorurteil konnte ich schon mal widerlegen. Blondinen sind nicht dumm – sondern einfach nur unfreundlich.

Weil ich die Sache nun wirklich angehen will, vereinbare ich einen Termin bei der Antidiskriminierungsstelle des deutschen Bundes. Dort treffe ich einige Wochen später auf Manfred, der mir mit ernstem Gesichtsausdruck einen Sitzplatz in seinem Büro anbietet.

»Sooo, Herr Tran«, sagt er gedehnt, während er sich in seinen durchgesessenen Schreibtischstuhl sinken lässt. »Sie haben um diesen Beratungstermin mit dem Vermerk ›dringend‹ gebeten.« Er mustert mich mit diesem väterlichen Blick.

Ich nicke. »Ja, ich denke, diese Angelegenheit kann nicht länger warten.«

»Na, dann erzählen Sie mal. Hat die Diskriminierung bei der Arbeit stattgefunden oder im Privatleben?«

Ich wiege den Kopf hin und her. Bin ich professioneller Diskriminist? Oder eher privater? Ich denke, bei mir geht das Hand in Hand. »Sowohl als auch.«

Manfred zieht die Augenbrauen hoch. »Sind Sie schon häufiger mit Diskriminierung in Berührung gekommen? Welche Erfahrungen haben Sie gemacht?«

»Im Prinzip geht das so seit meiner Kindheit«, denke ich laut nach. Durch meinen Kopf geistern Situationen, in denen sich die Kinder aus der Nachbarklasse vor mir aufbauten und »Drei Chinesen mit dem Kontrabass« sangen, mit allen Vokalen. Oder der Moment, als ich vor der ganzen Klasse Taekwondo vorzeigen sollte – weil ich als Asiate das ja können müsse. Und wie ich dann lernte, dass das Leben viel leichter ist, wenn man so gut gibt, wie man nimmt.

Und das volle Kanone. »Es gab schon viele Situationen, denke ich.«

Er seufzt. Ich auch. Ist nicht leicht, so was vor einer fremden Person zuzugeben.

»In welchen Bereichen hat sich die Diskriminierung denn ereignet?«

»Oh, in vielen«, sage ich. »Hautfarbe, Sexualität, Aussehen, Sprache, Herkunft ... die Liste ist lang.«

Ein bisschen erleichternd ist es schon, sich das mal von der Seele zu reden. Und es ist toll, dass Manfred so verständnisvoll ist. Er scheint Erfahrung mit reuigen Diskriminenten zu haben.

Manfred notiert sich etwas, dann lehnt er sich in seinem Stuhl zurück und fragt: »Was macht das mit Ihnen?«

»Ich fühle mich schuldig«, gebe ich wahrheitsgemäß zu.

»Das müssen Sie nicht«, erwiderte Manfred eindringlich.

»Nein?«

»Es ist nicht Ihre Schuld.«

Ich nicke und fühle mich sehr verstanden. »Nett, dass Sie das sagen. Meine Psychologin ist derselben Meinung.« Ich tippe mir an die Schläfe. »Es findet ja nur in meinem Kopf statt.«

Manfred schiebt sich die Brille auf die Nase. »Sie sind wegen der Vorfälle in therapeutischer Behandlung?«

Wieder nicke ich. »Ja. Es musste sein.«

»Das tut mir sehr leid.« Manfred sieht richtig mitgenommen aus. Es beeindruckt mich, wie verständnisvoll er mit jemandem wie mir umgeht.

»Waren die Menschen, mit denen Sie die Erfahrung gemacht haben, vorwiegend Deutsche?«

»O nein«, winke ich ab. »Da war alles dabei. Indianer. Eskimos. Sogar Ne–«

Manfred räuspert sich laut und blickt mich dann regungslos an. Blinzelt. Schluckt. Blättert in seinem Papierstapel. »Also, diese Worte hören wir hier nicht so gern«, sagt er gepresst.

»Klar, verstehe.«

»Sie wurden also von einem Inuit, einem Ureinwohner Amerikas und einer Person of Colour diskriminiert?«, hakt Manfred, der Verständnisvolle, nach.

»Ich?« Verwirrt schaue ich mich um. »Nein. Andersrum.«

»Wie bitte?« Er scheint jetzt nichts mehr zu verstehen.

Ich seufze tief und hole dann Luft. Alles raus, was keine Miete zahlt. »Ich verstehe einfach nicht, warum es ein Problem ist, wenn ich zu einer Tucke Tucke sage.«

Manfred zuckt zusammen. Langsam, sehr langsam, öffnet sich sein Mund und schließt sich wieder, was ihn wie einen Fisch auf dem Trockenen aussehen lässt. Dann fängt er sich. Er sagt: »Wörter wie diese können von einzelnen Minderheiten oder Personen als Ausgrenzung verstanden werden.«

»Aber das ist doch gar nicht meine Absicht!«, werde ich laut.

»Das ist egal, wenn der andere das als Beleidigung versteht.«

»Aha. Und wie finde ich heraus, was jemand als beleidigend versteht?«

Manfred zuckt mit den Schultern. »Indem Sie sich mit dem Thema auseinandersetzen. Wir haben einige Broschüren hier.«

Ich wische den Vorschlag mit der Hand beiseite. Als wenn ich das nächste Mal, wenn ich auf der Bühne stehe, eine Broschüre zur antidiskriminierenden Sprache aufschlagen würde, um nachzusehen, wen ich mit meinen Aussagen verletzen könnte. »Oder Sie fragen.«

»Gut. Dann frage ich Sie mal. Wenn ich zu Ihnen zum Beispiel sage, Sie sind ein schnauzbärtiger Hobbit, sind Sie dann beleidigt?«

»Äh … ja?«

»Und wenn es der Wahrheit entspricht?«, hake ich nach.

»Herr Tran«, setzt Manfred an und scheint langsam sauer zu werden. »Heutzutage können Sie nicht mehr reden, wie Ihnen der Schnabel gewachsen ist. Und für meine Größe und Körperfülle kann ich nichts, ich habe eine Stoffwechselerkrankung!«

»Also sollte ich das alles wirklich nicht mehr sagen?«

»Tun Sie das denn normalerweise?«

»Natürlich. Vor allem, wenn ich auf der Bühne stehe und Witze mache.«

Manfred wird bleich. »Über Minderheiten?«

Ich nicke. »Ja. Und es wird immer gelacht.«

»Machen Sie sich auch über andere Randgruppen lustig?«

Entschieden nicke ich.

Er hüstelt. »Frauen? Menschen mit Handicap?« Manfred zögert. »Übergewichtige?«

Ich zucke mich den Schultern. »Selbstverständlich. Ich will ja fair sein.«

»Äh.« Manfred hüstelt und rückt die Brille zurecht. »Warum machen Sie nicht einfach Witze über etwas anderes?«

Kurz denke ich nach. Dann frage ich ihn: »Ostfriesen? Blondinen? Eltern? Kinder?«

»Nein, nein, nein, um Gottes willen, bloß nicht über Kinder! Da haben Sie dann ein ganz anderes Problem.«

Ich lehne mich etwas nach vorn. »Worüber, denken Sie, könnte ich denn Witze machen, ohne mich zum Rassisten, Sexisten oder was weiß ich erklären zu lassen?«

Er denkt nach. Das muss ich ihm zugutehalten, er überlegt

wirklich lange. Schließlich sagt er sehr ernst: »Obst. Oder Gemüse. Ich denke, damit gehen Sie kein Risiko ein.«

»Das ist eine gute Idee«, erwidere ich. »Wie finden Sie den: Wie nennt man eine Zitrusfrucht mit Rucksack?«

Er antwortet nicht.

»Wanderine.«

Manfred schweigt.

»Warten Sie, ich habe noch einen. Was ist bunt und läuft über den Tisch?«

Keine Antwort. Hätte mich auch gewundert.

»Fluchtsalat.«

Er holt tief Luft, und ich hebe die Hände.

»Ich habe verstanden. Zu nah an den Migranten. Okay. Aber wie sieht es mit dem aus? Was ist gelb und klebt am Fenster?« Diesmal warte ich die Antwort gar nicht erst ab. »Eine Spananas.« Ich setze mich gerade hin. »Schauen Sie. Drei Jokes, null Lacher. Für einen Comedian ist das eine sehr schlechte Quote. Genau genommen würde sie mich sogar den Job kosten.«

Manfred nickt nachdenklich. »Ich verstehe.«

»Und ehrlich, ich kenne keinen einzigen Kollegen, der ein politisch korrektes Bühnenprogramm hat. Wenn wir nicht mehr lachen dürfen über die Themen unseres Alltags, in was für einer Welt leben wir dann?«

Er seufzt. Nickt. Schmatzt. »Ich befürchte«, sagt er langsam, »Ihr Problem fällt nicht in meinen Aufgabenbereich.«

»Aber Sie sind doch von der Antidiskriminierungsstelle.«

Manfred sieht mich lange an. »Das stimmt. Aber in Ihrem Fall hilft wohl nur noch eines.« Er holt nun doch eine Broschüre aus einer Schublade, sie sieht alt und abgegriffen aus, und auf dem Deckblatt befindet sich ein Kaffeefleck. Direkt obendrüber steht: *Förderung der beruflichen Weiterbildung für Arbeitnehmerinnen und Arbeitnehmer.*

»Was soll das heißen?«, frage ich ungläubig.

Manfred nickt und sagt entschieden: »Umschulung.«

Quiz: Wie gut kennst du dich aus in der Welt der Vorurteile?

1. Welche Nation importiert die meisten Froschschenkel?

a. Belgier
b. Franzosen
c. Engländer

2. Wer trinkt den meisten Kaffee?

a. Italien
b. Finnland
c. Luxemburg

3. Wie viele Wörter haben die Inuit für Schnee?

a. 5
b. 40
c. 200

4. Welche Nation ist weltweit am fleißigsten?

a. Deutschland
b. Mexiko
c. Japan
d. Bangladesch

5. Wo befindet sich der regenreichste Ort der Welt?

a. Australien

b. Großbritannien

c. Indien

9 Dick im Geschäft: Von Körpern, Krabbenchips und Kniebeugen

So scheiße wie nach dem Gespräch mit Manfred habe ich mich schon lange nicht mehr gefühlt. Moment, das stimmt nicht. Da gab es doch diese Corona-Zeit, an die wir alle so gern zurückdenken. Und mein schönstes Erlebnis geht so:

Ich stehe mit nacktem Oberkörper vor dem Spiegel, das Handy halte ich in der Hand. Seit einer halben Stunde versuche ich, ein Selfie von mir zu machen. Aber heute scheinen die physikalischen Gesetze gegen mich zu sein. Oder die Kamera meines Handys ist kaputt. Anders kann ich mir nämlich nicht erklären, warum mein Bauch sich auf jedem Bild so nach außen wölbt.

Hand auf die Schwarte: Corona hat niemandem von uns wirklich gutgetan. Also zumindest nicht dem landesweiten BMI. Ich erinnere mich noch genau daran, wie es sich anfühlte, nach dem ersten Lockdown zum ersten Mal wieder in richtige Klamotten zu schlüpfen. Es war beengend und fühlte sich von vorn bis hinten falsch an. Wie diese Quetschweg-Wäsche für Frauen, nur dass es halt meine ganz normalen Anziehsachen waren. Und das alles habe ich Corona und der Jogginghose zu verdanken.

Der Name der Jogginghose ist ein wenig irreführend, sowohl für die Hose als auch für die Tragenden. Ich habe nämlich noch nie in meinem ganzen Leben einen Menschen in einer Jogginghose joggen sehen. Und das finde ich ein bisschen merkwürdig, denn Hafermilch darf nicht Hafermilch heißen, weil das laut EU-Gesetz angeblich die Verbraucher täuscht. Ist ja gar keine echte Milch drin. In einer Jogginghose steckt aber im allerseltensten Fall ein Jogger, sondern nur jemand, der zu Hause auf dem Sofa chillt. Weswegen sie konsequenterweise auch nicht Jogginghose heißen sollte.

Am 21. Januar ist übrigens internationaler Tag der Jogginghose. Im chinesischen Kalender beginnt zwischen Januar und Februar ein neues Jahr, 2018 war das Jahr des Hundes, 2019 das Jahr des Schweins, und 2020 eben das Jahr der Jogginghose. Ich bin übrigens im Jahr des Drachen geboren. Miau.

Auf jeden Fall haben mich die Lockdowns in ästhetischer Hinsicht ziemlich nach hinten katapultiert. Die Fitnessstudios waren zu, Frau Merkel bat uns eindringlich: Bleibt zu Hause. Wer keinen Heimtrainer hatte, war zum Fettwerden verdonnert, denn außer Fressen und Netflixen blieb einem Normalsterblichen ja nicht viel zu tun. Nun war im Haushalt Vetter-Tran genau genommen ein Heimtrainer da, nämlich ich, aber wie bei allen anderen verwuchs mein Arsch in den Monaten der Lockdowns mit der Jogginghose. Ich sag es, wie es ist, das Ding musste mir am Ende chirurgisch entfernt werden – kein Spaß, und ich erspare euch die Details. In dieser Zeit wurde mir auch klar, dass Laura mich wirklich für meinen Charakter liebt. Denn mir dabei zuzuschauen, wie ich jeden Tag ein bisschen mehr aufgehe, und das, obwohl es in der Zeit fast nirgends Hefe zu kaufen gab, stellte die Liebe doch auf eine harte Probe.

Gleichzeitig schweißte uns die Zeit noch enger zusammen, wenn auch nicht im sportlichen Sinne. Egal ob ich mit wohlgenährter Plauze, ungeschnittenen Haaren oder rosafarbenen Crocs durch die Bude schlurfte, Laura liebte mich einfach weiter. Und das ist schon ein Brett, wenn dir deine Süße nicht wegläuft, nur weil du dich optisch gerade mal ein bisschen hängenlässt. Gut, während der Lockdowns wäre sie ohnehin nicht weit gekommen, maximal bis an die Stadtgrenze von Berlin. Ich rede mir trotzdem erfolgreich ein, dass sie mich mit all meinen Macken, Marotten und Mehrkilos liebt.

Nur schade, dass ich meinen eigenen Anblick im Spiegel so schlecht ertrage. Probehalber ziehe ich den Bauch ein und spanne den Bizeps an. Schon besser – allerdings bekomme ich nach fünf Sekunden einen roten Kopf durch den Sauerstoffmangel. Und lieber fett als tot, das ist die Devise. Ich atme wieder aus, mein Bauch schwingt nach vorn, und ohne Witz, als ich den Armmuskel locker lasse, sackt er ein Stück nach unten und wabbelt gemütlich zurück in die Ausgangsposition.

Das ist also die nackte Wahrheit, von der sie immer reden. Zum Glück verdiene ich mein Geld mit Humor und nicht mit Unterhosenshootings.

Meinem Selbstwert tut es gut, dass ich sogar in diesem körperlichen Zustand über mich lachen kann. Ein paarmal ziehe ich den Bauch noch ein und lasse ihn wieder nach vorn flanschen, danach untersuche ich mein Doppelkinn. Erstaunlich, was der Körper so alles leisten kann. Ich hätte alles haben können, eine großartige Karriere, ein Haus am Meer, aber ich bekam ein Doppelkinn. Das muss man auch mal wertschätzen. Im Gegensatz zum Kinn verdoppeln sich Nieren, Lungenflügel oder Beine nämlich nicht, da wächst nichts nach. Zwei Kinne zu haben hat also Vorteile – falls eins mal nicht mehr taugt, hat man immer noch eins in Reserve. Auch im Winter ist ein stattliches Doppelkinn von Vorteil, da es an kalten Tagen den Schal ersetzt, und ich bin doch so vergesslich. Zu guter Letzt hilft so ein Doppelkinn immer, den Kopf hochzuhalten – ansonsten werden aus aller guten Dinge schnell drei, und übertreiben muss man es ja nun wirklich nicht.

Trotzdem habe ich nicht das Gefühl, dass es eine gute Idee wäre, meine Follower mit meinem aktuellen körperlichen Zustand zu beglücken. Denn mein Waschbrettbauch hat gerade einen Airbag, damit dem Sixpack nichts passiert. Und das ist noch unter dem Speck, das weiß ich ganz sicher. Zumindest vermute ich es. Oder eher: Ich wünsche es mir aus tiefstem Herzen.

Mein Glück: Zwar stehen die meisten Frauen auf ein Sixpack, aber zusammen sein wollen sie dann meistens doch mit einem Typ mit Dad Bod, weil sie sich neben einem »normalen« Mann besser und wohler fühlen als neben einem Supermodel. Ich habe dafür Verständnis. Meinen Dad Bod habe ich mir natürlich auch einzig und allein für Lauras Wohlbefinden angefuttert. Ich will doch, dass mein Engel aus Sachsen neben mir keine Komplexe bekommt. Wirklich! Die habe ich ja schon, weil sie essen kann, was sie will, und trotzdem megagut in Form bleibt. Pommes und Kuchen gibt es ja schließlich auch in vegan. Außerdem weiß sie durch den Dad Bod, wie ich in 20 Jahren aussehen werde – sie kauft also nicht die Katze im Sack. Und Frauen stellen sich doch so gern die gemeinsame Zukunft vor.

Die Wampe hat noch einen weiteren Vorteil, denn endlich komme ich als Testimonial für Weight Watchers oder Diätdrinks in Frage. Muss mal meine Managerin fragen, ob die da was klarmachen kann. Als Vorher-Bild könnte ich auf jeden Fall gerade punkten. Fragt sich nur, wie wir das mit dem Nachher-Bild machen. Ist die digitale Technik schon so weit?

Ich könnte auch einfach wieder mehr Sport machen und mich so ernähren wie vor zehn Jahren. Hauptsächlich von gedünstetem Hühnerfleisch und Broccoli. Dann wäre der Dad Bod schnell wieder Geschichte. Ich könnte fünfmal die Woche zum Pumpen gehen, wieder auf meine Kalorienbilanz achten und mein Essen abwiegen.

Oder ich lasse es bleiben. Hoffe darauf, dass ich eines Tages feststelle, dass ich lediglich einen Fatsuit trage. Oder werde zum Role Model für Body Positivity. Denn mal im Ernst, so sehen Menschen nun mal aus! Sie haben Schlupflider, Krähenfüße, Hängebusen, Schwabbelarme, Wohlfühlwampen, Hammerzehen, Pigmentflecken, wahlweise gar keinen Arsch (vor allem die Asiatinnen*) oder gleich drei in der Hose und Cellulite an Stellen, wo ein Workout gar nicht hinkommt. Es gibt Milliarden Menschen auf diesem Planeten, und damit auch Milliarden unterschiedlicher Körper. Unterschwellig lernen wir schon früh durch Werbung und Filme: Jeder Körper ist wunderschön so, wie er ist. Also nach der Diät und den Schönheits-OPs. Eigentlich müssten wir wissen, dass es unsinnig ist, diesen bescheuerten Idealen hinterherzuhecheln. Barbie hätte im richtigen Leben keine Chance. Glaubt's mir, ich hab's im Internet gelesen. Ihre Organe wären zusammengequetscht, sie hätte schon mehrfach Bandscheibenvorfälle gehabt, könnte den Kopf durch den dünnen Nacken nicht heben, müsste aufgrund der schmalen Knöchel auf allen vieren kriechen, und ein BMI von 16 würde ihr schneller, als

* Asiatische Frauen haben oft einen flachen Po und bekanntlich keine großen Brüste. Quasi ein richtiges Brett. Wenn also dein Kumpel Sex mit 'ner Asiatin hatte und sagte: »Boah, geil, war ein richtiges Brett, die Alte!« Glaub dem kein Wort.

sie gucken kann, eine Magensonde zur Zwangsernährung bescheren. Deswegen gibt es seit einigen Jahren auch die »dicke« Barbie, also eine normalgewichtige, die versucht, ein gesunderes Schönheitsideal zu verkörpern.

Wenn Barbie fett werden kann, um ein Role Model zu sein, dann kann ich das doch schon lange. Ja, vielleicht ist das genau DIE Idee. Ich springe auf den Zug auf, also vorausgesetzt, ich bin am Bahnsteig schnell genug.

Es gab eine Zeit in meinem Leben, da war ich rundum zufrieden mit meinem Körper. Nicht als Kind. Da war ich ein richtiger Hungerhaken. Und auch nicht als Jugendlicher. *Besonders* nicht als Jugendlicher. Ich blieb nämlich auch nach dem Stimmbruch und der sogenannten Geschlechtsreife ein anorektisches Würstchen (was ein bisschen ironisch ist, wenn ich mich jetzt im Spiegel so angucke, denn wie ein Würstchen sehe ich immer noch aus, aber eher wie ein pralles aus Bayern, das man am besten mit süßem Senf serviert). Am krassesten waren meine Hängeschultern. Ich sah aus wie so ein mickriger Kleiderbügel aus Metall, der vom zu schweren Behängen ganz traurig aus der Wäsche guckte. Meine Schultern waren nicht breit, geschweige denn gerade, sondern beschrieben eine 45-Grad-Biegung nach unten. Das war nun nicht unbedingt das, worauf die Mädels standen.

Ich erinnere mich noch genau an den Tag, als ich beschloss, etwas zu ändern. Ich war vielleicht 17 Jahre alt, hing die meiste Zeit mit meiner Asia-Gang am Ku'damm ab und hatte eigentlich keine Probleme im Leben, zumindest aus heutiger Sicht. In meiner Clique hatten alle irgendwelche Spitznamen, die meisten waren cool, weil sie an eine lustige Situation erinnerten, oder sie beschrieben eine bestimmte Eigenschaft der jeweiligen Person, einen Tanzstil, ein Kleidungsstück, das Lieblingsessen. Beispielsweise Asian Kickz, Pinoy Styla oder Viet Rap-Present. Na ja. Und dann fing es eines Tages an, dass mich meine Kumpels »Schulter« nannten. Das war nicht als Kompliment gemeint, sondern weil sich meine Schultern eben so hängen ließen. Bescheuerterweise löste dieser Spitzname in mir eine regelrechte Existenzkrise aus. War ich wirklich nicht mehr als eine Schulter, an die man sich nicht anlehnen konnte, ohne abzurutschen? Gab es tatsächlich nichts Nennenswerteres, nichts Schmeichelndes über mich zu erzählen? Ich verkroch mich im Zimmer und betrauerte mein Dasein.

Dann, nach drei Tagen, als ich es nicht länger mit mir aushielt, kam ich raus und nötigte meine Mutter, mich bei einem Fitnessstudio anzumelden. Damals, in den frühen 2000ern, waren solche Studios noch nicht so verbreitet wie heute, und eines, das ich mir leisten konnte, war eine halbe Stunde mit Bus und Bahn entfernt. Aber das war mir egal. Ich kratzte meinen verbliebenen Selbstwert und die paar Kröten aus dem Sparschwein zusammen, packte eine Tasche und fuhr zum Gym. Natürlich hatte ich keine Ahnung, was ich da tat, ich setzte mich einfach an irgendwelche Geräte und fing an zu pumpen. Meine Wut im Bauch war mein Motivator, denn wenn man mich schon »Schulter« nannte, dann wollte ich doch bitte aus Ehrerbietung und Respekt so genannt werden, und nicht weil ich wie ein trauriger Kleiderbügel aussah! Ich kaufte mir von meinem geringen Gehalt billige Mass-Gainer-Shakes, die mir dazu verhelfen sollten, schnell breit zu werden. Die Beschreibung klang vielversprechend. Ich meine, einen Fünf-Kilo-Eimer für 19,99 Euro, warum nicht? Ich bin mir sicher, dass ich für 19,99 Euro damals fünf Kilo Zucker mit Schokogeschmack erwarb. Ich guckte ja nur auf die Artikelbeschreibung und das schlecht auf die Verpackung gephotoshopte Foto von dem aufgeblasenen Bodybuilder, nicht auf die Nährwertetabelle.

Ohne es zu bemerken, zog ich mich auch von meiner Clique zurück. Ich hatte sowieso keine Zeit mehr für diese wohlproportionierten Lutscher, ich musste Gewichte stemmen. Ja, ich weiß, war nicht der geilste Move, aber mit 17 ist man noch so naiv, sich wie ein Vollidiot aufzuführen und davon auszugehen, dass das Verhalten keine Konsequenzen hat.

Ein halbes Jahr später trugen meine Bemühungen Früchte. Ich fühlte mich gut, hatte vier Kilo Muskelmasse zugelegt und wollte meine neue Optik am Abend ausführen. Natürlich in einem der Clubs, in denen ich früher mit meinen Jungs abgehangen hatte. Also quetschte ich mich in eines meiner engsten Shirts, gelte mir die Haare, dieselte mich mit Parfüm ein, so dass ich wie nach einer Frühschicht bei Douglas stank, und stiefelte los. Im Club stieß ich beinahe sofort auf meine alten Freunde. Genau genommen stieß ich mit ihnen ZUSAMMEN, denn mein neues Format war ich ehrlich gesagt noch nicht gewohnt, weshalb ich andauernd irgendwo gegenrempelte. Meine Jungs rissen die Augen auf, als sie mich sahen, und Hai-End, so was wie unser heimlicher Anführer, sagte staunend: »Digga, was ist mit dir passiert? Geil siehst du aus, hast du trainiert?«

Wäre ich zu diesem Zeitpunkt in Amerika gewesen, hätte ich gesagt: »Klar, Junge. Blut, Schweiß und Tränen, weißte Bescheid.«

Aber ich war ja immer noch in Deutschland. Und deswegen sagte ich nichts dergleichen, sondern murmelte verschämt:

»Trainiert? Ich? Ne.« Als wäre ich eines Morgens einfach mit breiten Schultern, definiertem Bizeps und Waschbrettbauch aufgewacht. Als wäre es nicht mein Verdienst, sondern eine freundliche Gabe von Mutter Natur. Als wäre es mir nicht wichtig.

Bescheuert. Oder? Warum machen wir das so? Warum geben wir nicht zu, dass wir uns den Arsch aufgerissen haben? Dass wir etwas unbedingt haben wollen? Dass wir enttäuscht sind, wenn wir etwas nicht kriegen? Ich kapiere das nicht.

Meine Verlegenheitslüge hatte sowieso keine lange Halbwertszeit, denn nur wenige Tage später liefen mir genau diese Kumpels, die mich früher »Schulter« genannt hatten, im Fitnessstudio über den Weg – natürlich rein zufällig, und keiner von denen war da, um ein körperliches Defizit auszugleichen, sondern selbstverständlich aus Jux. Klar.

Ich glaube, dass ich in dieser Phase meines Lebens auf die meisten Menschen in meinem Umfeld arrogant wirkte. Ich war so unsicher, so zerbrechlich im Inneren, dass ich mich nach außen hin durch ein möglichst cooles und unantastbares Äußeres abschotten musste. Und das machte mich teilweise einsam. Selbst heute noch könnte ich mir mit der Hand vor die Stirn schlagen. Ich hatte jetzt zwar ein stabiles Kreuz, aber keinen festen Freundeskreis mehr, und meine Sozialkompetenz befand sich dort, wo meine Schultern offensichtlich mal hingewollt hatten: ganz unten.

Immerhin bekam ich mittlerweile oft Komplimente für mein Äußeres, und auch die Mädels nahmen endlich Notiz von mir. Das führte in meinem Gehirn zu einem logischen Schluss: Wenn ich geil aussehe, bin ich auch jemand. Und das hatte zur Folge, dass mich selbst kleinste, unwichtigste Äußerungen von anderen völlig aus dem Gleichgewicht brachten.

Einmal traf ich nach zwei Stunden Workout in der Umkleide einen Typen, mit dem ich mich manchmal über unsere Ernährungsprogramme unterhielt (wobei ich mich heute frage, was es da zu unterhalten gab, denn unsere Ernährung bestand aus gekochtem Hühnchen und gedünstetem Broccoli, tagein, tagaus – die Zubereitungsvielfalt ist da relativ überschaubar). Er fragte mich: »Hey, Digga, hast du abgenommen?«

Ein Satz, für den viele Frauen auf diesem Planeten morden würden.

Aber ich muss das erklären. Unter Fitnessjunkies ist es nicht unbedingt ein Kompliment, wenn man gefragt wird, ob man abgenommen hat. Klar, in der Phase, in der aus dem Waschbär ein Waschbrett wird, ist das geil. Ist man aber gerade dabei, Masse aufzubauen und Muskeln zu produzieren, will man nicht hören, dass man schmächtiger geworden ist. Das Fett darf immer weg, keine Frage. Aber die Muskeln sollen bitte nicht schwinden. Denn das bedeutet, dass man SCHWACH ist, dass man Muskelmasse VERLOREN hat, dass man ein kümmerlicher LAPPEN ist, der keine DISZIPLIN aufbringt für das, was WICHTIG ist. Zumindest empfand ich das damals so. Was also war meine Reaktion? Genau: wieder rein in die Trainingsklamotten und noch mal zwei Stunden weiterpumpen. Und danach gedünstetes Hühnchen mit Broccoli, logisch.

Hühnchen und Broccoli. Und zum Nachtisch Magerquark mit Wasser verdünnt. Völlig geschmacksneutral, denn damals gab es noch keine Geschmackspulver mit null Kalorien. Da tat Bodybuilding noch richtig weh.

Man muss kein Einstein sein, um sich denken zu können, dass es auf sozialer Ebene ein bisschen schwierig wird, wenn man sich nur noch von Hühnchen, Broccoli und Magerquark ernährt und 90 Prozent seiner freien Zeit im Fitnessstudio verbringt. Mal ein Döner zwischendurch? Gemütlich Pizza bestellen und netflixen? Oder noch krasser: *frühstücken gehen*? Findet im Leben von wahren Fitnessjunkies und Bodybuildern alles nicht statt. Deswegen freut man sich auch so einen Ast ab, wenn man Gleichgesinnte trifft, die es nicht merkwürdig finden, dass man zur Party seine eigenen Tupperboxen mitbringt und sich an einem Glas Wasser festhält. Maximal ein Wodka Soda ist drin. Schmeckt scheiße, hat aber quasi keine Kalorien.

Heute wünschte ich, ich wäre damals gechillter gewesen und hätte den Spitznamen als das erkannt, was er war: eine liebevolle Stichelei unter Freunden. Ins Fitnessstudio hätte ich ja trotzdem gehen können, nur ohne die Quälerei und die Einsamkeit. Aber das ist Geschichte, und Irren ist männlich, äh, menschlich.

Wie gut, dass mein Speiseplan wieder mehr zu bieten hat, denke ich, als ich vor dem Spiegel stehe. Aber die Corona-Speckrolle wird sich allein durch gutes Zureden nicht auflösen. Frustriert verlasse ich das Bad und gehe ins Wohnzimmer. Dort lasse ich mich aufs Sofa fallen, das für meinen Geschmack etwas zu laut unter meinem Gewicht ächzt, und greife nach einer Frauenzeitschrift, die Laura auf dem Tisch hat liegen lassen. Gedankenverloren blättere ich durch die Seiten und stoße prompt auf die Werbeanzeige eines großen Kosmetikherstellers, der mit »normalen« Frauen seine Creme bewirbt. Die Reklame erinnert mich an die Benetton-Werbung aus den Neunzigern. Man sieht eine maximalpigmentierte Frau, eine Asiatin, eine Rothaarige, die so bleich ist, dass man ihre blauen Venen unter der Haut durchschimmern sieht. Die Frauen sind groß und klein, manche fülliger, manche dünner, einige haben riesige Möpse, andere quasi gar keine, ich sehe Cellulite, ich sehe Wachstumsstreifen, ich sehe Narben. Und ich denke mir: Mädels, Respekt. Ich finde es cool, wenn Menschen zu sich selbst stehen können und sich einfach zeigen, wie sie sind.

Auf der anderen Seite finde ich es anstrengend, um ehrlich zu sein, wie aggressiv und flächendeckend plötzlich alles »body positive« sein soll. Jahrelang haben alle die Victoria's-Secret-Models bewundert – und jetzt werden sie geshamt, weil sie zu dünn sind. Es dauert sicher nicht mehr lange, und auch bei dieser legendären Show wird Lizzo ihre 140 Kilo mit ein paar Engelsflügeln verzieren und halbnackt über den Laufsteg marschieren. Wer's mag.

Was ich allerdings viel mehr vermisse als mehr Klamotten an Lizzo, ist die Verhältnismäßigkeit. Jede Realityshow muss heute krampfhaft divers sein. Nicht falsch verstehen: Grundsätzlich finde ich es wirklich gut, dass man in der Werbung nicht mehr nur magersüchtige Sechzehnjährige sieht, die Reklame für Anti-Aging-Produkte machen, sondern dass nach der Knochenschau jetzt auch mal die Fleischberge dran sind. Jedem Menschen da draußen sollte klar sein, dass man nicht in einen Jungbrunnen springt, wenn man eine bestimmte Creme benutzt. Ich werde ja auch nicht zum Fußballweltmeister, nur weil ich mich mit dem Rasierer rasiere, den Manuel Neuer im TV-Spot verwendet. Werbung und Marketing haben nur einen Zweck: Sie sollen das Bedürfnis in dir wecken, ein Defizit bekämpfen zu wollen, von dem du ohne die Werbung oder das Marketing gar nichts wusstest.

Beispielsweise Diätdrinks. Es ist nicht so, dass man als normalsterblicher Mensch plötzlich denkt: Ah, jetzt ein Diätdrink! Das ist mein tiefstes, drängendstes Verlangen, das muss ich haben.

NEIN.

Wir kaufen nur dann Diätdrinks, wenn uns eingeflüstert wurde, dass etwas mit unserem Körper nicht in Ordnung ist – und dass ein Diätdrink unser Problem lösen kann. Wir sehen, dass ein erschlankter Harry Wijnvoord vor ein paar Dosen steht, und denken: Geil. Ich will auch wie Harry Wijnvoord aussehen. (Na gut. Das denken vermutlich die wenigsten …) Als würde ein Diätdrink wirklich unsere Probleme lösen. *Slim Fast*, wenn ich das schon höre! Das ist wie die Artikel in Frauenzeitschriften, in denen die Leserin erfährt, wie sie in vier Wochen zum perfekten Bikinibody kommt. Darüber kann ich nur lachen. Weder Wunderpillen noch Diätdrinks noch Vier-Wochen-Workouts helfen dem Durchschnittsdeutschen, der, man höre und staune, 1,80 Meter groß ist und 88,7 Kilo wiegt, also einen BMI von 27,4 hat, beim dauerhaften Abnehmen. Der »gesunde« BMI liegt angeblich zwischen 18,5 und 24,9 – ab 25 spricht man von Übergewicht. Bei Frauen sind die Zahlen ein wenig anders, aber grundsätzlich lässt sich festhalten, dass die meisten in diesem Land zu dick sind, und ehrlich gesagt trägt auch mein aktuelles Kampfgewicht zum nationalen Desaster bei. Zugegeben, der BMI ist umstritten, nicht wenige Sportmediziner und Ärzte mahnen, dass er kein guter Messwert ist, weil zum Beispiel schon ein breiter Bodybuilder laut BMI als übergewichtig gelten würde. Darüber hinaus ist es so, dass es uns vor allem im Alter ganz guttäte, wenn wir ein paar Kilo mehr auf den Rippen hätten, weil wir dann Krankheiten besser verkraften. Außerdem berücksichtigt der BMI nicht die Fitness eines Menschen, nicht den Körperfettanteil, nicht den Bauchumfang. Und diese drei

Faktoren sind wichtig, um zu beurteilen, wie »gesund« ein Mensch tatsächlich ist. Deswegen gilt der Body-Mass-Index als veraltet, stattdessen wurde der Body-Shape-Index, kurz ABSI, erfunden, der auch den Bauchumfang misst. Scheiße für mich, denn natürlich nehme ich immer nur da zu.

Vielleicht lebe ich auch einfach im falschen Land. Auf Amerikanisch-Samoa gilt Dicksein als Zeichen von Reichtum, als international unangefochtener Spitzenreiter beträgt der Durchschnitts-BMI dort sage und schreibe 33,1. In der Südsee, wo es ausgesprochen viele Beaches gibt, scheißt man also offenbar auf den entsprechenden Body. Auch auf Tonga, ebenfalls in der Südsee, müssen Männer und Frauen möglichst wohlgenährt sein, um dem Schönheitsideal zu entsprechen, ja sogar um das Gesunde zu verkörpern.

Vielleicht kann ich dahin auswandern. Möglicherweise werde ich in einem der Inselstaaten sogar so was wie ein König. Blöd nur, dass es Samoa und Tonga in ein paar Jahrzehnten nicht mehr geben wird, weil die Polkappen abschmelzen und die Inseln, die keinen Meter über dem Meeresspiegel liegen, überschwemmt werden. Was mache ich bitte dann? Wieso kümmern wir uns eigentlich nicht mehr um die Umwelt, verdammt nochmal?

Aber dann habe ich die zündende Idee: Fett schwimmt oben! Bäm. Mir *kann* also gar nichts passieren. Mit einem zufriedenen Seufzen schnappe ich mir einen Kinder-Bueno-Schokoriegel, der neben der Frauenzeitschrift auf dem Wohnzimmertisch liegt, und erhöhe meine Überlebenschancen. Gönn dir!

Während ich mit dem Handy nach günstigen Flügen in Richtung Südpazifik suche, stoße ich auf einen Bericht über König Taufa'ahau Tupou IV. von Tonga, der von 1965 bis 2006 regierte und stolze 210 Kilogramm auf die Waage brachte. Weil ihm klarwurde, dass Übergewicht in seinen Breitengraden vielleicht superhot und sexy as fuck ist, leider aber auch im Südsee-Paradies Diabetes, Herz-Kreislauf-Erkrankungen und allerlei andere unangenehme Dinge verursacht, ging der König mit gutem Beispiel voran und speckte in den Neunzigerjahren vor aller Augen rund 70 Kilo ab, um die Bevölkerung vor dem Verfettungstod zu bewahren.

Tja, das war es dann wohl mit meiner glorreichen Karriere als Inselstaatherrscher Tutty'ahau Tran I. Wenn die gerade alle im Slim-Fast- und Weight-Watcher-Höllenkreis festhängen, muss ich mich da gar nicht erst blicken lassen. Dann kann ich auch zu Hause bleiben oder woanders hinreisen. Nur nach Vietnam fahre ich so schnell nicht mehr. Da liegt der Durchschnitts-BMI bei 21,7, und das sorgt allein beim Drübernachdenken bei mir für Komplexe.

Und das ist doch Mist. Am Ende ist nämlich am wichtigsten, dass der Mensch sich in seiner Haut wohl fühlt, egal ob ein Kinn zu viel oder ein Bein zu wenig, egal ob gefleckt wie die Milka-Kuh oder kariert, egal ob mit lichtem Haar oder Pelz auf dem Rücken. Das Problem von Werbung ist, dass sie uns halt etwas verkaufen will, und das geht bei Menschen, die sich unzulänglich oder »defekt« fühlen, deutlich besser als bei denen, die ihr Leben einfach so genießen. Also muss man uns sagen: Dein Gesicht ist zu großporig, dein Auto zu langsam und dein Leben in Summe zu ungeil. Nimm dieses Peeling, fahr diese Karre und wirf dein Geld für Schrott aus dem Fenster, und schon wirst du dich wie ein völlig neuer Mensch fühlen! Neu und mit Komplexen, die es ohne die Werbung nicht gegeben hätte. Schönen Dank auch.

Insofern leistet Body Positivity einen wirklich wichtigen

Beitrag. Nicht dieser Quatsch, von wegen jeder Mensch ist schön. Stimmt nicht, es gibt auch echt hässliche Vögel da draußen, und es wäre Unsinn, so zu tun, als wäre Gabi aus Bottrop die nächste Heidi aus Bergisch-Gladbach. Ästhetisch gibt es Unterschiede zwischen uns, das ist in Ordnung und gut so. Aber wenn es unserer Gesellschaft gelingt, den Gabis, Lothars, Jacquelines und gerade auch Tuttys nicht das Gefühl zu geben, sie wären völlige Versager, weil sie eben nicht wie ein internationales Supermodel aussehen, weil sie voller Dellen und Macken und Kratzer sind, dann ist das doch wunderbar. Wir wollen doch auch schicke Klamotten tragen und uns geil finden dürfen. Wenn man mich fragt (was leider keiner tut), würde es uns auf dem Planeten grundsätzlich besser gehen, wenn ein paar mehr glückliche als perfekt aussehende Menschen rumlaufen würden. Ist nur so ein Gefühl.

Aber zurück zu der Zeit, als ich meinen Körper noch unter Kontrolle hatte.

Wenn ich auf der Bühne erzähle, dass ich ausgebildeter Personal Trainer bin, ernte ich zwei Reaktionen.

Erste Reaktion: »Scheiße.« Und dann zieht der halbe Saal den Bauch ein. Als ob ich gleich ins Publikum komme und mein Maßband raushole.

Ganz im Ernst, es ist mir doch scheißegal, wie ihr ausseht. Zu meinen Shows kommen völlig normale Menschen, von denen die wenigsten acht Prozent Körperfettanteil, ein V-förmiges Kreuz und einen Bizeps zum Nüsseknacken haben. Ich freue mich über jeden Zuschauer, und nach dem Programm bekommt jeder, der will, eine Umarmung, selbst wenn ich bei meinen umfangreicheren Fans ein bisschen weiter ausholen muss. Oder weil ich selbst mal wieder ordentlich zugelegt habe. Aber ich habe mir eh vorgenommen, mich öfter zu dehnen, und das mache ich mittlerweile nach jeder Show.

Zweite Reaktion: »Personal Trainer? *DU?*« Und dann glotzen *mir* 300 Leute auf den Bauch.

Ja, Mann. Man muss nämlich kein Adonis sein, um anderen Leuten in den Arsch zu treten. Hauptsache, ich kriege das Bein noch so weit hoch. Als Mensch mit asiatischen Wurzeln habe ich da naturgemäß Vorteile. So wie alle Deutschen Tennissocken mit Sandalen tragen, machen nämlich alle Asiaten Kampfsport. Die kommen schon mit einem Bruce-Lee-Move aus dem Geburtskanal raus, die Arme zum Schlag erhoben, und rufen: »WUUUUUAAAAHHHHH!«

Klar.

Wenn ich so darüber nachdenke, fällt mir auf, dass es auch beim Körper vor Vorurteilen nur so wimmelt. Wenn es wirklich so wäre, dass alle Personal Trainer dieser Welt immer Sport machen und nie zunehmen würden, gäbe es vermutlich auch keine rauchenden Ärzte. Die gibt es aber. Die sterben sogar an Krebs. Fahrlehrer bauen Autounfälle, Finanzberater sind am Ende des Monats pleite, und auch einem Hundetrainer läuft mal der Köter weg. Das ist normal, das ist menschlich.

Als ich in der Form meines Lebens war, war ich zwar stolz auf mein Äußeres, aber tief in mir drin spürte ich allerhand unangenehme Gefühle. Da war zum einen der Druck, dass ich noch fitter, noch breiter, noch muskulöser werden müsse. Wer schon mal richtig doll abgenommen hat, weiß, wie sich das anfühlt: Das schlanke, fitte Ideal ist der Grund, warum man ständig Komplimente bekommt, und das pusht den eigenen Selbstwert. Fürs Zunehmen erhält man doch im seltensten Fall Zustimmung. Na gut, vielleicht auf Tonga. Aber nicht bei uns.

Und so ist das auch, wenn man mal voll der Meister Proper war und im Prinzip nur noch seitlich durch die Türen kam, und dann lässt man es im Training wieder ein bisschen schleifen, geht nach dem Workout häufiger mal im Dönerladen vorbei oder erlebt eine weltweite Pandemie. Blöd. Denn mit jedem Zentimeter, den der Bizeps schrumpft und der Bauch wächst, verabschiedet sich halt auch das eigene Selbstwertgefühl. Weil man nämlich über das Training nicht nur die eigenen Muskeln, sondern auch die Identität definiert. Und damit fangen die Probleme dann erst richtig an.

In meinem Fall setzte die Krise ein, als ich Laura beinahe erschossen hätte. Also jetzt nicht mit einer Knarre oder so, sondern mit einem Knopf. Ich stand im Schlafzimmer und versuchte, in eine meiner Skinny-Jeans reinzukommen. Nur blöd, dass zwischen Knopf und Knopfloch ungefähr eine Handbreite oder eher eine Plauzenbreite lag. Laura lag auf dem Bett und beobachtete mich amüsiert. Ich musterte den Fleischberg in meiner Körpermitte genauer. Gehörte der wirklich zu mir? Ich zwickte probehalber hinein. Und merkte sofort, leugnen ist zwecklos. Also tat ich das Einzige, was ich tun konnte. Ich nahm die Wampe mit beiden Händen, drückte sie in Form und ächzte zu Laura rüber: »Schnell, mach zu!« Muss komisch für sie gewesen sein, sonst ist sie eher fürs Aufmachen zuständig. Aber lieb, wie sie ist, tat sie mir den Gefallen. Und bereute es sofort. Denn sobald ich ausatmete, sprang der Knopf mit einem Knacken ab und traf sie mitten auf die Stirn.

Die nächsten drei Stunden verbrachte ich weinend zwischen Lauras Brüsten, die mir abwechselnd Taschentücher und die Familienpackung Kinder Bueno White reichte. »Aber

Schatz«, sagte sie immer wieder. »Deine inneren Werte zählen.«

»Das ist KEIN TROST!«, rief ich laut und weinte noch mehr.

Laura tätschelte meinen Kopf. »Ich liebe dich auch mit der Speckrolle.«

»Ja, aber ICH liebe mich nicht«, schluchzte ich noch lauter.

»Wirst du mich denn noch lieben, wenn ich alt und zerknittert bin?«, fragte sie mich. »Wenn mein Hintern schlabbert und meine Brüste wie zwei alte Luftballons aussehen?«

Ich sah sie aus dem tränenden Augenwinkel an. »Für so was gibt es doch plastische Chirurgen ...«

Sie schlug mir mit Schmackes auf den Arm, und ich schmiegte mich an sie.

»Natürlich würde ich dich noch lieben. Und du wärst immer noch die schönste Frau für mich.«

Laura nickte entschieden. »Siehst du. Wir alle verändern uns. Ob wir wollen oder nicht. Deswegen ist es auch so wichtig, dass wir uns selbst lieben können, in guten wie in schlechten Zeiten.«

Ich schluckte. Dann schnäuzte ich mich. Schob mir noch ein Kinder Bueno rein und beschloss, mich von nun an selbst zu lieben.

Ja. Klingt geil, ne? Selbstliebe, zack! Ich sag mal so, es war dann am Ende doch nicht so einfach. Und ich bin, vermutlich wie fast jeder andere Mensch, noch lange nicht da angekommen, wo ich sein könnte. Aber ich nähere mich. Langsam, in der niedrigsten Gangart. Also kriechend. Auch dem inneren Schweinehund. Der ist immer noch ein ziemlicher Drecksack, wie er da auf der Couch rumgammelt, in meiner Lieblingsjogginghose, sich mit der linken Hand die Eier krault und mit der rechten Süßigkeiten in sich reinschaufelt. Doch es kommt immer wieder vor, dass ich ihn überliste, dann bin ich wirklich drauf und dran, mal wieder ins Gym zu gehen. Also ganz kurz davor. Und an den Tagen, an denen ich ihm nicht gewachsen bin, trainiere ich zumindest meine Lachmuskeln. Dafür muss ich mich nur nackt vor den Spiegel stellen, dann fange ich von ganz allein zu lachen an. Teils aus Verzweiflung, teils aus Erheiterung. Weil, wenn es nicht zum Weinen reicht, dann soll man halt drüber lachen. Und im Ernst, ich war noch nie so aus der Form wie nach Corona. Dennoch hab ich mich lieber als je zuvor.

Die Bühne hilft mir dabei. Hunderte von Zuschauern im Saal zum Lachen zu bringen ist einfach so ein krasses Gefühl, da stinkt jedes Spiegel-Selfie mit Sixpack gegen ab.

Okay, ich bin ehrlich. Ich bin vor allem Comedian geworden, weil ich Freude daran habe und keine Ausbildung dafür brauchte. Bezahlt wird es auch ganz passabel. Außer du spielst in Neustadt. Na ja, und weil ich es offenbar nicht ganz so schlecht mache, immerhin kommen immer noch Leute zu meinen Shows, manche sogar mehrmals. Ich weiß nicht, ob die einfach nur ihr Hörgerät beim ersten Mal ausgelassen oder keine anderen Hobbys haben, ist mir aber egal, weil nur wegen denen kann ich von dem Quatsch leben und hab sogar Geld, mir Kinder Bueno zu kaufen und fett zu werden.

So wie ich Comedian wurde – weil ich bemerkte, Witze erzählen, das kann ich –, war ich sieben Jahre zuvor auch Fitnesstrainer geworden: irgendwie aus Versehen. Das scheint ein Motto meines Lebens zu sein, vielleicht ist das mal ein hübscher Spruch für meinen Grabstein.

In den langen Jahren, in denen ich von einem Praktikum zum nächsten tingelte, landete ich irgendwann auch in einem Gym. Lag irgendwie nahe, ich war ja eh ständig zum Pumpen dort. Als Praktikant tat ich nicht viel, stand rum, laberte mit den Leuten und desinfizierte manchmal die Geräte. Aber das schien ich alles recht ordentlich zu machen, denn immer wieder kam jemand zu mir und fragte mich, wie er denn ein bestimmtes Gerät benutze, den Latissimus dorsi am besten trainiere oder in drei Wochen in ein Hochzeitskleid reinpassen könne, das man im Eifer des Gefechts eine Nummer zu klein gekauft habe.

Zu all diesen Themen hatte ich was zu sagen. Nicht weil ich der krasse Experte darin war, sondern eben vor allem, weil ich seit Jahren selbst ins Fitnessstudio ging und meine Klappe halt nie halten kann. Und ehe ich mich versah, fing ich an, den Leuten Trainingspläne zu schreiben und Ernährungsempfehlungen abzugeben.

Natürlich hielten die sich nicht dran, und ich traf nach dem Training die Hälfte im Fastfood-Laden nebenan. Meist standen wir dann da, wie zwei Cowboys beim High Noon, das Mundharmonikastück von Ennio Morricone erklang im Hintergrund, und irgendwo wehte eine alte Burgerverpackung vorbei.

»Du? Hier?«, krächzte mein Gegenüber.

Mein Blick fiel auf das Tablett in meinen Händen. Ein Big-Mac-Menü und eine Zwanzigerpackung Chicken McNuggets.

Für mich gab es in diesen Fällen nur eine Richtung: nach vorn.

»Pass mal auf, du Lappen«, knurrte ich wie Clint Eastwood in seinen besten Zeiten. »Es ist dein Körper, du kannst machen, was du willst. Nur heul mich nicht voll, weil du dreimal die Woche trainieren gehst und nicht fitter wirst, weil du dir nach dem Gym Burger und Apfeltasche reinpfeifst.«

Sagte ich und biss in meinen Big Mac.

Motivieren kann ich.

Es war die logische Konsequenz, dass ich mit der Ausbildung zum Personal Trainer begann. Das war von Anfang an mein Ding. Ich musste nicht, wie bei der Arbeit im Restaurant, besonders freundlich zu meinen Kundinnen und Kunden sein, nein, man bezahlte mich dafür, dass ich den ganzen Tag in Jogginghosen rumstand, einen auf Ausbilder Schmidt machte und die Leute anpfiff: »Ey, Kalle! Wenn ich dich noch mal unverschwitzt von der Trainingsfläche gehen sehe, bekommst du eine Einzelstunde bei mir, du Lusche.« Das war geil.

Und am allergeilsten war die Jogginghose. Karl Lagerfeld hat ja mal gesagt: »Wer Jogginghosen trägt, hat die Kontrolle über sein Leben verloren.« Mein Mantra ist: »Wer sein Leben unter Kontrolle hat, der *trägt* Jogginghose!«

Natürlich war ich erst so hart drauf, nachdem die Kundschaft eine Ein-Jahres-Mitgliedschaft im Studio abgeschlossen hatte. Vorher zeigte ich mich von meiner allerbesten Seite, erklärte den Leuten im Probetraining, welche Muskeln sie am besten trainierten, damit sie bald schon so bombe aussahen wie ich (oder zumindest ansatzweise), war charmant und zugewandt und deshalb bald schon einer der erfolgreichsten Trainer im Studio. Mit dem Ergebnis, dass fast alle von mir trainiert werden wollten. Leider nicht nur die heißen Chicks, sondern auch die anstrengenden Kunden. Also die Jammerlappen, die schon beim Reinkommen sagten: »Heute bitte nicht so doll!«

Die nahm ich immer richtig ran. Beim Aufwärmen pfiffen die dann schon aus dem letzten Loch, und bei jeder Übung stöhnten sie wie Monica Seles beim Tennisaufschlag.

»Woah, Tutty«, beschwerten sie sich nach spätestens fünf Minuten, »du hast die Kilos verändert! Das ist viel schwerer als letzte Woche.«

»Ne, du Versager«, sagte ich dann, ganz der liebevoll unterstützende Terminator, der ich war, »das Einzige, was seit letzter Woche schwerer geworden ist, bist du. Übrigens verbrauchst du keine Kalorien beim Quatschen. Also halt die Klappe und mach weiter.«

Einmal klappte mir ein Typ doch allen Ernstes nach zehn Minuten um. Da hatten wir ein paar Kniebeugen gemacht, und ich hatte ihn die Arme rotieren lassen, um seine Beweglichkeit zu checken. Aber der Kerl fiel einfach um wie ein Sack Kartoffeln, und ich musste einen gewaltigen Ausfallschritt nach vorn machen, um ihn vor dem Aufknallen auf den Boden aufzufangen. Merkwürdigerweise sah ich den Mann nie wieder. Trotz meines guten Rufs.

Noch viel schlimmer als alle Jammerlappen zusammen waren aber die Leute, die sich aufgrund ihres Einkommens für etwas Besseres hielten. Ich sag es mal diplomatisch: Eine Fettschürze interessiert sich nicht dafür, ob du reich oder arm bist. Die klebt an dir dran wie ein Kaugummi an der Schuhsohle und wird sich durch deinen Gehaltsscheck garantiert nicht dazu überreden lassen, von dir zu gehen.

Ich gebe gern zu, dass mir besonders bei diesen Typen, denn meistens waren es Männer, einer abging, wenn ich ihnen mit meinen Sprüchen so richtig an die Eier packen konnte, ohne sie auch nur anzufassen.

»Ist das alles, was du draufhast? Schau mal, die Kleine da drüben, die hat 15 Kilo mehr geschafft. Mit *einem* Bein.« Oder: »Also, wenn du deinen Laden so führst, wie du am Stepper performst, bin ich froh, dass deine Belegschaft dich hier nicht sieht.« Ich habe es weiter vorn schon einmal gesagt, der Unterschied zwischen einer Domina und einem Personal Trainer ist, dass ich in meiner Zeit im Fitnessstudio keine Katheter gelegt habe. Du wirst bezahlt, um andere anzuschreien und zu knechten. Vielleicht wäre aus mir sogar eine 1-a-Domina geworden, wenn ich nicht diese nervige Latexallergie hätte. Außerdem kann eine Domina nicht in Jogginghosen zur Arbeit kommen. Und darauf hätte ich nie und nimmer verzichten wollen.

Auf mich verzichten wollten auch meine Stammkunden nicht. Besonders einer war von mir begeistert und wurde zu meinem ersten Privatkunden: ein Typ aus München, der mit Immobilien reich geworden war. Das war so ein richtiger Playboy, der die dicksten Karren fuhr und mich eines Tages fragte, ob ich ihn nicht auch abseits des Studios anleiten könne.

Ich zuckte mit den Schultern und dachte: Klar, Alter. Wenn du willst, mache ich dich auch zu Hause fertig.

»Was nimmst du pro Stunde?«, wollte er wissen.

Ich überlegte. Jetzt durfte ich nicht zu billig einsteigen. Außerdem war der Typ Millionär, der hatte mehr Kohle in diesem Moment auf dem Konto, als ich in meinem ganzen Leben verdienen würde. Also sagte ich selbstbewusst: »Achtzig Euro.« Und dachte mir gleichzeitig: Welcher Schwanz zahlt bitte 80 Euro für eine Stunde In-den-Arsch-treten-Lassen?!

Die Antwort bekam ich sofort, denn der Millionär sagte: »Deal.«

Es heißt, dass Geld den Charakter verdirbt. Für mich bedeutet das keine Gefahr, denn ich komme zwar gut über die Runden, aber eine Runde Münzschwimmen im Geldtresor ist noch nie drin gewesen. Allerdings lernte ich durch besagten

Millionär im Laufe der nächsten Monate ein paar merkwürdige Leute aus dem Geldadel kennen, denn er nahm mich in Clubs mit und schleppte mich auf Partys, wo alle möglichen Schickimickis herumliefen und sich selbst abfeierten. Er selbst war ein unglaublich netter, bodenständiger Typ, der sich aus seinem Geld nicht allzu viel zu machen schien, weshalb er sehr großzügig und spendabel war. Aber einige Kreaturen, die ihn wie Schmeißfliegen umflogen, waren echt schräg.

Und da war ich nun, umgeben von den Schönen, den Reichen und den ganz schön Reichen. Ich war Anfang 20 und hatte mein Leben lang nur mit armen Schluckern abgehangen. Nun ging ich auf Partys, wo der Champagner nur so sprudelte, die Frauen operierte Brüste hatten und die Typen ihr Vermögen geradezu ausdünsteten. Klar, das beeindruckte mich natürlich ordentlich. Von meiner ersten durch die Privatstunden verdienten Kohle kaufte ich mir deshalb eine völlig unnötige Uhr von Armani. Dreihundert Euro kostete die damals, ein richtiges kleines Vermögen für mich. Die Uhr war ein Symbol: Folter die richtigen Leute, und du kannst es zu was bringen. Leider hatte ich nicht viel von dem Teil, denn sie wurde mir nur kurz nach dem Kauf geklaut. Da verstand ich erst den Spruch, mit dem mich mein alter Religionslehrer in der achten Klasse immer genervt hat: Geben ist seliger denn Nehmen.

Das lernte ich auch bei einem Ereignis mit dem Millionär. Zu seinem Geburtstag feierte er in einem erstklassigen Restaurant in Charlottenburg und lud mich spontan ein. Ich war an dem Abend mit meinem Vater verabredet, wir wollten das Finale der Champions League schauen. Der Millionär sagte:

»Kein Problem, bring deinen Vater gern mit! Es ist alles bezahlt, macht euch einen schönen Abend.«

Und ich dachte so: Äh, ne.

Aber der Millionär bestand darauf, weil viel zu viel Essen bestellt sei und er mich gern dabeihaben wolle. Und so fuhren mein Vater und ich nach Charlottenburg und saßen kurz darauf inmitten der illustren und vermögenden Gesellschaft, löffelten Kaviar und Hummer, schlürften Schampus und ließen es uns richtig gut gehen.

Plötzlich setzte sich ein Schnösel neben meinen Vater, so ein Kerl mit Einstecktuch und nach hinten gegelten Haaren, Typ Autoverkäufer/Edelpuff-Besitzer/Makler, nickte in Richtung der Weinflasche, die vor uns auf dem Tisch stand, und sagte: »Aber den Wein zahlt ihr selbst.«

Mir stockte der Atem. Hatte der Typ einen an der Reiswaffel? Was fiel dem ein? Ich sah meinem Vater ins Gesicht. Seine Augen weiteten sich ein ganz klein wenig, was man als Mitteleuropäer aber nicht erkennen konnte, dann nickte er lächelnd und sagte: »*Ja, ja. Nak die Essen. Natürlik.*«

Und das machte mich fast noch wütender. Wer war der Hurensohn? Das hier war nicht mal seine Party, aber er meinte, uns wie Abschaum behandeln zu müssen? Was hatte der eigentlich hier zu suchen? Wie konnte so ein Lackaffe mit meinem lieben, höflichen Millionär befreundet sein? Ich schnallte es nicht. Am liebsten hätte ich dem Kerl eine gezimmert, so sauer war ich. Vermutlich ballte ich sogar die Faust, denn mit einem Mal spürte ich die Hand meines Vaters auf meinem Arm, der mir so signalisierte, dass ich mich zusammenreißen musste. Auf Vietnamesisch sagte er leise zu mir: »Er denkt, dass wir uns die Flasche Rotwein nicht leisten können.«

Mir zerbrach das Herz in tausend Stücke. Ich fand das so ungerecht, so anmaßend und so diskriminierend, dass ich am liebsten geplatzt wäre. Es war mir dermaßen unangenehm, dass ich meinem Vater sagte: »Wir gehen.«

»Nein«, antwortete er, »wir bleiben. Das sind doch deine Freunde.«

Ich zuckte zusammen. »Papa, das sind nicht meine Freunde.« Damit stand ich auf, ging zu »meinem« Millionär und umarmte ihn. »Danke für die Einladung, aber wir müssen los. Im Restaurant meines Vaters brennt die Küche. Da kamen gerade 20 Leute rein, die müssen versorgt werden.«

Er nickte verwirrt, es war offensichtlich, dass er nicht verstand, was los war. Aber ich wollte ihm nicht den Abend versauen. Vor allem wollte ich ihm nicht sagen, dass einer der Leute, mit denen er abhing, ein ganz widerliches Exemplar Mensch war.

Der Abend endete im Laden meines Vaters. Da war natürlich keine Gruppe von 20 Leuten, da waren nur mein Dad, meine beiden Onkel und ich, und wir saßen vor dem Laptop und sahen uns auf dem winzigen Bildschirm die zweite Hälfte des Fußballspiels an, bei Tiger-Bier und Krabbenchips. An diesem Abend wurde mir klar, dass ich niemals in meinem Leben so viel Geld verdienen wollte, um solche Menschen wirklich meine Freunde nennen zu müssen. Wenn man Witze über mich macht, ist das okay – man muss mich nicht ernst nehmen, und es ist mir egal, wie derb oder geschmacklos der Gag ist. Aber echte Diskriminierung, Menschen, die sich über mich stellen, weil ich anders aussehe, die mich behandeln, als wäre ich ein Krimineller oder jemand, der sich in ein Restaurant setzt und sich durchfuttert, während ein anderer bezahlt: Die gehen gar nicht.

Das Silberbesteck, das mein Vater und ich an dem Abend im Restaurant mitgehen ließen, verkloppten wir übrigens auf eBay und spendeten es an in Not geratene Millionäre. Tut gut, der Gesellschaft auch mal was zurückzugeben.

Auch die Typen, die ein Einzeltraining buchen, aber im Grunde alles besser wissen als ich, kann ich nicht leiden. Die kommen rein, denen sieht man den Bluthochdruck schon an der Gesichtsfarbe an, und die sagen zu mir: »Ich muss nicht aufwärmen, ich bin hergelaufen.«

Darüber würde ich mir mal Gedanken machen. Wenn du beim Fußweg vom Parkplatz zur Trainingsfläche – denn natürlich kommen solche Leute NIEMALS zu Fuß – schon so außer Atem bist, sollte ich vielleicht gleich den Defibrillator holen.

Das sind auch dieselben Menschen, die nach einem sehr langen Winter, den sie ausschließlich in geschlossenen Räumen verbracht haben, ins Solarium gehen und darauf bestehen, der mediterrane Typ zu sein. Die buchen sich dann 50 Minuten unter dem Pulsar-5000 und sind danach so verbrannt, als hätten sie ihren Klappstuhl neben dem Fukushima-Reaktor aufgebaut. Völlig irre.

Merkwürdigerweise haben ausgerechnet diese Leute auch immer einen überragenden Stoffwechsel, zumindest in der Eigenwahrnehmung. Die kommen bei mir an, schnappatmen und schwitzen, obwohl wir noch gar nicht angefangen haben, und erzählen mir was von einer Wunderdiät, während sie sich die feiste Schwarte streicheln. »Wenn ich erst mal loslege, du, da hab ich in einer Woche zwölf Kilo runter.«

Wo nimmst du denn so schnell ab? Am Gehirn? Das wiegt doch nur dreieinhalb Kilo.

Und wenn ich dann sage: »Zwölf Kilo in einer Woche, das will ich ja mal sehen.«

Sagen die: »Muss sein. Am Wochenende ist Malle, da muss ich geil aussehen. Geht doch?«

Klar geht das. Mit Geld geht fast alles.

Nein. Natürlich nicht. Ich kann vieles, aber auch meinen Wundern sind Grenzen gesetzt. Aus dem Augenwinkel suche ich das Team der verstecken Kamera. Ist aber keiner da. Ist ernst gemeint. Also sage ich: »Sorry, aber zwölf Kilo in acht Tagen, das schaffst du nicht.«

Und die so: »Dann geh ich woanders hin! Da geht das.«

Und ich denke: Na, wenn du wenigstens *gehen* würdest, wäre ja schon was gewonnen.

Da lob ich mir doch die normalen Leute. Die netten. Die wertschätzenden. Die wissen meinen Einsatz wenigstens richtig zu schätzen. Ich trainierte mal mit einer Frau, die aufgrund einer Krankheit beinahe komplett blind war. Und andauernd sagte ich so was wie: »Schau mal kurz her, dann zeig ich dir, wie du die Übung am besten ausführst.« Oder: »Guck, ich mach es dir mal vor.« Klassiker. Aber war die sauer auf mich? Ne. Die wusste halt, dass ich manchmal ein unreflektierter Trottel sein konnte, und hat es mit Humor genommen.

Die schönsten Momente sind natürlich die, wenn man merkt, dass die eigene Arbeit fruchtet. Es gab echt einige Kundinnen und Kunden, die mit meiner Hilfe ein paar Kilos loswurden und sich langfristig an die Ernährungstipps hielten, die ich ihnen gegeben hatte. Die stellten wirklich ihr Leben um, schmissen die Fritteusen aus der Küche und legten sich einen Kräutergarten auf der Fensterbank zu. Und zwar nicht, weil sie irgendeinem Ideal entsprechen wollten, sondern weil sie sich um ihre Gesundheit sorgten. Die kapierten, dass Diät nicht heißt: Vier Wochen hungern und dann ran an den Speck! Sondern »Lebensführung«. Ja, Mann, genau, das Wort heißt Lebensführung. Deswegen haben die Politiker im Bundestag auch Diäten. Das sind keine Vorschriften, was sie zu essen haben, sondern so nennt man ihre monatliche »Abgeordnetenentschädigung« in Höhe von 10323,29 Euro. Das heißt tatsächlich so. Und darüber darf man jetzt mal herzlich lachen.

Meine allerliebste Kundin hieß Frau Kleinsimon. Das war eine achtzigjährige alte Lady, die einmal in der Woche mit mir trainierte. Frau Kleinsimon wog etwa 45 Kilo und reichte mir etwa bis zum Brustbein. Sie war wirklich winzig, noch dazu dünn, ihre weißen Haare hatte sie gepflegt und kurz geschnitten.

Wer nun aber dachte, wie ich beim ersten Aufeinandertreffen, dass man Frau Kleinsimon in Watte packen musste, der irrte gewaltig. Denn die kleine Dame war nicht nur sehr beweglich, sie war auch übertrieben sportlich für ihr Alter (was in etwa so eine beknackte Aussage ist wie, dass ich ja recht groß bin für einen Asiaten). Außerdem hatte sie eine große Klappe, und die halte ich ja sowieso für den wichtigsten Körperteil.

Als sie zum Probetraining kam, schrie ich sie erst einmal an. In meinem Praktikum im Krankenhaus vor einigen Jahren hatte ich nämlich gelernt, dass alte Menschen nicht in der Lage sind, ihr Hörgerät richtig einzustellen.

»SO, FRAU KLEINSIMON! WIE GEHT ES UNS DENN HEUTE?«, donnerte ich ihr bei der Begrüßung entgegen.

Sie blinzelte mich hinter ihren glasbausteindicken Brillengläsern ungläubig an. »Haben Sie ein Problem an den Ohren?«

Ich hüstelte. »Ne. Ich dachte nur …«

»Ach, Sie dachten, so eine alte Schachtel versteht nur die Hälfte? Dabei sind *Sie* doch der Ausländer.« Und dabei grinste sie teuflisch.

Das war der Moment, in dem ich Frau Kleinsimon für immer in mein Herz schloss.

»Herr Tutty, ich fordere Sie heraus!«, meinte sie dann, setzte sich vor mich auf den Boden und begann mit Rumpfbeugen. So nannte man in der Steinzeit Sit-ups.

»Frau Kleinsimon, ich will Sie nicht in Verlegenheit bringen«, erwiderte ich und winkte ab. »Machen Sie mal, ich zähle mit.«

Sie legte los, und ich vergaß vor Staunen das Zählen. Bei 99 hörte ich auf. In Mathe bin ich wirklich nie gut gewesen.

»Und können Sie das, Herr Tutty?«, fragte Frau Kleinsimon im Anschluss und wirkte nicht einmal besonders verschwitzt. Dann machte sie eine Kerze, die mir liebevoll den Mittelfinger zeigte.

Mittlerweile hatten sich ein paar der anderen Trainer zu uns gestellt und sahen mich auffordernd an.

»Na, dann zeig doch mal, was du draufhast«, kicherte Nikita.

»Ja, genau«, schloss sich Markus an, »ich möchte sehen, wie Frau Kleinsimon unser Großmaul bei den Kniebeugen abzieht.«

Nun wurde mir langsam warm, allerdings eher, weil ich befürchtete, sie würde noch mehr Skills auspacken, bei denen ich alt aussehen würde. Jedenfalls deutlich älter als Frau Kleinsimon.

Bei dem Gedanken an die alte Dame muss ich lächeln. Frau Kleinsimon hatte Humor. Die konnte über sich lachen und über mich noch lauter, nahm ihr Alter nicht so ernst und mich schon dreimal nicht. Und genau deswegen fühlte ich mich von ihr krass respektiert und gesehen. Weil sie mich einfach so nahm, wie ich bin, über keinen meiner Jokes die Augenbrauen hochzog und selbst eine Reihe von wirklich miesen Witzen erzählen konnte. Im Grunde war sie wie ich, nur eben im Körper einer achtzigjährigen Rentnerin. Wenn ich groß bin, nehme ich mir vor, möchte ich auch so sein: um keinen Spruch verlegen und völlig einverstanden mit mir und der körperlichen Hülle, die mir gegeben wurde. Und die Zeit bis dahin überbrücke ich mit Kinder Bueno.

Wir alle haben innere oder äußere Merkmale, mit denen wir nicht ganz zufrieden sind, die uns angreifbar machen. Deshalb hat mich der Spitzname »Schulter« damals auch so getroffen. Das hätte aber echt nicht sein müssen. Heute würde es mich nicht mal jucken, wenn mich meine Freunde »Wampe« nennen würden. Der Makler-Arsch meinte das vollkommen ernst mit seinem herablassenden Spruch, deshalb tat es auch so weh. Und Frau Kleinsimon hat mir direkt gezeigt: Wir verstehen uns. Und indem wir Witze übereinander machen, zeigen wir genau das. Krass, dass mir das erst jetzt auffällt.

**Beantworte die folgenden Fragen
und überprüfe, wie body positive du bist!**

1. Womit kann ein Rollstuhlfahrer nie berühmt werden?
2. Wie nennt man einen dicken Schriftsteller?
3. Wie viele Dünne passen unter eine Dusche?
4. Wann macht ein Blinder einen Heiratsantrag?
5. Wie nennt man einen dünnen Weihnachtsmann?
6. Wann fällt Dicken das Abnehmen am leichtesten?
7. Wie nennt man einen kleinen Security-Mann?
8. Wer braucht eine Stunde mindestens für einen Zauberspruch?
9. Was sucht ein Einarmiger in der Fußgängerzone?
10. Warum haben Männer keine Cellulite?

10 Ente gut, alles gut

»Solche Witze macht man nicht!«

»Das ist echt rassistisch!«

»Wie kannst du nur die Kultur deiner Eltern für die Deutschen verkaufen?!«

Ich stehe wieder einmal hinter einer Bühne. Diesmal höre ich das Klopfen meines Herzschlags nur ganz gedämpft im Hintergrund, denn die Stimmen in meinem Kopf sind viel lauter.

Der Schnaufer, MC Schablone, Manfred, Nici, Frau Kleinsimon ... alle hocken mir wie Engelchen und Teufelchen auf der Schulter und quatschen auf mich ein.

Nur noch wenige Minuten, dann darf ich raus auf die Bühne. Heute fühlt es sich anders an als sonst. Ich habe mich in den letzten Monaten so viel mit der Frage befasst, was Comedy darf und was nicht, dass mir schon ganz schwindelig vom vielen Denken ist. Vorsichtig luge ich durch den Vorhang. Heute stehe ich in meiner Heimatstadt Berlin auf der Bühne, und die Zeiten wie in Neustadt scheinen wohl vorbei zu sein. Achthundert Menschen sitzen dort und warten auf ... MICH!

Ich blicke mich in den ersten Reihen um und sehe: Araber, Türken, Vietnamesen, Deutsche ... ein wirklich buntes Publikum. Als ich sie in ihrer vorfreudigen Erwartung beobachte, wird mir klar, dass sie aus demselben Grund hier sind wie ich: Für zwei Stunden einfach mal den Alltag vergessen.

All die Regeln, die negativen Nachrichten, unsere Sorgen wenigstens für eine Weile mal außen vor lassen.

Wir nutzen Humor als unser Ventil gegen Überforderung, zum Ausbrechen aus dem strengen Korsett unseres Alltags. Wenn die Welt doch schon oft so scheiße ist, entscheide ich mich dafür, alles, so gut es geht, mit Humor zu nehmen. Na gut, mit schwarzem Humor vielleicht. Aber das ist auch schon das Einzige, wo Farbe bei mir eine Rolle spielt.

Ich bin ganz ehrlich: Eine Zeitlang habe ich mich von negativen Kommentaren und von den Schnaufern und Dörtes dieser Welt ganz schön verunsichern lassen. Heute weiß ich: Wir haben nicht nur ein Problem mit den Polkappen, die uns unter dem Arsch wegschmelzen, verlieren jedes Jahr fast 40 000 Kubikkilometer Regenwald (was geschmeidigen zehn Fußballfeldern Regenwald entspricht – pro Minute) oder befinden uns im größten Artensterben seit dem Ende der Dinosaurierzeit vor schlappen 65 Millionen Jahren. Wir verlieren auch den Humor. Ich habe sogar schon einmal darüber nachgedacht, dass man ihn als Energiequelle verwenden könnte, denn er zerfällt schneller als jedes radioaktive Element. Das könnte vielleicht eine Lösung für unsere Energiekrise sein, oder?

Egal, was man sagt, egal, wie vorsichtig oder unvorsichtig man sich verhält, alles ist, schneller als man »Hai dai mau« sagen kann, rassistisch, diskriminierend oder politisch inkorrekt. Ich bin vielleicht ein Assiate, aber ich bin kein Trottel (auch wenn einige da ihre Zweifel haben). Ich verstehe, dass Menschen, die sich lange Zeit diskriminieren lassen mussten, keinen Bock mehr darauf haben und jetzt den Mund aufmachen, wenn man ihnen zu nahe tritt. Das ist auch gut so. Ich hab's schließlich auch gemacht und therapiere mich auf der Bühne.

Aber man darf auch nicht alles so krass ernst nehmen. Vor allem wäre es total schön und unserem gemeinsamen Miteinander echt zuträglich, wenn das Gepöbel mal aufhören würde.

Im Ernst: Haben wir nichts Besseres zu tun? Ich will ja nicht angeben, aber ein einzelner Tag von mir ist oft mit so vielen schönen Erlebnissen und lebenswichtigen Tätigkeiten gefüllt (wenn ihr wüsstest, wie lang allein Lauras Einkaufsliste für dm ist, mit der sie mich regelmäßig losjagt), dass ich überhaupt gar keine Zeit hätte, anderen ständig Vorträge über ihr Fehlverhalten zu halten. Im Übrigen ist es ziemlich leicht rumzumeckern, vor allem im Internet.

Vielleicht sollten wir ein paar Dinge noch einmal klarstellen, für die Zukunft und für alle Zeit.

- Es ist kein Rassismus, wenn ich meinen Kumpel aus Ghana anrufe und ihn frage, wie es ist, beim Versteckenspielen im Dunklen immer zu gewinnen. Es wäre rassistisch, wenn ich ihn aufgrund seiner Hautfarbe nicht mehr zum Versteckspiel einlade. Und wenn er das als mein Freund rassistisch findet, dann respektiere ich das natürlich und suche mir einen neuen afrikanischen Freund.
- Es ist keine Frauenfeindlichkeit, wenn ich vermute, dass im Auto vor mir, das mit 80 Kilometer pro Stunde auf der linken Autobahnspur den Verkehr blockiert, eine Frau sitzt. Das ist Statistik. Und wenn es keine Frau ist, ist es ein Rentner, ein Fahranfänger oder ein Niederländer. Frauenfeindlich wäre ich, wenn ich verlangen würde, dass Frauen sich nicht mehr hinters Steuer setzen.

Außer es geht um meine Freundin, der gehört der Führerschein entzogen, so knapp, wie die vor Rot bremst.

- Es ist keine Homophobie, wenn ich auf Pornhub den Gayporno weiterklicke. Homophob wäre es, wenn ich mit den Teekännchen nach meiner Show keinen mehr trinken würde.

Ich finde es anstrengend, dass jeder Satz auf die Goldwaage gelegt wird. Manchmal glaube ich, wir leben nicht mehr mit-, sondern gegeneinander. Und weil alle so furchtbare Angst haben, sich irgendwie angreifbar zu machen, sagen sie am Ende gar nichts mehr.

Rassismus ist scheiße. Das steht völlig außer Frage. Kein Mensch sollte wegen seines Geschlechts, seiner Religion, seiner Herkunft oder seines Glaubens angegangen werden. Denn das ist die Definition von Diskriminierung, das habe ich spätestens seit Manfred auch verstanden. Und nein, meine Jokes sind keine Diskriminierung, sondern: Witze. Humor. Haha. Hoho. Oder bei den Asiaten: Hihi.

Verbaler Angriff ist immer noch die beste Verteidigung, gerade dann, wenn er auf die Lachmuskeln zielt. Denn wenn ich die übelsten Witze über mich selbst schon gerissen habe, wie soll mich jemand anderes dann noch mit Worten verletzen?

Genau aus diesem Grund darf sich für mich der Humor nicht an politischer Korrektheit orientieren. Er ist in meinen Augen die beste Waffe, die es gibt. Gerade für Menschen, die nicht den gängigen Standards entsprechen. Übrigens ist er generell die einzige Waffe, die es geben sollte. Lachen als Ventil zu nutzen finde ich persönlich auch die bessere Wahl, als Egoshooter zu spielen oder meine Anspannung immer nur im Fitnessstudio abzutrainieren. Okay, das mache ich auch – ich kann ja nicht jeden Tag eine Comedy-Show spielen.

Aber wenn Humor nicht mehr provokant sein darf, dann hat die Diskriminierung gewonnen. Dann leben wir in einer kleinen Welt, in der alle so höflich und korrekt sind, dass wir uns gar nicht mehr berühren, während die Menschenfeinde immer weiter auf den Minderheiten rumtrampeln. Und wenn ich nur noch Witze über Obst reißen würde, wäre ich nicht nur meinen Job als Comedian los, ich würde auch die Frutarier auf den Plan rufen, die mich mit einer landesweiten Kampagne niedermachen würden – hundert pro!

Aber weil mein Gerechtigkeitssinn so ausgeprägt ist, nehme ich nicht nur *eine* Minderheit auf den Arm, sondern alle, damit jeder sein Fett wegkriegt und sich keiner bevorzugt fühlt. Schwule, Schwarze, Schwaben, bei mir gilt gleiches Recht für alle.

Es heißt immer: Jeder Mensch ist gleich. Aber das stimmt nicht. Jeder Mensch hat denselben Wert, aber jeder ist anders. Und das ist auch gut so.

Können wir nicht einfach unser Leben leben und uns selbst treu bleiben? Oder wie Oscar Wilde (ja, genau, das ist der Onkel von Gina Wild) sagte: »Sei du selbst, alle anderen sind schon vergeben.«

Laura übrigens auch, und zwar an mich. Nur, damit das klar ist, die Frau gehört mir, auch wenn das mit den feministischen Grundsätzen nicht vereinbar ist. Denn wir gehören niemandem. Nur ich dem Finanzamt und meiner Managerin, aber das ist ein anderes Thema.

Während ich noch gedankenverloren durch den Vorhangspalt schiele, höre ich meine Anfangsmusik. Showtime. Ich hole tief Luft, trete auf die Bühne und begrüße mein Publikum erst mal herzlich mit einem Lauten: »Eyyy, was geht ab, Ihr Hurensöhn*innen!?!«

Hab ja dazugelernt.

Tuttys zehn Gebote für ein entspanntes Miteinander

1. Lach erst über dich selbst.
2. Dann richtig laut über alle anderen.
3. Leg nicht alles auf die Goldwaage.
4. Freunde sind dazu da, dass man sie hochnimmt.
5. Über Familie kann man nur lachen.
6. Sarkasmus will gelernt sein.
7. Wenn dein Glashaus schon in Trümmern liegt, kannst du ruhig mit Steinen schmeißen.
8. Wer politisch korrekt sein will, hat sonst keine Hobbys.
9. Mach dich locker. Das Leben ist ernst genug.
10. Ente gut, alles gut.

Danksagung

An dieser Stelle möchte ich mich bei einigen Menschen bedanken. Zuallererst bedanke ich mich bei meinen Eltern, die mich von klein auf immer unterstützt haben. Danke, Mama, dass du mir beigebracht hast, mit Geld umzugehen, und mich immer wieder daran erinnert hast, meine Rechnungen pünktlich zu zahlen, nachdem du meine Briefe geöffnet und sie mir sichtbar in meine Wohnung gelegt hast. Danke, Papa, dass du so bist, wie du bist. Es hat bei mir leider nie zum Fußballprofi gereicht und somit auch nicht für die Nummer 10 beim DFB. Ich habe leider auch nicht deine Vorstellung erfüllt und dein Restaurant übernommen. Dafür bin ich Stand-up-Comedian und Buchautor geworden.

Ich möchte mich dafür bei Lisa Bitzer bedanken, die mir mit ihren großartigen Autoren-Skills so sehr geholfen hat. Danke für deine Geduld, danke für deinen Humor!

Danke an den Fischer-Verlag für das Vertrauen! Ich hätte mir keinen besseren Verlag für mein erstes Buch wünschen können. Und wenn ich mich beim Fischer-Verlag bedanke, bedanke ich mich allen voran bei Lexa Rost für ihre phantastische Arbeit als Lektorin.

Ein ganz besonderes Dankeschön geht an meine Managerin Nicole Lippert (ich muss das jetzt machen). Die Frau, die jeden Tag alles für mich gibt. Die Frau, die immer an mich glaubt, wenn ich es nicht tue. Ohne dich hätte ich dieses Buch nie geschrieben. Danke, dass es dich gibt!

Laura Vetter, die Liebe meines Lebens. Danke, dass du mich liebst. Danke, dass du mich so liebst, wie ich bin (tut kein anderer). Du hast mir mehr Empathie beigebracht und machst mich jeden Tag zu einem besseren Menschen.

Jetzt darf ich auf gar keinen Fall meine zukünftigen Schwiegereltern vergessen. So wie ihr eure Ehe führt, seid ihr für mich absolute Vorbilder. Lieber Frank und liebe Silke, danke, dass ihr euch dazu entschlossen habt, Laura zu machen. Welch wunderschönen Gene perfekt vereint in einer Person. Ihr seid genau so, wie ich glaube, wie Ossis sind: herzlich und umarmend.

Zu guter Letzt geht das größte und wichtigste Danke an meine Fans. Ich darf dank euch meinen Traum leben und mich auf der Bühne künstlerisch ausleben. Das Buch wäre nie entstanden, wenn es euren Support und eure Liebe nicht geben würde. Es gibt für mich nichts Schöneres, als euch mit meiner Art und Weise aus dem Alltag herauszureißen. Danke, dass ihr euch dafür immer wieder Tickets für meine Shows kauft. Ohne euch gäbe es keine Karriere, ohne euch hätte ich keine Motivation, noch mehr zu erreichen. Danke an alle, die meine allerersten Videos auf Facebook geklickt haben, und danke für das regelmäßige Einschalten auf meinen Social-Media-Kanälen. Es ist für mich wahnsinnig schön, euch mit meinem Humor zu erreichen und glücklich zu machen. Dieses Buch widme ich euch. Danke für alles! Bleibt mir bitte noch lange erhalten.

Euer Tutty

Auflösungen der Rätsel

Kapitel 3: Bilderrätsel

1. Handjob
2. Missionarsstellung
3. Cunnilingus bis zum Höhepunkt
4. Fingern
5. Spanking
6. Analsex mit Happy End
7. Doggy Style
8. 69
9. Horny, also geil sein
10. Abgehen wie eine Rakete/Orgasmus

Kapitel 4: *Wie doi bis du?*

1b, 2a, 3b, 4a, 5c

Weniger als vier Richtige? Dann kannste deinen Pass eigentlich abgeben …

Kapitel 7: Paarbildung

Froschfresser = Franzose
Windelschädel = Araber
Drehgrillkratzer = Türke
Schluchtenscheißer = Österreicher
Inselaffe = Engländer
Alpenindianer = Schweizer
Mingvase = Chinese
Spaghettifresser = Italiener
Schokocrossie = Schwarzer

Kapitel 8: Die Welt der Vorurteile

1a) Wer hätte es gedacht? Beim Import sind die Belgier weltweit Spitzenreiter. Gegessen werden die meisten Froschschenkel aber immer noch bei den Franzosen.

2c) Und noch eine Überraschung, es ist Luxemburg! Mit sage und schreibe 9,8 Kilo pro Kopf jährlich sind sie weit abgeschlagen vor Finnland und den Niederlanden.

3) Tatsächlich gibt es keine genaue Zahl, wie viele Wörter die Inuit für Schnee haben – es können 40, aber auch 200 sein. Es ist auch deshalb so schwer, die Anzahl zu ermitteln, weil es nicht nur eine einzige Inuit-Sprache, sondern zahlreiche Dialekte gibt.

4b) Die Deutschen, ein Volk der fleißigen Arbeitsbienen? Schön wär's! In Wahrheit belegte Deutschland bei einer Studie der OECD aus dem Jahr 2014 mit durchschnittlich 1388 gearbeiteten Stunden/Jahr gerade mal Platz 34 und landete damit hinter Italien, den USA und Griechenland. Ja, genau, GRIECHENLAND. Das belegte in der Erhebung Platz 2 mit mehr als 2000 Arbeitsstunden im Jahr. Und wer führt die Liste an? Kaum zu glauben, aber wahr: Mexiko mit 2237 Arbeitsstunden jährlich.

5c) Wer an Indien denkt, dem kommen Wüsten und Tropen in den Sinn – aber doch kein Regen! In der Ortschaft Cherrapunji im Nordosten Indiens kann man über dieses Vorurteil vermutlich nur müde lächeln. Beinahe 12000 Millimeter Niederschlag fallen pro Jahr vom Himmel. Zum Vergleich: In Großbritannien ist die »nasseste« Region Cumbria mit 2000 Millimeter pro Jahr. Aber auch Australien hat nasse Orte: Am Berg Bellenden Ker im Nordosten des Landes kommen im Schnitt fast 7700 Millimeter pro Jahr zusammen.

Kapitel 9: Body Positivity

1. Mit Stand-up-Comedy
2. Kugelschreiber
3. Keine Ahnung, sie rutschen immer durch den Abfluss.
4. Bei einem Blind Date
5. Nikolauch
6. Wenn das Telefon klingelt.
7. Sicherheitshalber
8. Harry Stotter
9. Den Secondhandshop
10. Weil es scheiße aussieht.

Quellenverzeichnis

3 Mann-o-Mann: Warum die Sache mit den Frauen gar nicht so einfach ist

- https://www.youtube.com/watch?v=jVhlJNJopOQ, abgerufen am 03.01.2023
- https://cordis.europa.eu/article/id/422016-trending-science-leading-ladies-women-led-countries-coped-better-with-covid-19-study-says/de, abgerufen am 06.02.2023
- https://www.n-tv.de/politik/Merz-provoziert-mit-Gender-sternchen-Haeme-article22496888.html, abgerufen am 06.02.2023
- https://twitter.com/_FriedrichMerz/status/1383343760260567043, abgerufen am 02.06.2023

4 Du bis so doi! Tutty, der Vorzeigedeutsche

- https://www.bamf.de/DE/Themen/MigrationAufenthalt/ZuwandererDrittstaaten/zuwandererdrittstaaten-node.html, abgerufen am 07.02.2023
- https://www.mdr.de/nachrichten/deutschland/politik/quiz-einbuergerungstest-102.html, abgerufen am 09.02.2023

5 Fernost trifft Ostdeutschland: Ein Vietnamese bei den Sachsen

- https://www.belltower.news/suesskartoffelgate-deutsche-in-der-kartoffelecke-117069/, abgerufen am 21.02.2023

6 Von Heim- und Fernweh: Warum das Gute oft viel näher ist, als man denkt

- https://www.travelbook.de/fun/wtf/der-irre-wettlauf-um-die-besten-liegen-am-pool, abgerufen am 06.03.2023

7 **Nazi Goreng: Rassismus muss man sich leisten können**

- Mohamed Amjahid: *Der weiße Fleck*. Piper, 2021
- https://www.deine-tierwelt.de/magazin/black-dog-syndrome-schwarze-hunde-bleiben-laenger-im-tierheim/, abgerufen am 08.12.22

8 **Knete im Kopf: Wo die Vorurteile wohnen (und wie man sie zum Ausziehen bewegt)**

- https://www.spiegel.de/lebenundlernen/schule/ungerechte-grundschullehrer-kevin-ist-kein-name-sondern-eine-diagnose-a-649421.html, abgerufen am 24.02.2023
- https://www.dasgehirn.info/denken/emotion/der-schaltkreis-der-angst, abgerufen am 27.04.2023
- https://www.dasgehirn.info/aktuell/frage-an-das-gehirn/wie-entstehen-vorurteile, abgerufen am 09.05.2023
- https://www.spektrum.de/news/ohne-angst-kein-rassismus/1028488, abgerufen am 09.05.2023
- https://de.statista.com/statistik/daten/studie/199898/umfrage/konsum-von-kaffee-in-europa/#:~:text=Luxemburg%20ist%20die%20unangefochtene%20Kaffeetrinkernation,8%20Kilogramm%20Kaffee%20pro%20Person, abgerufen am 24.2.2023
- https://www.geo.de/reisen/reisewissen/3892-rtkl-linguistisch-schwierig-warum-es-keine-genaue-anzahl-von-woertern-fuer#:~:text=Und%20so%20k%C3%B6nnten%20auch%20die,Inuit%20am%20Leben%20zu%20erhalten, abgerufen am 24.02.2023
- https://www.focus.de/finanzen/news/35-laender-im-vergleich-grafik-zeigt-so-wenig-arbeiten-die-deutschen-wirklich_id_4644595.html, abgerufen am 24.02.2023

9 Dick im Geschäft: Von Körpern, Krabbenchips und Kniebeugen

- https://www.greenpeace-magazin.de/aktuelles/milch-oder-keine-milch#:~:text=Laut%20dieser%20Verordnung%20d%C3%BCrfen%20schon,sondern%20zum%20Beispiel%20%E2%80%9EHaferdrink%E2%80%9C, abgerufen am 20.01.2023
- https://www.laenderdaten.info/durchschnittliche-koerpergroessen.php, abgerufen am 19.01.2023
- https://www.spiegel.de/gesundheit/ernaehrung/uebergewicht-der-body-mass-index-bmi-ist-umstritten-a-1001276.html, abgerufen am 19.01.2023
- https://www.faz.net/aktuell/gesellschaft/menschen/tonga-herrscher-jenseits-aller-dimensionen-1351558.html
- https://www.bundestag.de/abgeordnete/mdb_diaeten/mdb_diaeten-214848, abgerufen am 20.01.2023

10 Ente gut, alles gut

- https://www.faszination-regenwald.de/info-center/zerstoerung/flaechenverluste/, abgerufen am 08.12.22
- https://www.wwf.de/themen-projekte/artensterben, abgerufen am 08.12.22

Dir hat das Buch gefallen und du hast Lust auf mehr? Dann besuch mich auf Tour und gönn dir passend dazu einen lustigen Artikel aus meinem Shop.

Hier gehts zur Tour:
https://www.tutty-tran.de/termine/

Hier gehts zu meinem Shop:
www.haidaimau.de